The whisp'ring breeze and playful Muse
to hear past gighs, tune happier lays
That herald loud the joyful news
of life in peace and freedom's ways.
To south there's still the Phoenix Hill;
Here once stood high the famous tow'r,
Where sacred birds did play at will–
But now gone all with ancient pow'r!
Its glories past inspired Li Po
To sing th'immortal lines below:
"'Bout Phoenix Tow'r the phoenix flew;
Deserted now's the Tower, while
E'er silent, swift the River flows.
The Trident peaks half drop out yon
Horizon's blue; between Twin Streams
The White Gull Isle divides the flow."

*The Lure of the Yangtze in Memoriam Victoriae by KIUSIC KIM(1945,10,10)*

1_중경의 임시정부 옛 청사 • 2_서안의 병마용총의 한 병사
3_성도의 두보초당 정원 • 4_남경의 남경대학 본부가 들어있는 옛 금릉대학 건물

5_항주의 서호에 있는 석등
6_루쉰의 고향 집(소흥)
7_장계의 시 풍교야박으로 유명한 '한산사' (소주)
8_상해의 번화한 옛 건물 거리

# 우사 김규식의 길 따라 가다

## 1차 행정 2006. 6. 16 ~ 24

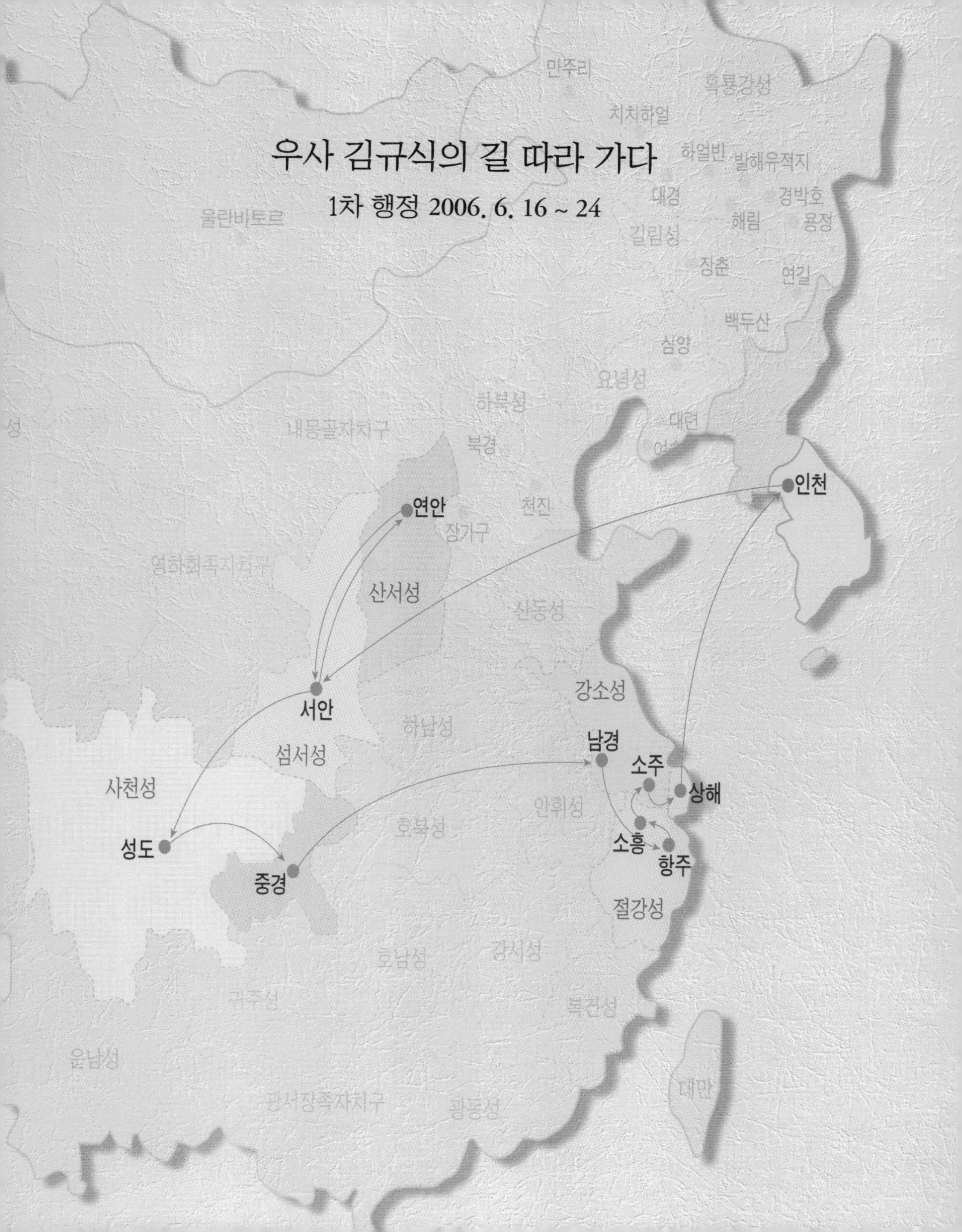

인천
연안
서안
성도
중경
남경
소주
상해
소흥
항주

만주리
흑룡강성
치치하얼
하얼빈
발해유적지
대경
경박호
울란바토르
해림
용정
길림성
장춘
연길
백두산
심양
요녕성
하북성
대련
내몽골자치구
북경
천진
장가구
영하회족자치구
산서성
산동성
강소성
하남성
섬서성
사천성
안휘성
호북성
절강성
호남성
강서성
귀주성
복건성
운남성
대만
광서장족자치구
광동성

NORWAY
Oslo
SWEDEN
Hammerfest
Murmansk
Gavle
Oulu
FINLAND
Helsinki
Tallinn
Riga
Vilnius
St. Petersburg
(Leningrad)
Minsk
Arkhangel'sk
Dikson
Vorkuta
Noril'sk
Vologda
Kotlas
Syktyvkar
Moscow
Novyy
Urengoy
Nizhniy
Novgorod
(Gor'kiy)
Kirov
Perm
Yekaterinburg
(Sverdlovsk)
Samara
Volgograd
Magnitogorsk
Chelyabinsk
Orenburg
Omsk
Novosibirsk
Krasnoyarsk
Bratsk
Gur'yev
Tbilisi
Yerevan
Baku
KAZAKHSTAN
Karaganda
Semipalatinsk
Aral
Sea
Lake
Balkhash
Nukus
UZBEKISTAN
Ashgabat
(Ashkhabad)
Tehran
TURKMENISTAN
Samarkand
Tashkent
Bishkek
(Frunze)
Alma-
Ata
KYRGYZSTAN
Dushanbe
TAJIKISTAN
Kashi
IRAN
Herat
Shiraz
AFGHANISTAN
Kabul
Bandar-e
Abbas
Qandahar
Islamabad
Lahore
PAKISTAN
Muscat
New Delhi
Karachi
Agra
Ahmadabad
NEPAL
Kathmandu
Lhasa
BHUTAN
Thimphu
Varanasi
Dhaka
BANGLADESH
Calcutta
INDIA
Nagpur
Bombay
Hyderabad
Vishakhapatnam
Arabian
Sea
Panaji
Madras
Calicut
Bay of
Bengal
Jaffna
SRI
LANKA
Colombo
Male
MALDIVES
Tiksi
Chersky
Evensk
Verkhoyansk
Magadan
Petropavlovsk-
Kamchatskiy
Yakutsk
Tura
Sea of Okhotsk
RUSSIA
Lensk
Tynda
Komsomol'sk
Khabarovsk
Chita
Irkutsk
Sapporo
Harbin
Vladivostok
Ulaanbaatar
Changchun
MONGOLIA
Shenyang
NORTH
KOREA
P'yongyang
JAPAN
Tokyo
Osaka
Seoul
SOUTH
KOREA
Dalian
Beijing
Tianjin
Kitakyushu
Urumqi
Jinan
Yinchuan
Zhengzhou
Golmud
Lanzhou
Xi'an
Nanjing
Shanghai
Hangzhou
Wuhan
East
China
Sea
CHINA
Chengdu
Nanchang
Chongqing
Changsha
Fuzhou
Taipei
Guiyang
Kunming
Guangzhou
Nanning
Hanoi
Haiphong
Mandalay
BURMA
Vientiane
Chiang
Mai
VIETNAM
Rangoon
South
China
Sea
THAILAND
Bangkok
Tavoy
CAMBODIA
Phnom
Penh
Cam
Ranh
Ho Chi Minh
City
Andaman
Sea
Phuket
Songkhla
Manila
Bandar
Seri
Begawan
MALAYSIA

# 우사 김규식 통일 · 독립의 길 가다 1

**국립중앙도서관 출판시도서목록(CIP)**

우사 김규식 통일, 독립의 길 가다. 1 / 우사연
구회 지음. -- 서울 : 논형, 2007
p. ; cm

ISBN 978-89-90618-62-7 04900 : ₩19000
ISBN 978-89-90618-60-3(전2권)

340.99-KDC4
324.2092-DDC21 CIP2007002762

우사 김규식

# 통일·독립의 길 가다 1

중경 · 심양 · 북경 · 서안 · 성도 · 남경 · 항주 · 소주 · 상해 · 연안

우사연구회 지음

우사 김규식 통일·독립의 길 가다 1

**지은이** 우사연구회

**초판1쇄 인쇄** 2007년 8월 21일
**초판1쇄 발행** 2007년 8월 28일

**펴낸곳** 논형
**펴낸이** 소재두
**편 집** 최주연, 김현경
**디자인** 에이디솔루션

**등록번호** 제2003-000019호
**등록일자** 2003년 3월 5일
**주소** 서울시 관악구 봉천2동 7-78 한립토이프라자 5층
**전화** 02-887-3561 **팩스** 02-887-6690

**ISBN** 978-89-90618-62-7 04900
978-89-90618-60-3 (전2권)

**가격** 19,000원

논형출판사와 한립토이북은 한립토이스의 자회사로 출판과
문화컨텐츠 개발을 통해 향유 문화의 지평을 넓히고자 합니다.

| 머리말 |

# 답사 문집을 펴내며

김재철 우사연구회 회장

우사 김규식 연구회가 창립된 지도 어언 18개 성상을 헤아리게 되었다. 지난 1989년 내내 준비하여 연말에서야 고故 송남헌 회장님이 계셔서 우사 김규식 연구회가 발족될 수 있었다. 그러나 그동안 여건이 불비하여 세상에 드러내지 못한 활동이었으나 2000년 8월에 5권을 한 질로 하는 《우사 김규식 생애와 사상》이라는 전기를 펴내는 성과를 계기로 삼아 노력을 배가하고자 하던 차에, 연로하신 고 송남헌 회장께서 파란만장했던 일생에 여한이 없으신 듯, 전기 출판의 과업을 이루어냈으니 남은 사업은 살아남은 후대에게 맡기시기로 체념이라도 하셨는지 돌연히 세상을 떠나가셨다(2001년 2월 20일). 지금도 옆에 계셔서 생생하게 말씀 들려주시는 것만 같다.

중심을 잃고 고심하는 나날 가운데, 부족하나마 힘껏 노력하는 정성을 다하여 2003년 3월 초순에 '학술발표회'와 '출판기념회'를 한국언론재단 기자회견장에서 가진 바, 여러분의 성의 있는 협조로 성황을 이루어 잘 치렀다.

항상 관심 있게 돌봐주시는 강만길 교수, 서중석 교수, 심지연 교수께서 흔쾌히 협조해주시는 마음으로 주제발표를 맡아 주셨고, 먼 거리인 목포에서까지 기쁘게 참여해 주신 정병준 교수, 서울나들이가 북경 가기만큼이나 번거롭다고 하는 대전의 김재경 교수, 이완범 교수, 조철행 선생, 김낙중 선생의 배석 토론은 참된 학술회의 모습을 남겼다고 생각하고 있다.

이렇게 잠자다 꿈꾼 듯 일어선 연구회는 고 송남헌 회장님을 대신해서 그 자제 송재웅 선생이 솔선해 앞에 나서서 주선하고 노력하였던 덕분으로 활력을 발휘할 수 있게 된 결실이 아닌가 하는 생각이다. 나는 그 뒤 2003년 9월 18일부터 10월 5일까지 꿈에도 그리던 평양 애국열사능원의 고 우사 김규식 박사 묘소를 참배할 기회가 있었다.

한국학중앙연구원(전 한국정신문화연구원)을 중심으로 남 · 북 · 중국학계가 공동참여해서 그동안 개최하여 오던 국제학술회의를 이번에는 백두산에서 개최하게 되었다. 그 제3차 학술회의 행사 일원으로 참여할 수 있게 되어서 백두산 천지까지 두루 답사하며, 제일 높은 상상봉인 장군봉 위에 올라서서 배달 한겨레의 얼이 솟아 강토에 뻗어내린 기상氣象을 온몸으로 느낄 수 있었다.

현지의 일정관계로 당초 평양에서 개최키로 한 계획을 백두산 베개봉 호텔로 변경하여 시행한 학술회의에서 '우사 김규식의 생애와 사상'을 짧은 시간에 발표하여 참석한 사람 모두의 박수에다 환호를 받아 참으로 흐뭇했다. 남이나 북이나 한겨레의 얼이 살아 있는 생생한 감동을 감수感受했을 때, 참되고 끈기 있는 지조로 한 평생을 나라와 겨레위해 살았던 인물은 과연 몸은 갔어도 생동하는 정신으로 살아 이어진다는 진실을 절실하게 깨달을 수 있었다.

참으로 수려한 성산聖山의 품 안에서 반가운 겨레의 얼을 느껴 알 수 있었던 이 행사는 한참 세월이 흘러 해가 거듭 바뀌어도 오히려 생생한 기억으로 되살아나 내 일상살이를 지탱해 주는 활력이 되고 있다.

북의 학자들도 우사 김규식의 인생을 우러러보며 진실된 그 삶의 역정을 재삼 숙고하고, 통찰하여 우리는 역사의 교훈으로 새겨서 익혀야 마땅하다고 하였다. 각기 처해서 살고 있는 지역은 다르더라도 본시 하나였던 나라와 겨레라는 신심을 명심케 하였다. 반세기 전의 남·북협상 때 우사를 모시고 같이 협상에 참가하였던 고 송남헌 회장도 잊을 수 없는 인물이라고 하는 말을 들었을 때 새삼스럽게 고 송회장님을 다시 생각하게 하는 마음이 애처롭기만 했다.

고 송 회장님께서 생전에 조용히 말씀하시기를, "우사가 미군정의 하지 중장을 그의 사무실에서 만나 말씀하시던 가운데, 당시 우리나라와 겨레가 얼마나 억울하게도 바라지 않은 기막힌 현실의 독립·해방 아닌 군정의 점령 지배를 받게 된 것이 참담하고 절통한 심경인데 독립투쟁 지사의 처우를 생각 아니하는 하지의 군림하는 자세와 언행에 충격을 받은 우사는 갑자기 짚고 다니던 지팡이로 하지의 책상을 내리치면서 '너, 이놈!' 하니, 놀란 하지가 책상 서랍을 열고 권총을 꺼내려다 말고서는 실룩거렸다"는 말씀을 하시면서 그 기개와 정의의 신념에 차서 두려울 것 없는 소신을 드러낸 그 기백은 감히 웬만한 인물로서는 엄두도 못 낼 인격행사였음을 알아두라고 말씀하신 뜻을 이즈음에는 더욱 절실히 생각하게 된다.

평양에서 애국열사 능원에 가 우사 김규식 박사 묘소에, 백두산 베개봉 호텔에서 선물 받은 들쭉술로 헌주를 올리고 꽃 두 묶음을 준비해 헌화하여 성묘하니 그야말로 감개무량하였다.

험난한 전란가운데 뜻하지 않은 북행길로 가시는 우사를 모셔서 수행해 갔던 신상봉 비서와 운명의 영 이별길이 되어 그 안부가 궁금하여 애끓이셨던 고 송남헌 회장님! 신비서의 종적을 알 수 없어서 생과 사의 무상한 인간사를 한탄하셨던 바, 그 신비서가 이 세상 떠나 저 세상에 가 있는 묘소를 재북인사묘역에서 발견하고서, 혹시라도 하늘나라에 모두 모이셔서 오랜 세월의 회포를 푸셨는지 알고 싶었다. 이승에서는 알 수 없어서 안타까운 마음일 뿐, 그저 삼가 고인의 명복을 비는 심사가 애잔하기 이를 데 없었다.

평양 시내 곳곳을 돌아보고 심양으로 나왔다가 대련으로 가서 청일전쟁, 러일전쟁 때 난리 치른 대련항 부두 위를 돌면서 머릿속으로 바다와 항구에서 전쟁하는 그림을 그려보았다. 여순이 지척에 있는데도 사정이 여의치 못하여 다음 기회로 미루고 돌아오자니 서운한 마음이 발걸음을 무겁게 하였다.

작년 추석 무렵에 또 한 번 애국열사능에 우사의 자제인 진세 선생, 우사의 손녀와 손녀사위가 같이 서 참배할 기회를 가지게 되어 우사를 기리는 정감이 더욱 새로웠다.

작년 초여름, 하얼빈 안중근기념관 개관과 동시에 개최하게 된 하얼빈 한국주간 행사에 하얼빈 안중근기념사업회 이사장 김우종 선생의 초청을 받고 그 곳에 가서, 어렵게 활동하여 지금 실현된 성과로 그동안 김우종 선생의 노력이 드러난 기념관을 개관할 수 있었던 내력을 현실로 확인하였다.

내내 생각해 오던 일로서, 뜻있는 회원의 모임을 만들어 중국의 독립투쟁 현지를 돌아보아 우사 김규식의 독립운동 행적을 확인해 보았으면 하는 마음에서 장은기 사무국장과 숙의하던 나날 가운데 그럼 우리의 계획을 세워보자고 하여, 성의 있는 동지의 뜻을 모아보자고 한 일에 고 송남헌 회장의 자제 송재웅 선생이 열성으로 나서서 구체화 하게 된 "우사 김규식의 독립 운동길 따라가다" 의 길을 가게 되었다.

한 때 펄벅이 중국에 살면서 집필한《마른 잎은 굴러도 대지는 살아 있다》는 작품을 통해서 널리 소개하였던 그 넓은 대지 위의 천지사방을 돌아보는 일정이 빡빡해서 여간 고역이 아니었을 것이나 한 번 돌이켜 살펴볼 때 발로 간 길만이 아니라 머릿속으로 간 독립운동길까지를 아울러서 그 땅, 그 하늘 아래에 펼쳤던 사연까지도 밝은 눈으로 통찰했어야 마땅한 답사길이었으니 지난날의 역정을 회상하는 가운데 오늘을 살고 바로 내일로 이어나갈 수 있는 희망하는 길이 되었으리라고 짐작할 수 있겠고, 그렇게 보았을 때, 세상에서 말하는 지배층, 지도자라는 인물들이 쓰고 있는 허상虛像의 종이모자를 벗겨서 지상에 존재하는 생활인의 중국으로 깨어나게 했던 사상가가 목숨을 걸고 활동하여, 알 수 있게 가르쳐 준 생활의 역사를 알게 될 것이다. 그 내력은 옛 것, 다시 말해서 실세들이 행세하는 그 한 때를 그대로 자기세력으로 틀짜서 유지하려는 지배자들과 편하게 자리 잡아 그렇게 정지된 상태의 그 자리에 안주安住하려는 사람들이 저희들 세상으로 살기 바라서 지배받고 사는 대중大衆을 길들여 왔을 뿐이다. 이제 침체되고 뒤처지는 삶의 틀을 깨부숴야 한다. 그늘진 음지에서 얼어살면서 죽음을 노래하던 세상이 아니고 모든 사람들이 다 같이 힘있게 사는 새세상을 노래하게 해야 한다고 가르쳐 주었다. 이와 같은 이치로 참 사람이 살 수 있는 길을 밝혀준 그 역사를 터득하였다면 큰 보람이 되어 사는 힘 솟아나게 하리라고 믿는다.

우사가 일러 깨쳐야 한다는 뜻 있는 말을 하였는데, 그 말은 옛 철인이 "자신을 알라"고 한 말보다도 현실적인 지적으로 "자신을 정복해서 이겨야 한다. 극복해야 한다" 는 골수에 사무친 외침으로 세상을 울렸던 그 진실을 알고 오로지 온전한 나라와 겨레의 자주적인 민주주의의 통일, 독립의 조국건설에 매진했던 우사 김규식의 길을 깨달을 수 있었다면 그보다 더한 보람이 없겠다. 나아가 인생은 역사의 한가운데서 나름대로 처신한다는 사실을 명심하여, 이번 역사 탐방길에 참여한 회원 여러분께서 앞으로 서로 합심 협력하는 즐거움을 나눌 수 있기 바라는 마음 간절하다. 또한 여러분의 노력이 있어주어서 우사 연구회가 꾸준히 힘쓰는 조직으로 발전할 수 있으리라는 확신이 없지 않다. 특히 성의 있는 준비로 여행 중 시간이 있을 때마다 피곤한 여행의 편치 못한 차에서 현지의 역사 있는 내력을 강의노트에 의해서 열변을 아끼지 않으신 서중석 교수님을 위시하여 여러 교수님께서 열성으로 말씀해 주심으로서 정말로 뜻 있는 독립운동길을 생각할 수 있게 하였다. 이에 진심으로 감사드리며, 그 생생한 말씀은 두고두고 살아있는 가르침이 되리라고 생각한다.

우사 김규식의 독립운동길 따라가다.
1차 : 2006년 6월 16일~24일
2차 : 2006년 8월 일~ 일
우사연구회

이제 독립운동의 길을 따라갔던 여러분의 글을 세상살이 견문의 기념이 되게끔 두 권으로 묶어내니 널리 유익하게 읽혀지리라는 기대에서 기쁨을 우리만이 아니라 일반의 독자도 함께 즐길 수 있었으면 한다.

우리 사회의 출판업계 현실이 여러 가지로 애로 허다함에도 불구하고 귀찮은 여러 사람의 글을 두 권의 좋은 문집으로 묶어내는 출판을 기꺼이 맡아서 애써 펴내신 논형의 소재두 대표 이하 직원 여러분께 진심으로 감사드린다.

또한, 치밀한 일정계획과 곳곳을 연결한 교통편 마련 등 낭비없이 보람된 여행이 될 수 있게 협조해 준 롯데관광의 여러분께도 감사드린다.

처음부터 끝까지 행사를 책임지고 선도한 연구회의 장은기 사무국장이 겪은 심신의 피로가 이 출판으로 싹 씻어지기 바라는 마음 간절하다.

오로지 여러 회원께서 더욱 건승하시기를 빌어마지 않는다.

2007년 7월 30일

김재철

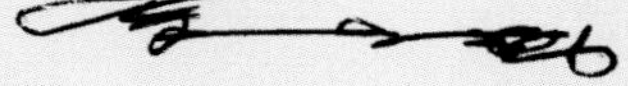

| 1권 차례 |

3. 북경(北京)

## 중국의 수도 북경과 우사 김규식 김재경

4. 서안(西安)

## 우사 김규식의 독립 · 통일운동과 정의에 대한 기준 양재혁

5. 성도(成都)

## 성도의 사천대학과 우사 김규식 최연신



6. 남경(南京)

## 남경에서의 우사 김규식 송재웅

9. 연안(延安)

## 중국을 일으켜 세운 연안과 연안정신 우승용

| 2권 차례 |

# 1 중칭[중경(重慶)]

*Chongqing*

**심지연** (경남대 교수)

# 독립운동 사연 많은 중경과 우사 김규식

## 독립운동과 중경의 위상

양자강揚子江(장강)과 가릉강嘉陵江이 합쳐지는 사천성四川省 동쪽 구릉지대에 위치한 중경은 북경, 상해, 천진과 더불어 중국 4대 직할시의 하나로 유명할 뿐만 아니라, 한국독립운동사에서도 빼놓을 수 없는 아주 중요한 위치를 차지하는 도시이다. 일본군의 공격에 밀려 후퇴를 거듭하던 국민당 정부가 1938년 이곳을 수도로 정하고 이곳에서 전열을 정비하고 반격에 나섬으로써 일본의 패망을 재촉한 역사적인 도시인 동시에, 대한민국임시정부 역시 본토 수복의 날을 손꼽아 기다리며 광복을 준비하다가 일제의 항복소식을 듣고 통탄을 금치 못한 곳이기 때문이다. 그리고 비록 개인자격이기는 하지만 임시정부 요인들이 오랜 망명생활을 청산하고 이곳에서 꿈에 그리던 귀국길에 오름으로써 중경임시정부라는 명칭으로 불렸기 때문이다.

■ 양자강(장강) 전경

## 重慶大韓民國臨時政府舊址

此地是大韓民國臨時政府自1945年1月至11月使用的舊址。

大韓民國臨時政府于1919年4月13日在中國上海成立。1932年4月29日，尹奉吉義士在上海虹口公園義擧后，日軍壓迫加重，臨時政府遂離開上海，經杭州、嘉興、鎮江、長沙、廣州、柳州、綦江，于1940年到達重慶。

重慶臨時政府先后在楊柳街、石板街、吳師爺巷辦公，最后遷至渝中區七星崗蓮花池38號。在此地他們迎來了祖國光復。

舊址經重慶市和韓國獨立紀念館協商，于1995年8月11日復原開放。在2000年9月17日韓國光復軍創軍60周年之際，經重新整修，擴大展覽，建成留名史冊的遺跡。

## 중경 대한민국임시정부 청사 구지

이곳은 대한민국임시정부가 1945년 1월부터 11월까지 사용한 마지막 청사이다. 1919년 4월 13일 중국 상해에서 수립된 대한민국임시정부는 1932년 4월 29일 윤봉길의사의 상해 홍구공원(현 노신공원) 의거를 계기로 일본군의 압박이 심해지자 이를 피해서 항주·가흥·진강·장사·광주·유주·기강 등지를 거쳐 1940년 중경에 도착하였다.

중경 임시정부는 양류가·석판가·오사야항 등으로 옮겨 다니다 마지막에 이곳 유중구 칠성강 연화지 38호에 정착하였다. 이 연화지 청사에서 임시정부는 광복을 맞이하였다.

이 청사는 대한민국 독립기념관과 중경시의 협의 하에 1995년 8월 11일 복원하였고, 2000년 9월 17일 한국광복군 창설 60주년을 맞아 훼손된 부분을 보수하고 전시를 확장해 역사에 길이 남을 유적지로 단장하였다.

■ 일제의 항복으로 임정이 해방을 맞은 중경청사 설명글

■ 중경의 임시정부 옛 청사

임시정부는 1919년 수립된 이래 상해上海, 항주杭州, 진강鎭江, 장사長沙, 광동廣東, 유주柳州, 기강綦江 등 중국 곳곳을 전전하다가 국민당 정부의 도움으로 1940년부터 중경에 머물 수 있는 거처를 마련했다. 중경에서도 일본군의 폭격으로 끊임없이 옮겨 다니다가 1945년 1월 유중구渝中區 칠성강七星崗 연화지蓮花池 38번지에 청사를 마련하게 됨으로써 임시정부는 방랑생활에 종지부를 찍고 비로소 활발한 항일활동을 전개할 수 있게 되었다. 근거지를 마련한 임시정부는 정부로서 정상적인 운영을 하기 위해 체제를 정비하고 본격적인 항일투쟁을 위한 준비에 나섰다. 그 결과 임시정부는 한국독립의 필요성을 연합국에 널리 인식시킬 수 있었고, 이에 힘입어 한국의 독립을 국제적으로 공인받는 효과를 거둘 수 있었다.

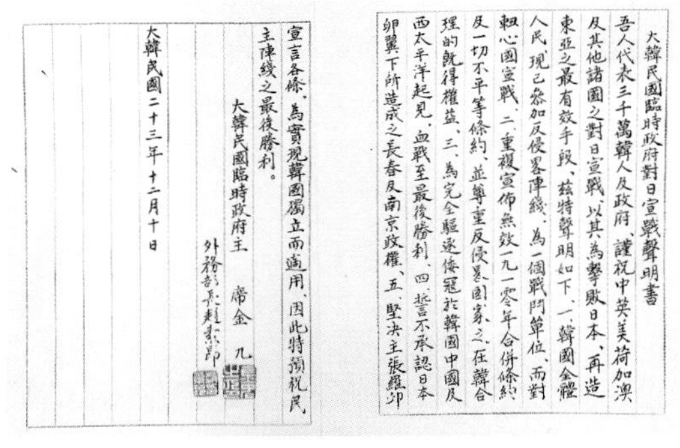
大韓民國臨時政府對日宣戰聲明書
吾人代表三千萬韓人及政府、謹祝中英美荷加澳
及其他諸國之對日宣戰、以其為擊敗日本、再造
東亞之最有效手段、茲特聲明如下、一、韓國全體
人民、現已參加反侵略陣綫、為一個戰鬥單位、而對
軸心國宣戰、二、重複宣佈無效一九一零年合併條約、
及一切不平等條約、並尊重反侵略國家之在韓合
理的既得權益、三、為完全驅逐倭寇於韓國中國及
西太平洋起見、血戰至最後勝利、四、誓不承認日本
卵翼下所造成之長春及南京政權、五、堅決主張羅邱
宣言各條、為實現韓國獨立而適用、因此特預祝民
主陣綫之最後勝利。
大韓民國臨時政府主席 金 九
外務部長 趙素昂
大韓民國二十三年十二月十日

■ 대한민국 임시정부 대일선전포고 성명서
출처: 독립기념관 전시품도록

임시정부는 이곳에서 광복군을 창설하고 일본에 선전포고를 하였다. 그리고 국민당 정부를 매개로 국제외교에도 주력하여, 카이로회담에서 한국문제가 의제로 성립되어 한국의 독립이 국제적으로 확약되게 하는 등의 성과를 거둔 것이다. 한국에 대한 연합국의 독립약속은 후일 신탁통치 문제를 야기하기는 했지만, 포츠담선언에도 그대로 이어졌다. 또한 임시정부는 이곳에서 건국강령을 발표하고, 헌법을 개정하며 장차 도래할 독립 이후의 구상을 가다듬기도 했다. 이러한 제반 활동을 전개한 것을 토대로 임시정부는 한국독립운동의 정신적인 지주로서의 위상을 지니게 되었고, 이에 따라 중경도 독립운동사에서 적지 않은 비중을 차지하게 된 것이다.

그러나 무엇보다도 중경이 독립운동사에서 가장 중요한 위치를 차지하게 된 것은 여러 갈래로 나뉘어 활동하던 항일운동단체들의 통합이 이곳에서 본격적으로 모색되었다는 것과, 이러한 노력이 어느 정도 결실을 맺어 임시정부의 재조직을 이룰 수 있었다는 사실이다. 그 이전부터 항일단체들의 통합을 위한 움직임이 여러 차례 있었고 국민당 정부에서도 여러 차례 이를 권유한 바 있었는데, 이것이 중경에 와서 비로소 구체화된 것이다.

그 결과 1942년 들어 중경에 있는 모든 당파가 임시정부에 참여하기로 했고, 이에 따라 우사 김규식도 임시정부의 국무위원으로 보선되었다. 우사는 국무위원 보선과 동시에 선전부장으로 취임했는데, 이를 계기로 임시정부는 각 정파를 망라한 통일의회를 출범시킬 수 있게 되었다. 1944년 헌법 개정으로 임시정부의 조직개편이 이루어져 부주석제도가 신설되자, 우사는 임시정부의 부주석으로 취임했다. 이로써 중경과 우사와의 관계가 본격적으로 시작되고, 여기서 우사는 조국의 독립을 실현하기 위해 배전의 노력을 기울이게 되었다.

## 중경에서의 우사

1935년부터 성도成都의 사천대학에서 영문학을 가르치면서 영어교과서도 집필했던 우사는 중경으로 옮겨온 임시정부가 항일독립운동단체들의 통합을 위해 임시정부 개조를 약속하고 문호를 개방하기로 함에 따라 임시정부에 참여하게 된다. 우사가 오랫동안 관계를 끊었던 임시정부에 참여하기로 한 것은 독립운동 단체들이 통합을 이루어야 독립을 앞당길 수 있다는 생각에서 비롯된 것으로 판단된다.

이에 덧붙여 임시정부의 주축을 이루고 있던 한국독립당이 중국국민당 정부의 적극적인 권유에 의해 조선민족혁명당과의 통합에 나선 것, 그리고 우사가 속한 조선민족혁명당이 임시정부의 기초를 국내외 독립운동단체와 혁명대중 위에 두는 방향으로 조직을 확대할 것을 요구한 것도 하나의 요인이 되었다고 분석된다. 한민족의 모든 항일역량을 집중할 수 있도록 임시정부를 개조·확대하라는 내외의 요구가 받아들여진 결과, 우사가 임시정부에 참여하게 된 것이다.

독립운동 단체들의 분열이 임시정부의 국제적 승인의 가장 큰 걸림돌이었음을 감안할 때, 통합의 달성은 만시지탄이라는 감회를 떨칠 수 없다. 그러나 민족혁명당과의 통합을 계기로 독립운동이 보다 높은 단계로 들어선 것만은 부인할 수 없는 사실이다. 임시정부에 대한 국민당 정부의 지원 증대로 임시정부 요인들의 생활도 어느 정도 안정되었기 때문이다. 뿐만 아니라 이를 근거로 임시정부가 대외적으로는 연합국의 승인을 받기 위해 노력했으며, 대내적으로는 중국 관내에 있는 항일단체들과의 통합에도 적극적으로 나설 수 있게 되었기 때문이다. 이러한 일에 주도적으로 나선 인물이 바로 우사 김규식이었다.

통합이 성사되면서 우사는 1942년 10월 임시정부 국무위원으로 보선되었다. 이처럼 우사를 비롯하여 김원봉金元鳳, 장건상張健相 등 조선민족혁명당 요인들이 참여함으로써 임시정부는 일차로 중경지역에 있는 항일단체들을 망라할 수 있게 되었다. 사천대학 교수직을 사직하고 1943년 1월 10일 사천에서 부인과 함께 중경에 온 우사는 남은 인생을 나라에 바치고 임시정부에 충성을 다하기로 결심하였다고 말하고, 일체의 과거사를 다 쓸어버리고 임시정부에 들어와 모든 동지들과 합작하기를 원한다는 내용의 담화를 발표했다. 일제의 패망이 가까워진 마당에 모든 항일단체들이 주도권 문제로 빚어온 갈등과 반목을 해소하고 임시정부를 중심으로 다시 통일되어야 한다는 소망을 절실히 표현한 것이고, 이를 솔선수범한 것이다.

1943년 1월 20일 우사는 임시정부의 선전부장으로 임명되었으며, 같은 당의 장건상張健相은 교육부장에 임명되었다. 선전부장은 말 그대로 임시정부의 정책을 대내외에 선전하는 일을 하는 것으로 우사는 중경에서 방송 등을 통해 임시정부의 정책이나 근황을 알리는 일들을 했다. 민족혁명당은 우사가 중경으로 돌아온 다음 달인 1943년 2월 제7차 대표대회선언과 강령 및 정책을 새로 발표하면서 항일단체들이 임시정부 중심으로 통일을 이루어 연합국의 승인을 받아야 한다는 것을 다시 한 번 분명하게 밝혔다. 즉 임시정부가 국내외 혁명집단과 혁명군중 위에 확고히 자리 잡게 하여, 전체 민족의 독립사업을 총영도하는 혁명정권 기구로 다시 발전하게 해야 한다는 것이다. 그리고 해외 각국으로 하여금 최단기일 내에 임시정부를 승인하게 하고, 이 임시정부가 전쟁 후에는 완전독립을 이루도록 노력해야 할 것을 천명했다.

1943년 3월 우사는 중경에서 라디오 방송을 통해 "미국, 하와이, 멕시코 및 기타 지역에 있는 동지와 미국인 친구들을 향해서"라는 제목으로 '조선민족혁명당의 전후 계획'을 발표한 바 있었다. 여기서 그는 민족독립운동단체들이 통합을 이루었음을 알리고 이러한 통합이 국제연합의 임시정부 인정을 반드시 촉진할 것이라고 주장했다. 그리고 통합은 한민족의 해방과 자유가 회복될 때 독립군이 모국에 들어가 선구자로서 국제연합군과 동조해서 행진할 수 있게 할 것이라고 말했다. 해외에 있는 동포들에게 임시정부가 광복군을 편성하여 활동하고 있음을 널리 알리고, 광복군이 연합군과 함께 일본의 항복을 받는 일에 매진하겠다는 것을 선전한 것이다. 그는 이러한 선전을 통해서 해외 동포들에게 독립에 대한 희망을 주고 임시정부에 대한 신뢰와 지원을 기대했던 것으로 분석된다.

우사는 1943년 8월 5일에도 미주에 있는 동포들에게 중국 국제방송을 통해 임시정부의 대표 3, 4인이 장개석의 초청을 받아 면담한 사실을 알렸다. 김구金九, 김원봉金元鳳 등과 함께 면담한 자리에서 그는 임시정부 요인들이 장개석에게 광복군의 효과적인 조직을 위한 방안 모색, 법리상으로 임시정부 승인이 불가능할 경우 사실상의 정부로서 승인, 임시정부에 대한 중국 정부의 원조 증가 등을 요구했으며 민족해방운동세력의 통일전선 결성문제 등에 대해서 의견을 나누었다고 밝혔다.

이어 우사는 "조선민족의 단합을 위해 노력하자"라는 제목의 연설에서 일제로부터 독립하기 위해 그동안 많은 독립영웅들이 희생을 치르면서 성취하려고 했던 독립을 반드시 이루지 않으면 안 된다고 역설했다. 이를 위해서 그는 국내외에 있는 군대를 더욱 잘 조직, 연합하고 또 강화함으로써 완전독립과 연합국의 승리를 거둘 수 있다고 말했다. 그리고 세계 각국 인민 사이에 평화와 화목을 실현하기 위하여 더욱 피를 흘려야 할 것이며 자신을 희생시켜야 한다는 것을 기억해야 한다고 주장했다. 좌·우를 막론하고 항일세력을 통합하여 일본과 싸우는 일이 무엇보다도 중요하며 이것이 해방에 대비하는 최선의 길이라는 것이 변함없는 우사의 신념이었다.

1944년 2월에 들어 임시정부는 새로운 정치정세와 광복에 대비하여 개헌을 단행하고 정부조직법도 개정했다. 태평양전쟁이 지속되면서 일본의 패망이 예견되었던 데다가, 임시정부에 참여하는 인원이 크게 늘어남에 따라 임시정부를 확대, 강화할 필요가 있었기 때문이다. 이러한 조직개편의 일환으로 부주석제가 신설되어 우사는 임시정부의 부주석으로 취임했다. 그렇지만 부주석이라는 직위가 임시정부 내에서 특별한 권한과 직책이 있는 자리가 아니었기 때문에 우사는 종전처럼 선전사업에 주력했고, 군사나 외교 등의 사업계획을 세우는 데 더 많은 시간을 보낸 것으로 알려졌다. 아마도 이때 우사는 귀국 후 임시정부가 당면하게 될 건국 문제를 비롯해서 건국 과정에 필요한 제반 업무를 구상하는 데 대부분의 시간을 할애한 것으로 생각된다.

당시 우사는 임시정부가 반드시 연합국의 일원이 되어 연합군의 공동작전에 참가해야 한다는 것, 그러기 위해서는 광복군을 개편하여 연합군의 한 부대가 되게 하고 연합군과 함께 일본을 패망시키고 전승군이 되어야 한다는 것을 정확히 알고 있었다. 바로 이러한 이유에서 우사는 임시정부에 복귀했고, 복귀한 후 여러 방면으로 이를 실현하기 위해 노력했다. 해외 동포들에게 항일독립운동 단체들의 통합을 알리며 지원을 요청한 것이라든지, 군조직의 확충 필요성을 역설한 것 등이 모두 전승국의 지위를 얻지 않고는 국제무대에서 한민족의 발언권을 인정받기 어렵다는 생각에서 나온 것들이었다.

우사의 이러한 생각은 1920년대 그가 일본의 감시를 피해 조국의 독립을 청원하고 역설하기 위해 파리와 모스크바, 울란바토르 등지를 전전하는 동안 직접 겪고 체험한 결과 얻은 결론이라고 분석된다. 국제정치의 냉혹한 현실을 알았기에 이를 극복하기 위해서는 민족의 역량을 보여줄 수 있는 힘을 길러야 한다는 것을 우사는 누구보다도 뼈저리게 체득했기 때문이다. 국제정세에 대한 우사의 이러한 인식은 귀국 후 미·소공동위원회에서 미국과 소련의 합의를 이끌어내려고 노력한 데서, 또 좌·우합작을 성사시키기 위해 그리고 남·북협상을 성공시키기 위해 노력한 데서도 아주 잘 나타났다.

## 중경시절 우사의 독립관

우사의 복귀로 임시정부는 사실상 정부역량이 대폭 강화되었다고 할 수 있다. 우사와 함께 임시정부에 참여하여 국무위원이 된 장건상은 자신이 조선민족혁명당원으로서 임시정부에 참가한 이유에 대해, 독립에 대비하기 위해서는 항일단체들이 모두 단합해서 통일된 조직을 갖추어야 하는데, 통일된 조직은 그래도 임시정부가 기둥이 될 수밖에 없다는 생각에서 참가했다고 후일 증언했다. 귀국 후 그가 좌·우합작 추진과 남·북협상 참여 등 우사와 똑같은 노선을 걸은 것으로 보아, 아마 우사의 생각도 이와 크게 다르지 않았으리라고 생각된다. 우사 자신이 직접적으로 밝힌 바는 없지만, 그의 연설 등에서 이러한 생각의 일단을 읽을 수 있기 때문이다.

이와 같은 생각은 비단 우사나 장건상뿐만 아니라 그들을 포함한 임시정부의 다른 요인들도 갖고 있었다고 생각된다. 이 때문에 임시정부는 연안延安에 있던 독립동맹과 통일전선을 결성하기 위해 장건상을 협상대표로 선발하여 그를 연안에 파견하기까지 했던 것이다. 그러나 임시정부의 이러한 통합노력은 예상치도 못한 일본의 조기 항복으로 인해 안타깝게도 성사되지 못했다.

이처럼 우사를 비롯해서 중경에 있던 임시정부 요인들이 화북지역에 있는 항일단체마저 통합하여 일본의 항복에 대비하려 했고 독립동맹도 기본적으로 이에 찬성했기에, 글자 그대로 민족통일전선은 순탄하게 결성될 것처럼 보였다. 그러나 이에 관한 논의가 채 결실을 맺기도 전에 일본이 항복을 선언함으로써 통일전선 결성을 위한 그동안의 준비와 노력이 무위로 돌아가고 말았다. 이로 인해 중국에서 있었던 독립운동세력의 분열이 국내까지 그대로 이어졌고 이것이 다시 외세와 연결되고 증폭되어 국토의 분단을 낳고 만 것이다. 중경에 있으면서 우사가 제일 우려했던 사항이 현실화된 것이다.

중경에서 우사는 1943년 12월에 발표된 카이로선언에 대해, 그 다음해인 1944년 3월 자신의 견해를 발표했다. 우선 그는 연합국이 한국의 독립을 약속한 것에 대해서 감사의 뜻을 표했다. 미국, 영국, 소련 3국의 대표들이 모여 한민족의 자유와 독립을 결정한 것에 대해 국내외에 있는 한민족은 물론이고, 조국의 광복을 위해 3~40년 동안 국내외에서 끊임없는 투쟁을 전개해 온 한인 혁명가들은 기뻐해 마지않는다는 것이다. 이에 대해 그는 루즈벨트, 처칠, 스탈린의 3거두에게 거듭 감사함을 느낀다고 말했다.

그러나 즉시 독립이 아니라 '상당한 시기에' 독립시키기로 한다는 것에 대해서는 유감을 표했는데, 우사는 이를 "카이로선언에 달린 작은 끄나풀"이라고 지적했다. '상당한 시기에' 라는 작은 끄나풀이 달려 있지 않다면 그 뜻이 아주 분명했을 텐데, 이 문구가 붙어 있어 그 뜻이 매우 모호하다고 말했다. '상당한 시기' 라는 것이 연합군이 일본 파시스트 통치를 완전히 쫓아낸 다음을 말하는 것인지, 아니면 일본이 물러간 다음이라도 한민족이 정치적 · 경제적 · 군사적으로 자기 힘으로 설 수 있을 때까지 열강의 보호를 받아야 한다는 것을 의미하는지 알 수가 없다는 것이다. 우사는 후자의 해석 즉, 일정한 시기 동안 보호를 받아야 한다는 해석이 일반적으로 생각되는 것 같다고 분석했다.

이처럼 '상당한 시기에' 자유와 독립을 주겠다는 카이로선언의 결정에 대해 애매하다고 비판적인 태도를 취한 우사는 이를 어떻게 해결해야 할 것인가 하는 문제에 대해 몇 가지 방안을 제시했다. 우선 우사는 한민족이 나름대로 자기 힘으로 능히 설 수 있다는 것을 보여준다면 '상당한 시기' 라는 조항은 없어질 것이라고 말함으로써 시기문제를 해결하려 했다. 일차로 우사는 구체적인 사실을 들어 한민족이 문화적으로 그리고 정치적으로 충분히 독립할 자격이 있음을 주장하고, 자원資源면에서도 독립국가를 유지할 만하다고 단언했다. 일본과 한국에서 전문학교와 대학, 각종 직업학교와 실업학교를 졸업한 사람이 40만 명이나 되며 한국과 일본에 30만 명의 세련된 직공들이 있어 해방 후 산업건설에 충분히 이바지할 수 있다는 것이다.

이와 같이 일본의 항복 후 즉시 독립을 요구한 우사는 미국, 영국, 중국, 소련의 4대 연합국에 대해 임시정부를 승인하라고 요구했다. 임시정부를 승인하면 독립운동은 보다 더 충분히, 보다 더 적극적으로, 보다 더 유효하게 전개될 수 있을 것이며, 이는 연합국의 승리를 촉진하는데 확정적으로 기여할 수 있을 것이라는 이유에서였다. 그리고 임시정부에 대한 승인 요구는 극동과 세계의 영구한 평화를 확립하는데 발언권을 가지려고 하는 한민족의 소원이기도 하다고 우사는 주장했다.

이러한 것들을 볼 때 우사가 중경에서 심혈을 기울인 부분은 중국 내 항일운동단체들의 통합 완성과 연합국에 의한 임시정부 승인이었음을 알 수 있다. 임시정부의 승인을 통해 항일운동을 효율적으로 수행하게 되면, 한국의 독립은 이루어진다는 인식이었다. 그리고 이것이 전쟁을 빨리 끝내는 길이며, 극동과 세계의 평화를 확보할 수 있는 길이라는

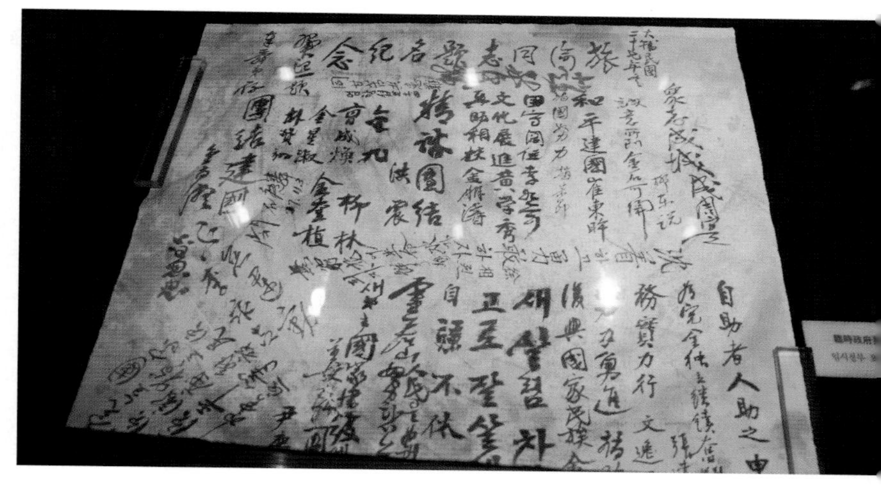

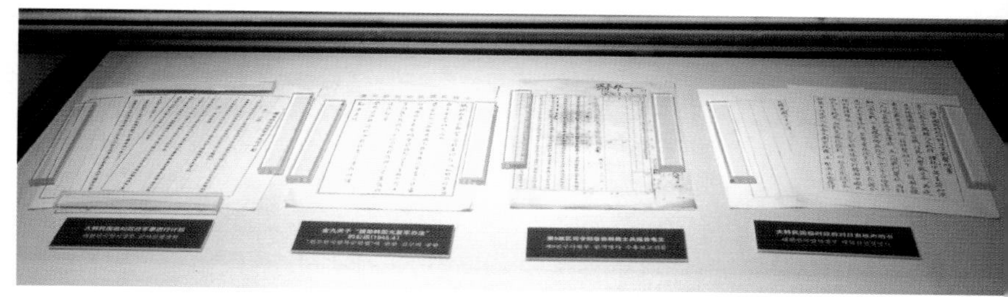

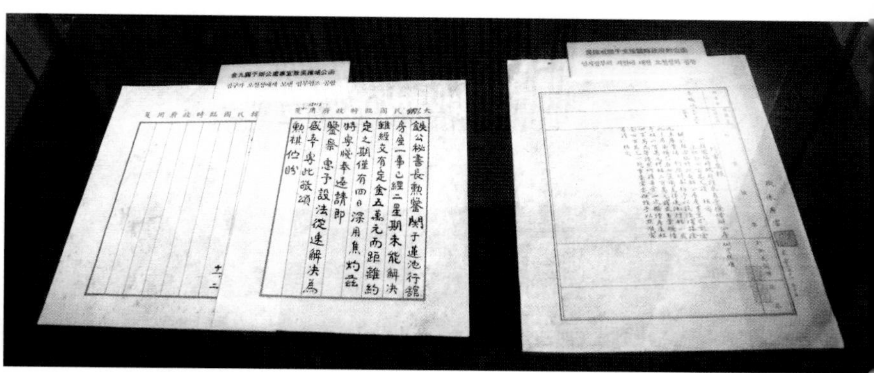

■ 임시정부 요인들의 환국기념 서명

것이다. 그러나 연합국의 한반도정책은 우사의 희망인 임시정부를 승인하는 방향으로 가지 않고, 그와 반대되는 쪽으로 나아갔다. 한민족에 자유와 독립을 부여하기는 하지만, '상당한 시기에' 라고 하는 '작은 끄나풀' 을 단 것이다.

이러한 단서는 우사가 우려했던 대로 한반도에 대한 국제공동관리 즉, 신탁통치를 실시하는 쪽으로 가고 있음을 의미하는 것이었다. 우사를 비롯하여 임시정부 요인들이 이를 알고 그러한 사태를 막기 위해 중국 국민당 정부를 통해 백방으로 노력했지만, 시기적으로 너무나도 뒤늦은 다음이었다. 우사의 염원대로 일찍이 민족통일전선을 결성하고 항일투쟁에 임해야했는데, 이것이 늦어졌기 때문이다.

이로 인해 백범과 우사를 비롯한 임시정부 요인들은 일본의 항복소식을 듣고 기뻐하기보다는 땅을 치며 슬퍼했던 것이다. 국제무대에서 한반도 문제에 대해 아무런 발언권도 없으리라는 것이 불을 보듯 분명해졌음을 깨달았기 때문이다. 그리고 임시정부로서 인정을 받지 못해 정부 자격이 아닌 개인 자격으로 귀국해야 했기 때문에 이들의 슬픔은 배가될 수밖에 없었다. 30년이 넘는 기간 동안 전개했던 항일독립투쟁과 망명생활이 유종의 미를 거두지 못한 데 대한 통탄의 눈물이었다.

## 중경의 임시정부 유적

중경에서 일본의 항복 소식을 듣고 귀국을 준비하던 우사는 중국인과 공동으로 전개했던 항일투쟁이 성공적으로 마무리된 것을 축하하는 의미에서 〈양자유경揚子幽境, The Lure of the Yangtze〉이라는 영문시를 썼다. 상상으로 양자강을 거슬러 올라가는 선박여행을 하며 중국의 고사를 인용하기도 하고 자연의 아름다움을 노래한 이 시에서 우사는 전시戰時 수도 중경을 아래와 같이 묘사했다.

쉴 사이 없이 밤 낮 적기의 공습을 당하면서도
다시 재건되어 번창하며 정복되지 않았으니
옛 중국의 천하무적의 힘을 보여준다.
정부청사나 각국 대사관은 이제 사라지고
그 본디 자리로 돌아갔다.
사평파의 고등 교육기관도
공장들도 거의 다 바다 가까이로 되돌아갔다.
그러나 이곳은 역사적 의의가 큰 곳,
8년 이상 침략자와 맞싸워서 내쫓고
불평등조약은 국민의 열렬한 기쁨 속에 파기되어,

어느 연안, 어느 내륙지방이든 이제
중국 사람은 마음대로 다닐 수 있게 되었다.
한때 중앙정치학원이 있던 남천도
여행의 기분전환 말고는 흥미가 없다.
마찬가지로 온천 공원이 있는 북배도 그냥 지나가고
여기서부터는 아미산을 찾아야 하느니,
세상 빠뜨릴 수 없는 여정이다.
'바다의 귀부인'은 이곳에 정박시키고 기다리게 하자.
정크를 타고 상류로 가서 아미산에 올라,
그래서 우리는 스님과 이야기를 나누고자 잠시
이 언덕의 거리를 떠난다.

■ 번화한 중경시가지

귀국길에 오르기 전에 자신이 임시정부의 부주석으로 일을 하던 중경지역을 묘사한 것이다. 일본군의 공습을 피해 이곳저곳으로 옮겨 다녔을 우사와 임정 요인들의 모습과 전시 중경의 분위기, 그리고 중경 주위의 정경을 생생하게 눈앞에 떠올리게 하는 시구詩句라고 할 수 있다. 항일운동에 열중하느라 중국의 산천 풍경과 고사故事를 감상할 여유가 없던 우사로서는 전쟁이 끝남에 따라, 이를 영문시로 표현하여 중국에 대한 감사의 마음을 나타낸 것이라고 분석된다. 이 시를 통해 우리는 우사의 영문학자다운 풍모와 중국 고사에 대한 해박한 지식을 알 수 있다.

일본군의 폭격으로 중경에서도 임시정부는 여러 차례 옮겨 다니다가, 1945년 1월 현재의 위치에 터를 잡고 귀국할 때까지 머물러 있었다. 이 청사는 1995년 광복 60주년을 맞아 개방하였으며, 2000년 광복군 창립 60주년을 기념하여 보수하고 전시 내용을 확충, 오늘에 이르고 있다. 이 외에도 중경 시내에는 임시정부와 광복군사령부의 유적지가 있으며, 조선민족혁명당과 조선의용군이 머물렀던 거처들이 남아있지만, 관리의 손길은 미치지 않고 있다.

중경 인근 기강綦江에도 임시정부와 관련된 유적들이 적지 않다. 1939년부터 1940년까지 임시정부 청사로 사용하던 건물이 있으며, 김구 주석이 머물던 가옥과 임시정부 요인인 이동녕, 조소앙 등의 거처로 사용하던 집들이 있다. 그 밖에도 임시정부 요인들이 살던 집들이 있으나 제대로 알려지지 않았을 뿐만 아니라, 돌보는 이가 없어 퇴락 일로를 걷고 있는 실정이어서 보는 이를 안타깝게 할 따름이다.

# 2 선양[심양(瀋陽)]
*Shenyang*

심지연 (경남대 교수)

# 우리 민족의 타국 고향 심양(봉천)의 애환

■ 장춘에서 심양으로 가는 길에 끝없이 뻗어나간 옥수수밭

## 만주국 수도

정치사적으로 빈 공간이나 다름없던 만주, 특히 간도 지방에 한민족이 본격적으로 이주하기 시작한 것은 조선조시대인 19세기 말로 추정된다. 오랜 흉작으로 살기가 어려워진 함경도와 평안도 등 한반도 북쪽지방 주민들이 월경, 이주하여 농사를 짓기 시작한 것을 계기로 점차 그 수가 늘어나게 된 것이다. 경제적인 동기에서 비롯된 한민족의 만주 이주현상은 조선이 국권을 찬탈 당한 이후에는 정치적인 이유로 인해 더욱 가속화되며, 북쪽지방 주민들뿐만 아니라 남쪽지방의 주민들도 이주의 대열에 동참하게 된다.

이는 만주가 지리적으로도 가깝고 일본의 탄압과 박해가 비교적 덜

미치는 지역으로 일본의 식민통치에 반대하고 국권을 되찾기 위한 운동을 효율적으로 전개하기에 적합한, 일종의 정치적 망명처로 각광을 받았기 때문이다. 그리하여 접경지역인 안동, 연길, 용정, 통화를 거쳐 북만주와 동만주에 이르기까지 만주 전역은 항일독립의 큰 뜻을 품은 조선의 많은 애국자들의 발길이 미치지 않는 곳이 없을 정도였다. 오늘날 동북 3성 곳곳에 있는 독립운동 사적들이 그것을 입증해 주고 있다.

그중에서도 심양은 조선과 역사적으로 깊은 연관이 있고, 조선의 독립운동과도 밀접한 관계가 있는 지역으로 그 중요성은 아무리 강조해

■ 심양 변두리길

도 지나침이 없다. 가깝게는 조선을 병합한 일본이 관동군사령부를 설치하여 대륙침략의 근거지로 삼았고, 만주족의 영화를 살리려는 의도에서 만주국을 건설하고 수도로 정한 데서 한민족의 독립운동과는 불가분의 관계를 맺게 된다. 만주에서 독립운동을 하던 많은 애국지사들이 일본군에 붙잡혀 이곳으로 끌려와 투옥되고 모진 고문 끝에 목숨을 잃는가 하면, 이들과는 아주 대조적으로 일본의 앞잡이 노릇을 했던 밀정들의 소굴로도 이름을 날렸기 때문이다. 또한 일확천금의 꿈을 안고 중국으로 건너온 많은 조선의 청년들이 한번쯤은 거쳐 가는 곳이기도 했기 때문이다.

또한 심양은 병자호란 때 끝까지 주전론을 폈던 3학사들이 압송되어 처형을 당한 곳인 동시에, 인조의 아들인 소현세자와 봉림대군이 8년여 동안 인질생활을 했던, 한민족으로서는 한 맺힌 역사가 서려있는 곳이기도 하다. 3학사의 충절을 기리는 비석이 세워졌다가 망실되거나 헐리는 수난을 겪은 곳이고, 소현세자 등이 인질로 머물던 흔적이나마 찾을 수 있는 곳이기에 심양은 우리의 역사와는 떼려야 뗄 수 없는 도시가 되고 말았다. 이에 덧붙여 최근에는 서탑西塔거리를 중심으로 수많은 한국 상점들이 개설되고 한국인의 진출이 이어져 코리아타운이 형성되고 있는 실정이고, 한국에 와서 돈을 번 많은 조선족들이 밀집해 살고 있어 더욱 가깝게 느껴지는 곳이기도 하다.

오랫동안 중국 각지를 다니면서 어느 누구 못지않게 활발한 독립운동을 전개했던 우사 김규식이 심양에서 활동했다는 구체적인 기록은 아직까지 나오지 않고 있다. 그러나 비록 우사와 직·간접적으로 관련이 있는 사건이나 우사의 자취는 찾을 수 없다고 할지라도 심양은 조선조시대부터 현재에 이르기까지 우리와 역사적으로 아주 밀접한 관계가 있는 지역이며, 항일독립운동의 거점도시로서 많은 애국지사들의 활동과 관련이 있는 곳이기 때문에 탐방일정에 포함된 것이다.

## 3학사 유적과 심양관

병자호란에서 패배한 조선은 삼전도에서 굴욕적인 항복의 표시로, 인조가 조정의 대신들을 이끌고 청 태종에게 무릎을 꿇어 신하의 예를 다한다는 삼배구고두三拜九叩頭의 의식을 치러야 했다. 한겨울 얼어붙은 땅에 한 번 절할 때마다 세 번씩 머리를 땅바닥에 찧는 예를 세 번 하는 바람에 인조의 이마는 피투성이가 되었다. 또한 청나라는 전쟁의 책임을 물어 왕자인 소현세자와 봉림대군을 인질로 요구했고, 청과의 화의和議를 반대하고 끝까지 주전론을 편 홍익한洪翼漢·윤집尹集·

■ 심양(선양)의 고궁

■ 심양(선양)의 고궁

오달제吳達濟 등 3학사를 잡아갔다. 조선의 치욕은 이에 그치지 않았다. 수많은 부녀자들을 청나라에 노예로 내주어 인간 이하의 수모를 당하게 했던 것이다.

심양에 끌려간 3학사들은 청의 끈질긴 회유와 협박에도 전혀 굴하지 않고 척화의 뜻을 굽히지 않다가 1637년 심양의 서문西門 밖에서 처형을 당했다. 조선의 조정은 이들의 충절을 널리 알리고 또 기리기 위해서 이들의 집 앞에 정문旌門을 세웠으며, 이들 3인에게 각각 충정忠正 · 충정忠貞 · 충렬忠烈이라는 시호를 내렸고 이들 모두를 영의정으로 추증했다.

한편 3학사의 처형 소식을 들은 청 태종은 비록 이들이 적敵이기는 하지만 자신의 주군을 섬기는 애국심정에 깊이 감동했다. 그리하여 그는 이들의 절개를 찬양하고 청나라 백성들도 이들의 절의를 본받도록 하기 위해 심양 서쪽에 있는 작은 절에 묘를 짓고 "삼한산두三韓山斗"라 새긴 비석을 세워 봄 · 가을마다 제사를 지내도록 했다. 이 비석은 1933년에 우연히 3학사의 후손들에 의해 발견되었다고 보도되었으나, 그 후 이 비석이 어떻게 되었는지는 알려지지 않고 있다.

청 태종이 세우도록 한 비석과는 별도로 3학사의 거룩한 뜻을 이어받기 위해 중국 거주 조선인 120여 명은 병자호란 300주년을 맞은 1936년에 심양 시내 춘일공원에 높이 1.5m, 폭 60cm 크기로 "삼학사 유적비"를 만들어 세웠다. 비문의 내용은 3학사가 절개로써 민족혼을 지켰다는 것으로 한자漢字 1천여 자를 음각하여 세움으로써 조국의 독립을 염원했던 것이다. 그러나 1966년 중국에 문화대혁명의 광풍이 불어 닥치면서 홍위병들이 이 비석을 심양을 가로지르는 강인 혼하渾河에 내다 버리는 바람에 없어지고 말았다. 그러나 공교롭게도 이 비석은 중국인에 의해 우연히 발견되어 다시 빛을 보게 되었다. 이를 발견한 중국인은 주춧돌로 사용하려다가 조선인이 세운 것을 알고 당국에 신고함으로써 현재 발해대학 교정에 보존되게 된 것이다.

병자호란 당시 인질로 잡혀간 소현세자와 봉림대군 등이 머물렀던 심양관瀋陽館은 심양 시내 심하구瀋河區 조양가朝陽街 131호로 추정되고 있을 뿐 지금은 당시의 건물이 남아있지 않다. 현재 이곳에는 한옥 기와 건물인 시립 소년아동도서관이 들어서 있다. 주변 건물들과 달리 한옥 양식으로 건물을 지은 것은 원래 심양관이 있던 곳이기 때문이라는 말이 전해지고 있다. 현지에서 발간된 해설서에도 원래는 조선 인질들이 묵었던 궁터라고 적혀있다. 이곳은 일제가 만주를 점령하면서 만철출장소, 봉천영사관 등으로 사용되었다가 1945년부터 도서관으로 활용되고 있다.

## 항일유적

조선의 독립을 찾기 위해 만주로 건너온 많은 애국지사들이 심양을 거쳐 갔거나 이곳에서 활동한 것으로 알려지고 있으나, 이를 정확하게 입증할만한 사료는 아직 발굴되지 않았다. 이는 아마도 지금까지 독립운동에 관한 연구가 대한민국임시정부 위주로 진행되다 보니, 임시정부 청사가 있던 상해, 중경 등에 비해서 상대적으로 이 지역에 대한 연구가 소홀했기 때문에 나타난 현상이라고 생각된다. 이에 반해 중국 정부는 심양 시내 곳곳에 기념관과 유적지를 만들고, 이들을 동북지역 중국인들의 항일활동을 널리 선전하고 후세들에게 역사교육을 하기 위한 장소로 삼고 있다.

이중 가장 유명한 것은 일본이 만주침략을 위해 일으킨 9·18사변의 교훈을 잊지 않기 위해 심양 대동구에 세운 '9·18' 역사박물관九·一八歷史博物館이다. "앞일을 잊지 않는 것은 뒷일의 스승"(前事不忘 後事之師)이라는 구호 아래 1997년 건립하기 시작해서 1999년 8월 18일에 완공한 이 역사박물관은 규모도 규모지만, 내용면에서도 전혀 손색이 없다. 중국 동북지역의 인민들이 일본제국주의에 맞서 투쟁했던 역사적인 사진 800여 점과 각종 문물 및 자료 500여 점이 전시되어 교육적인 면과 함께 관상적觀賞的인 면에서도 많은 것을 제공하고 있기 때문이다. 건물의 외관은 미학적인 요소도 감안하여 지어졌는데, 부지면적만 해도 31,000㎡이고, 건축면적은 12,600㎡, 전시면적은 9,180㎡에 달하는 규모다.

박물관 내부에 중국 동북지역 인민들이 잔혹한 일본제국주의의 침략에 맞서 투쟁한 결과 승리를 쟁취하게 되었다는 것을 생생하게 나타내는 각종 자료와 일제의 가혹한 수탈정책에 신음하는 중국 인민들의 모습을 전시해 놓은 것이 퍽 인상적이었다. 그러나 이보다도 우리의 눈길을 끈 것은 동북항일연군의 소개와 함께 이 부대에 소속되어 항일활동을 했던 한국인들 및 김일성의 사진과 이들의 활동을 소개한 조그마한 모형이었다. 눈보라 속에서 밀림을 뚫고 행진해 나가는 빨치산들의 모습을 형상화한 이 작품에서 우리의 조상들이 독립을 쟁취하기 위해 얼마나 많은 고난을 겪었는지를 실감할 수 있었다.

비록 중국인의 항일투쟁 위주로 전시해 놓았지만 박물관을 둘러보면 많은 감회가 떠오른다. 일부이기는 하지만 만주지방에서 있었던 한민족의 항일투쟁의 자취를 찾아 볼 수 있었기 때문이다. 국가와 민족은 다를지라도 온갖 난관에 굴하지 않고 파쇼의 침략에 대항한 한민족과 중국 인민 공동의 투쟁이 있었기에 오늘의 우리가 있을 수 있다는 느낌을 갖게 된다.

'9 · 18' 역사박물관에 비할 바는 아니지만 심양의 장학량구거진열관張學良舊居陳列館 역시 중국인들에게는 항일운동의 교육장소로 널리 활용되고 있다. 이 진열관은 서안사변을 일으켜 토공討共의 선봉에 섰던 장개석蔣介石으로 하여금 국 · 공합작國共合作을 하도록 함으로써 전체 중국 인민을 항일전쟁에 나서게 만든 장본인인 장학량이 거처하며 집무를 보던 집을 박물관으로 개조한 것이다.

장개석을 체포하는 사변을 일으키면서까지 장학량이 국 · 공합작을 성사시키려 한 것은 그의 부친 장작림張作霖이 타고 가던 열차가 1928년 6월 4일 일본군이 설치한 폭탄에 의해 전복되어 부친이 사망했기 때문

■ 9 · 18 역사박물관 건축물

이었다. 이후 장학량은 부친의 원수를 갚기 위해 본격적인 항일전쟁에 나섰으며 이러한 열정이 서안사변으로 이어졌고, 이것이 중국을 전승국의 일원으로 만드는데 결정적인 기여를 한 셈이 되었다.

이러한 공로를 인정받아 그의 옛집 앞에는 거대한 그의 동상이 세워졌고, 그 집은 항일교육의 장소로 활용되고 있다. 이를 볼 때 우리도 항일투사들의 생가나 거처를 항일독립정신을 함양하는 교육장소로 한시바삐 활용해야 한다는 생각을 갖는다. 바로 이런 의미에서 우사가 귀국해 거처했던 삼청장을 복원하고, 집무했던 새문안교회에 그의 업적을 기리는 조형물을 건립하는 것이 시급하다고 생각한다.

## 현재적 의미

오늘날 심양은 요녕성遼寧省의 성도로 하루가 다르게 번창하고 있다. 중국 정부가 동북개발에 적극 나서고 있는 데다가, 성 차원에서도 외자를 유치하며 낙후된 지역을 발전시키기 위해 많은 노력을 기울이고 있기 때문이다. 이러한 시책에 힘입어 한국 기업의 진출도 활발하게 이루어지고 있고, 이에 따라 한국 교포들의 숫자도 급속도로 늘어나고 있다. 특히 심양은 북한과도 지리적으로 인접하고 있어 점점 더 그 중요성을 더해가고 있는데, 이러한 실정을 감안하여 한국정부는 심양에 영사관을 설치하고 교민업무를 돌보고 있다.

심양의 서탑거리에는 한국인과 한국에서 돈을 벌어온 조선족들이 밀집해 사는, 일명 코리아타운이라고 불리는 지역이 있다. 원래 이곳은 일제시대 국밥장사를 하며 돈을 모아 독립운동자금을 지원했던 독립지

■ 중국 심양(봉천)시가지, 서탑의 한인상가거리

사 부인 8명이 국밥가게를 냈던 곳이었는데, 이들의 선행이 알려져 가게가 문전성시를 이루면서 한인들이 모여 살기 시작한 것이다. 그것이 계기가 되고 시간이 흐르면서 수많은 상점과 사업체가 둥지를 튼, 하나의 한국인 마을로 발전하여 요녕성에 거주하는 조선족들은 물론이고, 한국인들의 중국 진출을 위한 교두보로 자리 잡게 된 것이다.

최근 심양은 경제적인 요인 외에 정치적인 이유로 각광을 받기도 한다. 한국행 비자를 받으려는 조선족들의 행렬은 말할 것도 없고, 북한을 탈출한 납북자들이나 북한주민들이 한국으로 오기 위한 중간 통로로 활용하고 있기 때문이다. 이로 인해 심양에 있는 북한 영사관이나 북한 요원들의 활동이 빈번해진 것으로 알려지고 있는데 이는 분단이 낳은 하나의 비극이라고 할 수 있다. 같은 민족으로서 손을 맞잡고 번영과 발전의 길을 함께 모색해 나가야 함에도 불구하고, 서로 반목하며 질시하고 있기 때문이다.

이역만리 머나먼 땅에서 항일투쟁을 하다가 유명을 달리한 애국지사들이 이러한 현상을 어떠한 눈으로 바라보고 계실지, 자못 서글픈 감회를 금할 길 없다. 독립투쟁의 근거지 중 하나였다는 긍지를 살려, 같은 민족으로서 상생과 화해의 길을 모색할 수 있는 근거지가 되기를 기원하면서 우리 일행은 심양을 떠났다. 통일이 한시바삐 이루어져야 한다는 생각을 가슴에 담으면서.

■ 심양시내 명염로 '화신조선족소학' 서탑은 동포상가 지역이고 이곳은 동포주거지역이다.

■ 심양(봉천) 칠보산호텔 뒤 재래시장 거리

# 3 베이징[북경(北京)]

*Beijing*

**김재경** (한남대학교 정치언론국제학과 교수)

# 중국의 수도 북경과 우사 김규식

■ 자금성의 망루

## 북경 소개

이번 여행에서 답사단은 북경北京, 베이징에 두 번 들렀다. 8월 22일 오전, 여순 감옥을 답사하고 몽골로 가는 비행기를 타기 위하여 오후에는 대련공항을 출발하여 북경 수도공항에 도착하였는데 이것이 첫 번째고, 몽골 여정을 마치고 돌아와 장가구를 답사하고 8월 27일에 들른 것이 두 번째다. 우리 일행이 8월 22일 오후에 방문한 곳은 송경령고거宋慶齡故居(송경령이 살던 옛 집)이며 몽골에서 돌아와 2차로 방문한 곳은 천안문 광장, 자금성, 천단공원이다.

북경에 대해서는 다음과 같이 요약해서 말할 수 있다. 북경은 중화인민공화국의 수도이며, 중국의 정치 · 문화 · 정보통신의 중심지다. 북경은 중국 공산당과 정부와 군의 최고 핵심기관이 소재하는 곳으로 중요한 정치적 · 군사적 · 외교적 · 경제적 결정이 이곳에서 내려진다. 북경은 북경대학과 청화대학, 인민대학을 비롯한 크고 작은 대학들이 많이 있는 교육과 학문연구의 최대 중심지일 뿐만 아니라 오랜 역사를 자랑하는 살아있는 역사 · 문화 박물관으로 지금도 동양문화의 진수를 곳곳에 간직하고 있는 고색창연한 도시다. 다음에 북경의 자연조건, 인구, 역사, 명승고적, 기념관, 박물관 등을 간단히 살펴보고자 한다.

## 북경의 환경

북경은 광활한 화북평원의 북쪽 끝 부분인 동부해안 가까이에 위치한다. 이 도시는 해발 44m의 평지에 위치하며 북쪽, 서쪽, 동쪽은 산지로 둘러싸여 있다. 현재 북경은 중화인민공화국 수도이며 동시에 중앙 정부가 직접 관할하는 직할시로 총면적은 1만 6,800㎢이고 16개 구區와 2개 현縣으로 구성되어 있다. 시의 중심지역이 차지하는 면적은 1,040㎢이다. 북경 상주인구는 1,148만 8천 명이고 유동인구는 약 332만 6천 명이다.[1] 북경의 겨울은 춥고 건조하며 1월 평균 기온은 영하 4도 정도다. 여름은 연강수량의 대부분을 차지하는 비가 내리고 고온다습하며, 가장 더운 6월은 평균 기온이 25.9도다. 봄과 가을은 북경에서 일 년 중 날씨가 가장 좋은 계절이며, 이때는 기온이 온화하고 비가 거의 내리지 않는다.[2] 북경은 역사가 매우 오래 된 도시로서 이름이 여러 번 바뀌었으며 최근에 발견된 선사시대의 유물은 기원전 3000~2000년의 것으로 판명되었다. 그리고 북경시 중심부에서 서남쪽으로 약 50㎞ 지점에 위치하는 주구점周口店(쩌

1
북경시측회설계연구원 편제, 《북경여유교통도》, 북경: 호남지도출판사, 2005.

2
류제헌, 《중국역사지리》, 서울: 문학과지성사, 1999, p.283.

우커우디엔)에서 발견된 '북경원인' 이라 불리는 화석 인류의 두개골은 약 70~50만 년 전에 인류가 이곳에 거주했다는 증거가 된다.[3]

## 수도 북경의 역사

북경은 언제부터 중국의 수도였는가? 중국 역사상 수도의 위치가 이동한 과정은 매우 복잡하지만, 종합적으로 보면 서쪽에서 동쪽으로, 남쪽에서 북쪽으로 옮겨가는 추세에 있었다.[4] 북경이 수도였던 기간은 금나라, 원나라, 명나라, 청나라의 네 왕조만 합하더라도 700여년에 달하는데, 전국 시대에 연나라가 도읍을 정한 기간은 포함되지 않았다(이하 〈표 1〉 중국역대기원표 참조).

시기적으로 가장 오래 전에 북경을 수도로 정한 나라는 전국 시대의 연燕나라였다. 당시 북경은 계薊라는 명칭을 가졌으며, 하나의 중요한 경제 도시로 발달하였다. 계의 배후에는 큰 산과 구불구불한 고개가 있어 교통의 장애가 되었지만 이곳을 중심으로 협곡을 따라 남북을 왕래하는 대로가 일찍부터 개척되었다. 즉, 계는 중원지방, 몽골고원, 송요대평원松遼大平原으로 통하는 대로의 분기점에 위치한 교통의 요충지였던 것이다. 지리적 조건 때문에 동북 지방의 비非한족들은 예로부터 중원 지방으로 세력을 확장할 때 계를 군사적인 요충지로 인식하고 세력 확장의 근거지로 삼았다. 그 결과 계는 처음에는 군사적 요충지로 출발하였지만, 시간이 경과하면서 점차 전국의 정치 · 문화의 중심지로 발전하였다.[5]

당唐나라 조정은 계를 군사적 요충지로 여겨 '유주幽州' 로 이름을 고치고 군사를 많이 주둔시켰지만, 이렇게 많은 군사는 결

3
황정해 · 조진영,《베이징 & 상하이》, 서울: 김영사, 2004, p.187.

4
류제헌,《중국역사지리》, 서울: 문학과지성사, 1999, p.270.

5
류제헌,《중국역사지리》, 서울: 문학과지성사, 1999, pp. 270~271.

국 '안사安史의 난'[6] 이 발발하는 원인이 되기도 하였다.

거란契丹은 당나라가 건설한 유주성을 점령한 다음 여기에 배도陪都를 설치하고 이름을 '남경南京' 으로 고쳤다.[7] 이 때 거란은 이 남경성을 거점으로 하여 중원 지방을 공략하고자 하였다. 그 후, 거란은 나라 이름을 요遼로 바꾸었고, 중원 지방 공략의 꿈을 이루지 못한 채 금金나라에 멸망당하였다.[8] 금나라는 요나라를 멸망시키고 유주성을 점령하였으나 그 이름을 중도中都로 바꾸었을 뿐 수도를 이곳으로 옮기지는 않았다. 그 후, 금金나라는 수도인 상경上京 회녕부會寧府, 흑룡강성 아성현阿城縣이 지나치게 국토의 변방에 위치하여 국가 안전보장을 고려할 때 취약성이 있다고 판단하고 중도 연경성燕京城에 대규모 공사를 일으켜 궁전을 짓고 1153년에 천도하였다.[9] 이로써 북경은 역사상 처음으로 전국적인 통일 정권에 의하여 수도로 결정되었다.

금나라가 기존의 성城과 해자垓字(호성하護城河라고도 함)를 확장하여 건설한 호화스러운 궁전은 완성된 후 백년도 채 못 되어 몽골의 기병에 의하여 불타버렸다. 1260년에 몽골의 쿠빌라이忽必烈는 남송을 멸망시키고 중국을 통일하려는 결심으로 몽골고원에 위치한 도성인 '화림和林' (지금의 울란바토르 부근)을 떠나 연경으로 내려왔다. 1263년에 쿠빌라이는 연경을 수도로 삼는다고 선포하고 금나라가 연경에 대하여 부여한 중도라는 명칭을 회복시켰다. 그는 1267년까지 궁전, 성, 해자를 건설하여 하나의 웅장한 수도를 완성하고 1273년에는 중도를 '대도大都' 라고 고쳐 부르기도 하였다. 원나라 시대의 대도성大都城은 금나라의 이궁離宮인 만녕

6
당나라 시대에 안록산(安祿山)과 사사명(史思明) 등이 일으킨 반란.

7
당시 당나라의 동북 변경에는 거란족, 해족, 실위족, 말갈족 등이 거주하였다. 참조 서연달(徐連達) 외, 《중국통사》, 1989, pp.408~409.

8
거란의 군주 야율덕광(耶律德光)은 946년에 오대십국의 하나인 후진(后晋)의 수도인 개봉(開封)을 함락시키고 후진을 멸망시킨 후 947년에는 국호를 요(遼)로 바꾸었다. 요나라는 1125년에 금나라에 멸망당하였다. 참조 서연달 외, 《중국통사》, 1989, p.528.

9
서연달 외, 《중국통사》, 1989, p.570.

**〈표 1〉** 중국역대 기원표(中國歷代 紀元表)

<table>
<tr><th colspan="3">국명</th><th>존속기간</th><th>비고</th></tr>
<tr><td colspan="3">하(夏)</td><td>기원전 23C~18C</td><td></td></tr>
<tr><td colspan="3">상(商)</td><td>기원전 18C~12C</td><td></td></tr>
<tr><td rowspan="3">주(周)</td><td colspan="2">서주(西周)</td><td>기원전 12C~771</td><td></td></tr>
<tr><td rowspan="2">동주<br>(東周)</td><td>춘추(春秋)</td><td>기원전 770~476</td><td></td></tr>
<tr><td>전국(戰國)</td><td>기원전 475~221</td><td>진(秦), 초(楚), 제(濟), 연(燕), 한(韓), 위(魏), 조(趙) 7국이 가장 강했다.</td></tr>
<tr><td colspan="3">진(秦)</td><td>기원전 221~206</td><td></td></tr>
<tr><td rowspan="2">한(漢)</td><td colspan="2">전한(前漢)</td><td>기원전 206~205</td><td>기원전206, 유방, 한왕(漢王)이 되다.</td></tr>
<tr><td colspan="2">후한(後漢)</td><td>205~220</td><td></td></tr>
<tr><td rowspan="3">삼국(三國)</td><td colspan="2">위(魏)</td><td>220~265</td><td></td></tr>
<tr><td colspan="2">촉한(蜀漢)</td><td>221~263</td><td></td></tr>
<tr><td colspan="2">오(吳)</td><td>222~280</td><td></td></tr>
<tr><td rowspan="2">진(晋)</td><td colspan="2">서진(西晋)</td><td>265~316</td><td></td></tr>
<tr><td colspan="2">동진(東晋)</td><td>317~420</td><td></td></tr>
<tr><td rowspan="9">남북조<br>(南北朝)</td><td rowspan="4">남조<br>(南朝)</td><td>송(宋)</td><td>420~479</td><td></td></tr>
<tr><td>제(齊)</td><td>479~502</td><td></td></tr>
<tr><td>양(梁)</td><td>502~557</td><td></td></tr>
<tr><td>진(陳)</td><td>557~589</td><td></td></tr>
<tr><td rowspan="5">북조<br>(北朝)</td><td>북위(北魏)</td><td>386~534</td><td>439 탁발도, 황하유역을 통일</td></tr>
<tr><td>동위(東魏)</td><td>534~550</td><td></td></tr>
<tr><td>북제(北齊)</td><td>550~577</td><td></td></tr>
<tr><td>서위(西魏)</td><td>535~556</td><td></td></tr>
<tr><td>북주(北周)</td><td>557~581</td><td></td></tr>
<tr><td colspan="3">수(隋)</td><td>581~618</td><td></td></tr>
<tr><td colspan="3">당(唐)</td><td>618~907</td><td></td></tr>
<tr><td rowspan="5">오대십국<br>(五代十國)</td><td colspan="2">후량(后梁)</td><td>907~923</td><td rowspan="5">오대(五代)는 화북지역에, 십국(十國)은 오(吳), 오월(吳越), 남당(南唐), 초(楚), 민(閩), 형남(荊南), 전촉(前蜀), 후촉(後蜀), 남한(南漢), 북한(北漢)으로 남방과 산서 · 태원 지역에 위치하였다.</td></tr>
<tr><td colspan="2">후당(后唐)</td><td>923~936</td></tr>
<tr><td colspan="2">후진(后晋)</td><td>936~946</td></tr>
<tr><td colspan="2">후한(后漢)</td><td>947~950</td></tr>
<tr><td colspan="2">후주(后周)</td><td>951~960</td></tr>
<tr><td rowspan="2">송(宋)</td><td colspan="2">북송(北宋)</td><td>960~1127</td><td></td></tr>
<tr><td colspan="2">남송(南宋)</td><td>1127~1279</td><td></td></tr>
<tr><td colspan="3">요(遼)</td><td>916~1125</td><td>946 거란, 요로 국명 변경</td></tr>
<tr><td colspan="3">금(金)</td><td>1115~1234</td><td>1153 북경으로 천도</td></tr>
<tr><td colspan="3">원(元)</td><td>1206~1368</td><td>1206 테무진, 카칸(大汗)으로 추대<br>1263 북경을 수도로 선포<br>1271 쿠빌라이, 원으로 국명 변경</td></tr>
<tr><td colspan="3">명(明)</td><td>1368~1644</td><td>1421 정식으로 북경으로 천도</td></tr>
<tr><td colspan="3">청(淸)</td><td>1616~1911</td><td>1616 누르하치, 후금 건국<br>1636 홍타이지, 청으로 국명 변경<br>1644 북경으로 천도</td></tr>
<tr><td colspan="3">중화민국(中華民國)</td><td>1912~</td><td></td></tr>
<tr><td colspan="3">중화인민공화국(中華人民共和國)</td><td>1949~</td><td>1949 북경을 수도로 정함</td></tr>
</table>

출처: 서연달 외, 《중국통사》, 1989 / 김영수 편, 《중국 역대 정권 정보표》, 2005. 를 토대로 작성.

궁萬寧宮을 기초로 하여 발전한 한편 명나라와 청나라 시대의 북경성에 대한 기초를 제공하였다.[10]

주원장은 1368년에 남경에서 황제를 칭하고 명나라를 수립한 다음 서달徐達에게 북벌을 명령하였다. 이때, 원나라의 마지막 황제는 대도성을 버리고 도주하였으므로 원나라는 마침내 패망하였다(1368년). 서달이 대도를 점령한 이후 명나라는 대도를 '북평北平'이라고 고쳐 불렀다. 그리고 주원장은 친히 북평에 와서 원나라 시대의 궁전들을 완전히 파괴하여 '왕기王氣'를 소진시키라는 명령을 하달하였다.[11]

1403년에 명나라 세 번째 황제인 성조成祖(일명 영락제永樂帝)는 북평으로 천도하고 북평이라는 명칭을 '북경北京'으로 고쳤는데, 오늘날의 북경이라는 이름은 여기에서 유래한 것이다.[12] 성조는 북경으로 천도한 다음 영락 4년부터 19년(1406~1421)까지 궁전, 성, 해자를 건설하였다.

명나라의 뒤를 이은 청나라는 1644년 심양瀋陽에서 북경으로 천도하였다. 청나라는 명나라 시대의 궁전을 중수하거나 증축하여 사용하였을 뿐 거의 새로운 궁전을 건축하지 않았으며, 그 대신 서쪽 교외에 원림園林을 많이 조성하였다. 그 예가 창춘원暢春園, 원명원圓明園, 장춘원長春園, 만춘원萬春園, 청의원淸漪園(지금의 이화원頤和園) 등이었다. 이 원림들은 장식이 호화롭고 장려하였을 뿐만 아니라 풍경이 우아하고 아름다웠으므로 진정 인간이 사는 천궁天宮이라고 일컬을 만하였다.

북경이 수도가 된 다음에는 식량을 강남 지방에서 공급받아야 했다. 이러한 상황에 직면한 원나라, 명나라, 청나라는 강남 지방의 식량을 북방으로 운반하기 위하여 경항대운하京杭大運河(북경과 항주를 잇는 운하)를 계속 굴착하고 수운 교통을 발전시켰다. 뿐

10
류제헌, 《중국역사지리》, 문학과지성사, 1999, pp.271~272.

11
여기서부터 류제헌, 《중국역사지리》, 서울: 문학과지성사, 1999, pp.272~275에서 인용.

12
서연달(徐連達) 외, 《중국통사》, 1989, 625쪽에 의하면 명나라가 정식으로 북경으로 천도한 시기는 1421년이다.

만 아니라 북경은 사방팔방으로 도로가 통과하여 육상교통이 매우 편리하였기에 때문에, 여기에 도읍을 정하면 통치자가 정치권력을 전국에 행사하기가 용이하였다. 북경은 동부평원의 중심에 위치하여 수로와 육로를 통하여 남쪽의 강회江淮지방(장강과 회하 유역)과 북쪽의 송요대평원에 쉽게 도달할 수 있는 거리에 있었다. 중국의 동부가 정치 · 경제적으로 발전하고 해상교통이 발달함에 따라, 이러한 북경의 지리적 위치는 더욱 중요해졌다. 원나라 · 명나라 · 청나라 시대에 연속해서 북경이 수도가 된 것은 북경이 가지는 이러한 지리적 위치의 중요성이 전혀 줄어들지 않았기 때문이기도 하다.[13]

1840년 아편전쟁을 시작으로 중국 내륙을 침략한 구미열강, 1860년 애로호사건을 빌미로 북경에 침입한 영국 · 프랑스 연합군은 중국의 많은 문화재를 파괴, 약탈하였다. 1900년 의화단사건이 발발하자 이를 진압한다는 명분으로 일본을 포함한 8개국 연합군이 북경에 입성하였고 이후 청나라는 급속히 약화되어 1911년 신해혁명으로 멸망하였다. 1912년 성립한 중화민국은 지금의 남경을 수도로 정하였고[14] 장개석蔣介石이 이끄는 국민당정부는 1928년 북경을 북평으로 개명하였다. 1949년 10월 1일 중화인민공화국이 수립되면서 북경은 다시 중국의 수도가 되었고 원래의 명칭도 회복하여 오늘에 이르고 있다.

13
여기까지 류제헌, 《중국역사지리》, 서울: 문학과지성사, 1999, pp.272~275에서 인용.

14
중화민국의 수도는 처음에는 남경으로 정해졌으나, 국민정부와 북양정부 사이의 대결, 항일전쟁, 2차 국공내전으로 인하여 북경, 광주, 남경, 중경, 대북으로 바뀌었다. 자세한 것은 김영수 편, 《중국 역대 정권 정보표》, 창해, 2005, pp.124~127을 참조할 것.

## 북경의 명승고적 및 기념관, 박물관

오랜 역사를 가진 고도古都인만큼 북경에는 헤아릴 수 없을 정도로 많은 명승고적이 곳곳에 산재한

■ 만리장성 (이 사진은 황정석 선생이 제공해 주셨음)

다. 북경의 대표적인 명승고적으로는 천안문天安門, 고궁故宮 또는 자금성紫禁城, 천단공원天壇公園, 이화원頤和園, 만리장성萬里長城, 명13릉明十三陵, 북해공원北海公園, 용경협龍慶峽, 옹화궁雍和宮 등을 들 수 있다. 천안문 남쪽에는 중화인민공화국을 기리는 세계 최대 규모의 천안문 광장이 있다. 이 광장과 주변에는 인민영웅기념비, 인민대회당, 중국국가박물관,[15] 모주석기념당, 중산공원이 있다.

그 밖에 북경에는 60개가 넘는 각종 기념관 내지는 박물관이 곳곳에 흩어져 있다. 가볼 만한 곳으로는 중국지질박물관, 중국

15
과거에는 중국역사박물관과 중국혁명박물관으로 분리되어 있었으나 최근에 두 박물관이 중국국가박물관으로 통합되었다.

■ 이화원

농업박물관, 송경령고거宋慶齡故居, 중국인쇄박물관, 중국공예박물관, 북경민속박물관, 수도박물관, 보리예술박물관, 북경고관상대北京古觀象臺, 대종사大鐘寺, 고종박물관古鐘博物館, 북경예술박물관, 북경고대전폐박물관, 정양문正陽門, 종루鐘樓, 고루鼓樓, 대각사, 당대미술관當代美術館, 서비홍기념관徐悲鴻紀念館, 노사기념관老舍紀念館 등이 있다.

## 송경령고거 답사

답사일행은 2006년 8월 22일 오전에 우리민족의 항일독립투사 안중근 의사와 단재 신채호 선생이 서거한 여순감옥을 비통한 심정으로 답사한 후, 13시 30분에 대련 공항을 출발하여 북경 수도공항에 도착하였다. 일행은 공항으로 마중 나온 버스를 타고 곧바로 송경령고거로 향하였다. 버스에서 내린 우리 일행은 호동胡同(후퉁)이라 불리는 좁은 골목길을 걸어갔다. 호동은 전통 주거양식인 사합원四合院(쓰허위엔)과 함께 가장 중국적인 특색을 간직한 문화유산 가운데 하나다.

약 5분쯤 걸어가니 큰 호수가 나왔다. 호수에는 수영하는 사람, 윈드서핑을 하는 사람이 있었고 뱃놀이를 하는 사람들도 보였다. 이 호수의 이름은 후해后海이며 송경령고거는 이 호수의 북쪽 호변에서 길 하나 건너에 위치하였다. 그 주소는 서성구西城區 후해북연后海北沿 46호號다. 갑자기 호수를 바라보니 탁 트인 시야가 장거리 여행에 지친 우리들의 피로를 일시에 씻어주는 듯 하였다. 대문 위에는 검은 바탕에 '中華人民共和國 名譽主席 宋慶齡同志 故居'[16]라고 황금빛으로 쓰인 현판이 우리 일행을 맞이하였다. 답사일행은 대문 앞에서 기념사진을 찍었다.

16
중화인민공화국 명예주석 송경령동지 고거.

■ 중국의 명예주석 송경령의 옛집 정문

송경령 여사가 살던 저택은 지금 기념관으로 되어 있다. 나라와 혁명에 대한 송 여사의 무한한 애정이 느껴졌다. 송경령의 남편인 손문孫文은 오늘날도 전 중국에서 '혁명의 아버지'로 불리며 존경을 받고 있다. 송경령은 손문의 유촉을 고수하여 손문 서거 후 40년 동안 애국사업에 헌신하여 중국 혁명을 위한 투쟁의 길을 굳건히 걸어 나갔다. 특히 그녀는 일본 제국주의의 침략 앞에 중국의 운명이 위태롭게 되자 '항일민족통일전선抗日民族統一戰線'을 결성하는 데 크게 기여하였다. 그녀는 1949년 중화인민공화국 부주석으로 선출되었다. 한편 장개석은 손문 서거 후 송경령의 동생 송미령을 부인으로 맞아 들였다. 후에 송가 일족은 국민당 정부의 요직을 차지하게 되었다. 송경령과 송미령 자매는 손문 서거 후, 국·공내전, 모택동과 장개석의 장기적 대립 과정에서 서로 다른 위치에 선 대표적 여성으로 갈라지게 된다. 송경령에게는 또 한 명의 송애령이라는 자매가 있었다. 사람들은 송경령은 애국에, 송애령은 재물에, 송미령은 권력에 관심이 많았다고 세 자매의 특징을 평가하기도 한다.

중국의 국사백과전서國史百科全書는 송경령 여사(宋慶齡, 쑹칭링, 1893~1981)와 그의 업적을 다음과 같이 소개하고 있다.[17]

> 송경령 여사는 중화인민공화국 창립자 중 한 사람이며, 걸출한 국제정치활동가이며, 탁월한 국가지도자였다. 그녀는 광동성 문창文昌[18] 사람으로 1893년 1월 27일에 출생하였다. 젊었을 때 상해에 있는 중서여중中西女中학교에서 공부하였으며 1908년 미국에 유학, 조지아주州 매킨시市에 소재한 웨슬리안여자대학에 입학하였고 1913년 문학학사학위를 받았다. 그녀는 원세개가 신해혁명의 열매를 절취하였다는 점과 국내정국이 변하였다는 점을 이해하고 나서는 결연히 일

17 다음은 등력군 주편, 《중화인민공화국 국사백과전서》, 북경 : 중국대백과전서출판사, 1999, pp.338~339를 번역한 것이다.

18 오늘날의 해남성(海南省)이다.

본으로 건너가 손중산孫中山의 비서가 되기로 결정하였고 그를 따라 민주주의 혁명사업에 매진하였다. 1914년 손중산이 망명의 땅 일본에서 중화혁명당中華革命黨을 조직하였는데 송경령은 여기 가입하였고 1915년 10월, 도쿄에서 손중산과 결혼하여 그의 유능한 조수 겸 친밀한 전우戰友가 되었다.

1916년 손중산은 일본에서 귀국하여 혁명을 지도하였고, 그녀는 손중산을 수행하여 상해와 광주사이를 왕래를 하였으며 손중산이 반反원세개, 호헌護憲투쟁을 전개하는 것을 도왔다. 러시아의 10월 혁명소식이 중국에 전해지자, 그녀는 손중산의 뜻에 따라 소비에트 정부와 레닌에게 10월 혁명의 성공을 열렬히 축하하는 전보를 보냈다. 5 · 4운동 발발 후에 그녀는 손중산을 대신해서 '학생무죄'의 구원전보 초안을 작성하였으며 반反제국주의 애국운동을 지지하였다.[19] 광동 정부를 수립하고 그 대통령이 된 손중산은 1921년 광동성廣東省과 광서성廣西省의 통일을 결정하고 광서성을 평정하기 위해 출병하였으며, 그녀는 광주廣州에서 출정군인위문회와 적십자회를 조직하였으며 오주梧州전방에 도착해서 출정한 병사들을 위문하였다. 1922년 6월, 진형명陳炯明이 광주廣州에서 반란을 일으키자,[20] 그녀는 손중산을 엄호하여 위험한 곳에서 그를 벗어나게 하였고 혁명사업에 헌신하겠다는 굳건한 의지와 탁월한 식견과 담력을 표명하기도 하였다. 그 후, 그녀는 손중산이 국민당을 개조하고 제1차 국공합작을 실현하는데 힘을 보탰으며, 손중산과 함께 초기 중국공산주의자인 이대소李大釗, 임백거林伯渠 등과 함께 코민테른 대표와 여러 차례 회동하고 상담하는데 참여하였으며, 많은 절실하고도 효과적인 사업을 수행하기도 했다. 송경령은 1924년 국민당 제1차 전국대표대회에서 손중산의 소련과의 연합聯蘇, 공산당과의 연합聯共, 부조

19
러시아 혁명과 5 · 4운동의 영향을 받은 손문은 1919년 10월 '중화혁명당' 을 '중국국민당' 으로 개명하고 국내에서 튼튼한 발판을 굳히기 위한 노력을 시작하였다.

20
손문은 1921년 광동의 군벌 진형명의 힘을 기반으로 광동정부를 수립하고 그 대통령이 되었다. 당시 중국 각지의 군벌들은 자기의 세력을 확고히 하기 위하여 때로는 손문을 떠받들 필요가 있었고 손문 또한 자신의 무력을 보유하지 못한 상태에서 자기의 명령을 받드는 군벌의 도움을 필요로 하였다. 그러나 후에 손문은 진형명의 배반으로 쓴 맛을 보게 된다. 사에키 유이치(佐伯有一) 외, 《중국현대사》, 오상훈 역, 서울: 한길사 1980, p.309.

농공扶助農工의 3대 정책과 국민당 개조정책을 견결히 지지하였다. 1925년 3월 손중산이 북경에서 서거하자, 그녀는 비통함을 강인하게 견뎌냈으며, 국내외에 손중산의 신삼민주의와 그의 유촉을[21] 소개하였으며, 아울러 중국인민대혁명에 적극적으로 투신할 것을 밝혔다.

1926년 1월, 송경령은 중국국민당 제2차 전국대표대회에 참가하여, 손중산의 3대 정책을 견결히 집행하였고 중국 공산당과 긴밀히 합작하였으며, 국민당 우파에 대하여는 투쟁을 전개하였다. 이 대회에서 국민당 중앙집행위원으로 당선된 후 국민당 제3, 4, 6회 중앙집행위원, 제5회 중앙후보집행위원을 담임하였다. ……

1927년 국공합작이 분열된 후, 그녀는 국민당 좌파인사에 대해 중국 공산당원과 함께 여러 차례 공개 전보, 성명, 선언을 발표하여 장개석, 왕정위의 배반행위를 폭로하였다. …… 1927년 8월 말과 1931년 사이에, 송 여사는 소련과 유럽에 도착하여 국제반제사업과 평화수호사업에 적극적으로 종사하였으며, 일찍이 여러 차례 국제반제동맹대회國際反帝同盟大會의 명예주석으로 당선되었다. 1931년 귀국 후, …… 19로군의 상해항전을 지지하고, 일본 제국주의에 대한 장개석의 타협적 부저항정책에 반대하였다. 1932년 노신魯迅, 채원배蔡元培, 양행불楊杏佛 등과 함께 중국민권보장동맹을 발기하였으며, 국민당 당국과의 투쟁을 전개하였으며, 대대적으로 공산주의자들과 애국인사들의 보호와 원조활동 분야의 일을 하였다.

1934년 중국 공산당이 제시한 〈중국 인민의 대일본작전기본강령〉을 앞장서서 서명하고 공포하였고, 1935년 하향응何香凝 등과 함께 솔선하여 항일민족통일전선 건립에 관한 중국 공산당의 '8·1선언'에 호응하였으며 항일민족통일전선의 형성산생을 촉진시키기 위하여 적극적으로 영향력을 행사하였다. 1936

21
손문은 북경 정부의 단기서(段祺瑞)로부터 회담요청을 받고 1924년 12월 31일 북경 역에 도착하여 북경시민의 열렬한 환영을 받았으나 1925년 3월 12일 그곳에서 간암으로 객사하였고, 그의 영구는 북경 교외의 서산(西山) 벽운사(碧雲寺)에 안장되었다. 그는 세 통의 유촉을 남겼는데 한 통은 혁명동지일반에게, 다른 한 통은 동맹국 소련에게 남긴 것이고 마지막 한 통은 아내와 딸에게 남겼다. 여기서는 가족에 대한 유촉만을 소개한다:
"나는 국사에 진력하느라 가산(家産)을 다스리지 못했다. 남기는 서적, 의복, 주택 등 일체는 나의 처 송경령(宋慶齡)에게 주어, 이것으로 기념이 되게 하라. 나의 딸은 스스로 장성하여 능히 자립하라. 바라건대 각각 자애하고 또 나의 뜻을 이어갈 것을 부탁한다."
사에키 유이치(佐伯有一) 외, 《중국현대사》, 오상훈 역, 서울: 한길사 1980, pp.315~316.

년 5월에는, 전국 각계 구국연합집행위원으로 당선되었다. 1937년 6월, 국민당 당국에 의해 체포된 구국모임인 '칠군자七君子'를 구원하기 위하여 '구국입옥救國入獄' 운동을 발기하여 사회적으로 적극적인 반향을 불러일으켰다. 서안사변 때, 중국 공산당 중앙위원회의 주장을 옹호하는 결정을 하였으며 서안사변의 평화적인 해결을 위해 적극적인 작용을 하기도 하였다.

항일전쟁 발발 후에는, 국민당 정부 소재지로 가는 것을 거절하고 광주廣州, 홍콩에서 보위중국동맹을 조직하였으며, 전시에 의약사업과 아동보육사업에 힘썼고 모금활동을 적극적으로 전개하였으며 팔로군과 신사군의 항일투쟁을 지지하였다…….

1941년 12월 태평양전쟁이 발발하자, 중경으로 이동, 항일사업을 계속했으며, 외국의 친구들과 연락을 하며 중국 인민의 항일투쟁을 지지하였다. 항일전쟁에 승리한 후에는, 상해로 돌아와서 중국보위동맹을 중국복리기금회로 개명하였으며, 그 주석에 취임했다. 해방전쟁[22] 중에는 중국 공산당과 중국인민해방군에게 다량의 물자원조를 주었다.

1948년 1월, '중국 국민당 혁명위원회' 명예주석이 되었다. …… 1949년 9월, 중국 공산당의 요청을 받아 '중국인민정치협상회의' 제1차 전체회의(북경에서 개최-필자주)에 참가하였으며, '중앙인민정부' 부주석으로 선출되었다. 10월 중소우호협회 부회장직을 맡았으며, 후에 회장직도 맡았다. 12월, '중화전국부녀연합회' 명예주석으로 선출되었다. 이후, 제2, 3, 4회 전국부녀연합회 명예주석을 역임했다. 1950년 11월, 제2차 '세계보위화평대회'에서 '세계화평이사회' 이사로 당선되었다. 1951년 말, '국제평화 강화 스탈린국제상금'을 받았으며, 그녀는 10만 불의 상금 전부를 바쳐서 중국 아동과 부녀자 복리사업의 발전을 위해 사용하였다. 11월, '중국인민보호아동전국위원회' 주석이 되었다. 또한 1952년 10월 '아시아·태평양지역평화연락위원회' 주석으로 선출되었다. 그녀는 침략전쟁에 반대하였으며 세계평

22
제2차 국공내전(國共內戰)(1946년~1949년)을 의미함.

화를 보위하고 사회적 진보와 인류의 행복을 쟁취하여 특출한 공헌을 하였다. 일찍이 캐나다 빅토리아대학 명예법학박사학위를 취득하기도 했다. 1954년 9월, 제1회 전국인민대표자대회에서 전국인민대회 상임위원회 부위원장으로 당선되었으며, 같은 해 12월, 정협 제2회 전국위원회 부주석으로 당선되었다. 1959년 4월과 1965년 1월, 제2, 3회 전국인민대표대회에서 중화인민공화국 부주석으로 당선되었다. 1975년 1월과 1978년 3월, 제4회, 5회 전국인민대표대회에서 전국인민대회 상임위원회 부위원장으로 당선되었다. 그녀는 국가의 중요한 지도자였으며 대량의 국무활동을 진행하였고, 사회주의 건설사업에 자기의 모든 정력을 바치기도 하였다.

1981년 5월 15일, 중국 공산당 중앙위원회 정치국은 그녀를 중국 공산당 정식당원으로 받아들이는 결정을 하였다. 5월 16일, 제5회 전국인민대표대회 상임위원회는 그녀에게 '중화인민공화국 명예주석'의 칭호를 수여하였다. 그녀는 1981년 5월 29일 북경에서 서거하였다.

송경령 기념관 출구에는 매우 잘 만들어진 목관木棺이 하나가 있는데 이것이 답사일행의 시선을 끌었다. 송경령이 서거하자 중국 지도부는 그녀의 공적을 감안하여 매우 훌륭한 관을 마련하여 매장하려 하였으나 그녀는 생전에 자기 시신을 화장하라는 유언을 남겼다고 한다. 결국 사람들은 그의 유언에 따라 화장을 하였고 이 목관은 빈 채로 기념관에 전시되었다고 한다. 송경령은 살아있는 동안에도 중국과 중국혁명을 위하여 위대한 헌신을 하였고 죽어서도 다른 사람들에게 모범을 보여 중국의 장묘문화 개선에 일조를 하였다. 송경령고거를 나서면서 필자는 온 강산이 무덤으로 뒤덮일 우려가 있는 우리로서는 권력과 재산을 장악하고 있는 인사들이 장묘문화 개선에 솔선수범하여야 할 것이라는 생각을 해보았다.

## 천안문 광장과 그 주변

전날 몽골에서 돌아와 곧바로 장가구張家口와 몇몇 유적지를 둘러보고 밤늦게 북경 숙소로 돌아온 답사일행은 8월 27일 오전 11시 경에 천안문 광장에 도착하였다. 인천 공항을 떠나온 후 처음으로 이 날은 답사 일정과 무관하게 북경 관광을 하기로 하였다. 모두들 기뻐하였다. 일행 중에는 북경에 처음 와 본 사람도 있고 이미 여러 차례 와 본 사람도 있었다. 그리하여 일부는 자금성을 관광하기로 하고 일부는 다른 관심대상을 찾아보되 2시간 후에는 모두 경산공원景山公園 동문에서 집결하기로 약속하였다.

천안문 광장을 처음 와 본 필자로서는 한편으로는 문자 그대로 감개무량하였고 다른 한편으로는 난감하였다. 주어진 2시간으로는 아무것

■ 천안문(자금성 정문)
(이 사진은 황정석 선생이 제공해 주셨음)

도 제대로 볼 수 없겠다는 생각이 들어서였다. 필자는 혼자 행동하기로 하였다. 이번에는 대강 둘러보고 다음 기회에 와서 충분한 시간을 가지고 자세히 살펴보기로 결심하였다. 모주석기념당은 사람들의 행렬이 끊이지 않아서 들어가 볼 엄두도 못 냈고 광장의 중앙에 위치한 인민영웅기념비를 잠시 둘러보고 오성홍기 게양대와 천안문을 한 동안 바라보았다. 그리고 나서는 손중산공원 왼쪽에 위치한 기념품 판매소로 가서 자금성, 천단공원, 이화원, 만리장성, 명십삼릉을 소개하는 DVD 한 장과 중화인민공화국 창립 50주년을 기념하여 개최된 열병식을 녹화한 DVD 2장을 구입하였다. 시간이 다 되어 자금성 오문 앞을 잠시 둘러본 후, 간신히 약속 장소에 도착하였다.

## 천안문 광장의 주변 환경

중국인들은 북경의 16경 가운데 천안문 광장을 으뜸으로 꼽는다고 한다. 그래서 그런지 광장은 많은 사람들로 붐볐다. 항상 이렇게 많은 사람들이 광장을 찾아온다고 한다. 그 크기는 길이 880m, 동서 너비 500m로 100만 명의 인원을 동시에 수용할 수 있는 세계 최대의 규모라고 한다. 광장 북쪽으로는 천안문이 있고 광장 중심부에는 인민영웅기념비가 서 있다. 동쪽으로는 중국역사박물관과 중국혁명박물관이 통합된 중국국가박물관이 자리하고 있고 서쪽으로는 인민대회당이 있다. 광장 남쪽으로는 모주석기념당과 정양문正陽門이 자리 잡고 있다.

현재의 광장은 1999년 신중국 건국 50주년을 경축하기 위하여 약 28만 장의 화강암을 사용하여 재시공한 것으로 금후 50년 간 사용될 것이라 한다. 광장 북쪽의 오성홍기 게양대에서는 일출과 일몰시간에 맞추어 국기 게양식과 하기식을 거행한다. 96명으로 구성된 국기호위대는 960만㎢에 달하는 중국의 총 면적을 상징한다고 한다.

천안문 광장을 명나라와 청나라 시대까지는 천보랑千步廊(치엔뿌랑)이라 불렀으며 일반인들의 출입이 엄격히 금지된 곳으로 정양문에서 천안문까지 일직선으로 이어지는 좁은 통로를 제외하고는 광장 양쪽으로 최고 권력기관들이 집결해 있었다고 한다. 1911년 신해혁명 당시 손중산孫中山에 의하여 개방되면서 광장은 지금과 같은 모습을 갖추게 되었다고 한다.

■ 모주석 기념당

■ 천안문 광장 (이 사진은 황정석 선생이 제공해 주셨음)

## 역사의 중심지, 천안문 광장

신해혁명으로부터 북벌전쟁, 항일전쟁에 이르기까지 중국혁명의 거세찬 물결 속에서 많은 역사적 운동 · 사건들이 천안문 광장에서 전개되었다. 1919년 5월 4일 일본 제국주의의 중국침략과 중국군벌정권의 매국정책을 규탄한 '5 · 4운동' 을 출발점으로 하여 1926년 3월 18일 단기서段祺瑞 정부가 학생운동을 탄압한 '3 · 18사건' , 그리

고 1935년 12월 9일 내전중지 일치단결 항일구국을 요구한 '12 · 9운동'[23]이 모두 천안문 광장에서 일어났다.

그리고 1949년 10월 1일 모택동毛澤東은 천안문 성루에서 "중국인민들이 다시 일어섰다, 이제 아무도 우리를 능욕할 수 없을 것이다"라고 중화인민공화국 건국선언문을 엄숙히 낭독하였다. 현재 천안문의 정면에는 중국의 붉은 별 모택동의 초상화가 걸려있고 그 양쪽에는 '中華人民共和國萬歲'와 '世界人民大團結萬歲'라는 글이 쓰여 있다.[24]

1966년에 시작한 문화대혁명 당시에는 1백만이 넘는 홍위병들이 이 광장에서 열병식을 가졌다. 1976년 4월 5일에는 주은래周恩來의 죽음(1976년 1월 8일 사망)을 애도하여 천안문 광장에 집결한 군중들이 당시 문화대혁명 주도세력인 4인방[25]을 규탄한 '천안문사건'이 발생하였다. 이 사건의 결과 실무파의 지도자 등소평은 모든 관직에서 해임되었고 당적만 유지하는 신세가 되었다. 1989년 6월 4일에는 이 광장에서 부정부패 척결과 민주적 정치개혁을 요구하던 학생과 시민들이 유혈 진압되었고 그 여파로 중국 공산당 총서기 겸 국가주석이 조자양에서 강택민으로 교체되었다. 또 매년 10월 1일 국경절에는 천안문 광장에서 인민해방군의 열병식이 전개되고 천안문은 그 사열대가 된다.

23
일제의 중국침략이 화북지방으로까지 확대되자 내전(제2차 국공내전을 의미)을 중지하고 항일민족통일전선을 구축할 것을 요구한 중국학생들의 항일구국운동으로 1935년 북경에서 시작하여 전국적으로 확산되었다.

24
'中華人民共和國萬歲'는 중화인민공화국 만세, 그리고 '世界人民大團結萬歲'는 세계인민대단결만세라는 의미.

25
강청, 장춘교, 요문원, 왕홍문을 의미한다.

■ 천단공원 신년전

■ 천단공원 천제단 그림

점심식사를 마친 후 답사단 가운데 일부는 천단공원을 관광하였고 일부는 자유 시간을 가졌다. 일부 일행이 천단공원 관광을 마친 후 일행 전체는 약 17시경에 버스로 북경을 출발하여 천진으로 향하였다. 그러나 도중에 교통사고가 발생하여 버스와 운전기사를 교체하느라 많이 지체되어 어제와 마찬가지로 매우 늦은 시간에야 천진 숙소에 도착하였다. 피로한 나날의 연속이었다.

## 북경과 우리민족의 항일독립운동가들

그러면 북경은 우리민족의 항일독립운동가들과는 어떤 관계에 있었는가? 송남헌은 김규식이 중국으로 망명한 1913년을 전후한 중국의 사정을 우리민족의 해방운동과 관련하여 다음과 같이 쓰고 있다.

> 우사 김규식은 국내를 탈출하기 전, 미국으로 건너가 그곳을 중심으로 자기의 활동무대를 개척하려는 생각도 해보았다. 그러나 그보다는 우리 애국지사들이 이미 많이 나가서 활동하고 있는 중국을 택했다. 당시 중국은 손문에 의해 신해혁명이 이루어져 청조가 무너지고 새로운 민족운동이 일어나고 있었던 관계로 우리의 광복운동을 위한 많은 지사들이 상해, 천진, 북경, 우리의 고구려 옛 강토이던 남북만주는 물론 러시아 영토인 동부 시베리아 연해주까지 흩어져 그곳을 활동무대로 삼고 있었다. ……, 현 블라디보스토크에는 이동휘, 문창범, 홍범도, 윤해 등이 신한촌이라는 집단지역을 개척하였다. ……. 만주의 각지는 ……. 독립군을 양성하고 있었으며, 특히 이시영 · 이회영 일가는 신흥무관학

교를 설립하고 독립군 군관 양성에 나섰다. 이 무렵 상해에도 조소앙, 단재 신채호, 예관 신숙, 벽초 홍명희, 호암 문일평, 몽양 여운영 등 다재다사들이 모여 있었다.[26]

중국의 조선족 방송인 김성룡[27]은 그의 저술 《불멸의 발자취》를 통하여 북경에서 전개된 우리 민족의 항일독립운동을 이렇게 요약하고 있다.

북경, 천진 지역은 20세기 20~30년대 관내[28] 조선인 반일투쟁의 주요한 거점의 하나였다.

3·1운동을 계기로 많은 조선혁명가들이 북경에 모이게 되었다. 이 지역은 조선반도와 멀리 떨어져 있지 않았기 때문에 조선의 혁명가들이 압록강을 건너 비교적 쉽게 올 수 있었으며 중국 동북지역과 인접한 길목이어서 당시 만주 조선인 반일단체와 혁명가들도 많이 모여왔다. 지리적으로 조선과 멀지 않았기 때문에 돈이 없어 먼 상해로 갈 수 없었던 조선의 열혈청년들과 혁명가들이 많이 모여왔다.

이들은 이 지역의 여러 대학교나 군사학교에서 공부하는 한편 중국의 조기(초기-필자주) 공산주의자들인 진독수陳獨秀, 이대소李大釗 등과 접근하면서 중국의 5·4운동을 적극 동조하였다. 그리고 자체의 반일조직을 만들어 독립투쟁을 준비하였다. 더욱이 20년대 초기 의열단이 북경에 본거를 옮겨 활동하면서 북경에 있는 많은 조선 청년들과 혁명가들을 단합시켰다는 것이다. 한국임시정부韓國臨時政府가 수립된 상해에는 대부분 조선에서 명망 높은 혁명가와 명인, 지사들이 모인데 반하여 북경에는 빈곤한 청년들이 많이 모여왔다. 기득권자가 아니라 가난한 열혈청년들이 다수였기에 새로운 혁명사상을 쉽게 접수하고 또 격렬한 반일투쟁형식을 택하게 되었는지도 모른다. 북경 조선혁명가들은 …… 무력으로 일제에 대항하는 격렬한 투쟁수단을 취하였던 것이다.[29]

26
송남헌, 〈항일독립운동의 선각자〉, 송남헌 외, 《몸으로 쓴 통일독립운동사》, 서울: 도서출판한울, 2000, p.23. 진하게 쓰인 부분은 필자가 강조하기 위하여 한 것임.

27
김성룡은 1970년 길림성 용정시에서 출생, 연변대학 조선어어문학부를 졸업했고 이 책 출판 당시 중앙인민방송국 조선말방송부 부역심으로 근무하였다.

28
관내는 산해관(山海關) 이남 지역을 의미함. 산해관은 중국내지와 요동 사이의 최고 전략 요충지임.

29
김성룡, 《불멸의 발자취》, 북경: 민족출판사, 2005, p2.
여기서 원문의 일부 내용은 필자가 한국식 맞춤법에 맞도록 수정하였다.

중국 내에서 활약한 우리민족의 항일투사들과 관련하여 중국의 총리였던 주은래周恩來도 1942년 다음의 기록을 남겼다.

> 나는 학생시절부터 황포군관학교시절, 혁명군시절까지 많은 한국동지들과 일하였다. 한국인민의 용감한 희생정신은 많은 사람들이 목격한 사실이다. 그들은 중화민족의 해방을 위하여 중국 대지에 피를 흘렸다. 항일 전쟁이 시작된 후 조선의용대는 여러 전선에서, 여러 전장에서 일제와 싸우면서 피와 땀을 흘렸다. 북방 평원에서 많은 용사들이 희생되었다. 이들은 모두 영광스러운 황포군관학교 출신이었다. 조선 지사들의 뜨거운 피는 중국 대지에 흘렀다.[30]

김성룡은 북경에서 활약한 수많은 우리민족의 항일독립혁명가들 중에서 신채호(申采浩, 1880년~1936년), 한락연(韓樂然, 원명은 한광우韓光宇, 1898년~1947년), 이철부(원명은 한위건韓偉健, 1901년~1937년), 김규광(金奎光, 원명은 김성숙, 1898년~1969년), 김산(金山, 원명은 장지락, 1905년~1938년), 유자명(柳子明, 1894년~1985년), 김철남(金鐵男, 1895년~1952년), 주문빈(원명은 김성호金成鎬, 1908년~1944년) 이렇게 여덟 분을 북경, 천진 지역의 사적지 및 그 유가족과 연계하여 상세히 소개하고 있다.[31] 여기서는 단재丹齋 신채호의 활약에 대한 그의 설명만을 다루도록 하겠다.

김성룡은 먼저 문학가이자 역사학자이며 독립운동가인 신채호가 1922년 의열단 단장 김원봉의 부탁으로 기초한 의열단 행동강령인 '조선혁명선언'의 한 대목을 소개하고 있다.

> 민중은 우리 혁명의 대본영이다. 폭력은 우리 혁명의 유

30
〈신화일보新貨日報〉, 1942년 11월 11일, 주은래의 중경 연설문.
김성룡, 《불멸의 발자취》, 북경: 민족출판사, 2005, 5쪽에서 재인용.

31
김성룡, 《불멸의 발자취》, 북경: 민족출판사, 2005, pp.26~ 132.

일한 무기다. 우리는 민중 속에 가서 민중과 휴수携手하여 불절不絶하는 폭력-암살, 파괴, 폭동으로써 강도 일본의 통치를 타도하고, 우리 생활에 불합리한 일체 제도를 개조하여 인류로써 인류를 압박치 못하며 사회로써 사회를 박삭剝削치 못하는 이상적 조선을 건설할 지니라.[32]

김성룡은 신채호의 출생, 청년기, 국내 활동, 북경에 오기 전의 중국에서의 활동을 이렇게 쓰고 있다.

신채호는 1880년 12월 조선 충청남도 대덕군大德郡 산내면山內面 어남리於南里에서 태어났다. 어려서부터 남달리 학문에 뛰어난 그는 일찍부터 이동휘, 신정申椗과 더불어 충청남도 '3수재'로 불리웠다. 1898년에 그는 서울 성균관에 들어가 박사가 되었으며 6년 간의 고심한 연구를 거쳐 조선 근대의 저명한 학자로 되었다.

1905년부터 신채호는 선후로 〈황성일보皇城日報〉, 〈대한매일신보大韓每日申報〉의 논설기자로 활약하면서 민족자강을 선양하였다. 국내에서 독립협회, 신민회新民會 등 진보조직에 몸을 담고 계몽운동을 적극 추진하던 그는 1910년 4월 중국 청도靑島로 왔다. 청도에서 그는 신민회가 조직한 청도회의에 참가하였다. 이 회의는 한일합방으로 국권이 상실됨에 따라 향후 독립운동의 방향을 결정하는 중대한 회의였다.

신채호는 청도회의의 결과에 따라 중국 동북에 독립군기지를 설립하기 위해 힘썼지만 그것이 실패하자 러시아로 건너가 활동하다가 상해에서 활동하던 신정의 부름을 받고 다시 중국에 오게 되었다. 그는 신정의 동제사同濟社에 몸을 담고 있으면서 신정을 도와 박달학원博達學院을 개설하고 청년들을 가르쳤다. 단군의 얼을 살려 민족의 살길을 찾아보려는 신채호의 발상으로 시작한 박달학원에는 문일평文一平, 홍명희洪命憙, 조소앙趙素昂, 신정 등이 교육을 담당하였다.

32
김성룡, 《불멸의 발자취》, 북경: 민족출판사, 2005, p.26.

1914년 신채호는 동북의 윤세용尹世茸, 윤세복尹世復 형제의 초청으로 요녕성 환인현桓仁縣으로 갔다. 그 행차에서 그는 환인현의 고구려유적지를 답사하였고 백두산에도 올랐다. 유적답사와 민족사 자료수집활동은 후에 그가 조선민족의 역사를 재검토하고 서술하는 중요한 계기가 되었으며 이로 하여 그의 역사관은 새로운 전환을 가져오게 되었던 것이다.

동북에서 신채호는 또 대종교大倧敎의 교주인 나철羅哲을 만나 대종교에 입교하였고 동창학교東昌學校에서 교편을 잡기도 하였다. 그 후 단재 신채호는 이상설李相卨, 신정, 박은식 등과 함께 신한혁명당新韓革命黨을 조직하고 활동을 전개하기도 하였지만 조직의 실효성이 없다고 판단한 후 북경에서 역사연구와 문학창작에 몰두하였다.[33]

계속하여 김성룡은 신채호가 1915년 북경에 도착하여 무정부주의자가 되기 전까지의 활동을 다음과 같이 소개한다.

1915년에 북경에 도착한 신채호는 숭문문崇文門 밖 보타암에 거주하면서 북경도서관을 다니며《조선사》의 집필을 구상하였고 또 북경의 권위있는 신문들인 〈중화보〉, 〈중화시보中華時報〉에 논문을 발표하였다. 그는 당시 〈중화시보〉의 가장 열정적인 투고자로 인정받았고 또《동방東方》잡지를 창간하였다. 이 무렵 그는 북경대학의 이석증李石曾, 채원배蔡元倍를 비롯한 중국학자들과 친교를 맺었는데 이들은 모두 중국 신문화운동의 주요 인물들이었다. 뿐만 아니라 이 때 소설가이며 독립운동가인 홍명희와 깊은 교분을 맺게 되었다. 벽초碧初 홍명희(1888~1968)가 바로 장편 역사소설《임꺽정》의 저자이다. 당시 남양군도에서 3년간 방황하던 홍명희는 북경에 온 후 신채호의 숙소를 자주 다니면서 두터운 우정을 쌓았다.

…… 단재 신채호는 1915년부터 근 13년간 주로 북경에서 활동

33
김성룡,《불멸의 발자취》, 북경: 민족출판사, 2005, pp.27~28.

하였기 때문에 북경에는 신채호의 사적지가 많이 남아있다. 기재된 지점만 하여도 보타암, 금십방錦什坊, 석등암石燈庵, 관음사觀音寺, 초두호동炒豆胡同 등이 있다.…….

북경에서 본격적인 독립활동에 종사하던 신채호는 1919년에 상해임시정부 수립을 위해 상해로 갔다. 그러나 상해임시정부가 미국에 위임통치를 건의한 이승만을 대통령으로 추대하자 이를 단호히 반대해 나섰다.

회의에서 자신의 주장을 스스럼없이 피력하던 신채호는 더는 참을 수 없어 회의장을 박차고 나섰다. 그런데 문 어구에 몇몇 청년들이 그를 막아 나섰다.

"안됩니다. 정부조직이 이룩되기까지는 누구도 이 자리를 못 떠납니다."

신채호는 청년들에게 "우리에게 남은 것이 이제 무엇이 있느냐? 대의 밖에 더 있느냐? 민족의 대의가 이를 절대 용납할 수 없다. 비켜라! "하고 말했다.

그러나 청년들은 "안 됩니다. 여기를 못 떠납니다."라고 했다.

신채호는 "그럼 차라리 나를 죽여라! "라고 하면서 이렇게 설명했다. "미국에 위임통치를 청원한 이승만은 이완용이나 송병준보다도 더 큰 역적이다. 이완용은 있는 나라를 팔아먹었지만 이승만은 아직 나라를 찾기도 전에 팔아먹으려 하지 않느냐! 그런데도 그를 우리의 대표라 할 수 있단 말이냐?"

그러나 일은 신채호의 뜻과 반대로 성사되어갔다. 회의장을 박차고 나온 그는 상해임시정부와 결별하고 임시정부를 반대하는 창조파의 선두에 나섰다. 드디어 그는 북경에 돌아와 무장 항쟁을 주도하는 군사통일주비회의 소집을 위해 노력하였고 또 1919년 중국 길림에서 창립된 의열단과 긴밀한 연계를 가지고 의열단의 선언인 '조선혁명선언'을 집필하게 되었다.

신채호의 '조선혁명선언'에서 보여진 절대독립론은 자치론을 철저히 분

쇄하고 절대독립을 추구하는 민족주의 독립운동과 사회주의독립운동의 민족협동전선인 신간회의 노선을 정립하는데 큰 기여를 하였다. 단재 신채호의 무장투쟁론과 민족혁명론은 만악의 일본제국주의에 대해서는 폭력과 폭동을 비롯한 모든 수단을 동원한 투쟁이 정당함을 시사하였다. 이는 사회주의혁명가들 뿐만 아니라 의열단이나 김구가 이끄는 상해임시정부까지도 합리하고도 정당한 폭력수단으로 받아들였던 것이다.

1920년 이후에 신채호는 관음사에 한동안 출가해 있은 경력이 있다. …… 단재 신채호는 이 시기 비록 관음사에 몸을 담고 있었지만 민족역사와 투쟁이론 저술에서 더없는 성과를 이룩해냈던 것이다. 뿐만 아니라 의열단을 비롯해 북경지역 많은 독립운동가들과 계속 연계를 가지고 또 독립군 자금을 모아 더욱 큰 항쟁을 준비하기 위해 비밀리에 활동했던 것을 보아도 그의 출가는 독립운동에 실망한 선택이 아니라는 것을 알 수 있다. 그는 예리한 필봉을 무기로 새로운 항쟁을 준비하기 위해 관음사에 잠시 몸을 담고 있었을 뿐이었다.[34]

끝으로 신채호가 무정부주의자가 되어 생을 마칠 때까지의 활약, 광복 후 신채호와 그 유가족에 대한 부당한 대우, 그에 대한 평가를 김성룡은 이렇게 쓰고 있다.

1920년대 말에 신채호는 무정부주의자로 활약하게 되었다. 1926년 그는 재중 조선 무정부주의자연맹에 가입하고 1927년에 중국, 조선, 일본, 대만 등 여러 나라와 지역 대표 120명이 참가한 '무정부주의 동방연맹'의 조선대표로 참가하였으며 1928년 4월에는 직접 무정부주의 동방연맹 북경회의를 개최하였다.

이해 신채호는 무정부주의운동의 활동경비를 모으기 위해 위험한 길에 나서게 되었다. 그는 아내 박자혜와 아들 신수범을 불러 얼굴을 본 다음 길을 떠났다.

34
김성룡, 《불멸의 발자취》, 북경: 민족출판사, 2005, pp.29~34.

본격적인 독립운동에 소요되는 자금을 모으는 방법이란 외국 위조지폐를 만드는 것이었다. 그들은 이로써 폭탄제조소를 설치하려 했던 것이다. 신채호는 유병택이라는 중국인 가명으로 일본에서 위폐를 교환하려 했으나 놈들에게 발각 되여 대만 기륭항基隆港에서 체포되었다. 일제 옥중에서 적들과 과감히 맞서 싸우던 그는 2년 후 10년 징역으로 판결받고 여순旅順감옥으로 이송 되였다. 옥중에서 그는 보증인이 친일파라는 이유로 가석방을 완강히 거부하다가 1936년 2월 21일 뇌출혈로 옥중에서 빛나는 한생을 마쳤다.[35]

…… 광복 후 한국 이승만 정권하에서 신채호의 이름이 불리워지는 것은 금지되었고 그의 유가족도 심한 억압과 피해를 받았다. 아들 신수범(1921년~1991년)은 갖은 고생을 겪다가 20여 세 연하인 이덕남 여사와 가정을 이루었지만 일단 아버지의 일을 비밀에 붙이고 살았다. 이덕남 여사는 남편의 행적이 하도 수상하여 남편이 첩자인줄로 알고 경찰에 고발하려고까지 하였던 것이다. 신수범은 이런 아내에게 모든 것을 털어놓고 유지인사들을 찾아 아버지의 사적을 이야기해주었으며 민족해방에 대한 그의 기여를 설명해주었다. 그때로부터 이덕남 여사는 시아버지 신채호의 위대한 업적을 인식하고 남편과 함께 시아버지의 유적을 찾아다니기 시작했던 것이다.

신채호와 그 유가족에 대한 불공정한 대우로 십수 년 간 온갖 고생을 겪은 신수범 씨는 1991년 병으로 사망하고 그 후부터 이덕남 여사만이 계속 신채호의 기념활동을 위해 힘쓰게 되었다. ……

"내 죽거든 내 시체가 왜놈의 발길에 채이지 않도록 화장해 재를 바다에 띄워 달라", 일제에게 나라를 빼앗기고 죽는 순간까지 일제와 굴함 없이 싸웠던 단재 신채호는 이러한 유언을 남기고 일제 감옥에서 옥사하니 나라와 민족의 독립과 해방을 보지 못한 그는 정녕 죽어서도 눈을 감지 못했을 것이다. 압박자들과 굴함 없이 싸웠던 단재 신채호 선생의 빛나는 삶과 그의 고귀하고 청정한 마음은 천추만대에 길이길이 전해질 것이다.[36]

35
김성룡, 《불멸의 발자취》, 북경: 민족출판사, 2005, p.34.

36
김성룡, 《불멸의 발자취》, 북경: 민족출판사, 2005, pp.35~36.

김기승은 단재 서거 61돌을 맞이하여, 신채호는 "민족이 처한 현실에 정면으로 대결해 일생을 독립국가 건설을 위해 헌신하면서, 한국 민족주의를 이론적으로 체계화하였을 뿐만 아니라 민족주의역사학 수립에 개척적인 업적을 남긴 실천적 지식인" 이었고 "탄탄한 유교적 소양 위에서 매 시기 외래 신사상을 기민하게 수용하였고, 전통문화에 대한 비판작업을 통해 새로운 문화를 수립하기 위한 지적 노력을 멈추지 않았다" 고 평가했다.[37]

## 맺는 말

### 북경과 김규식

우사 김규식은 북경과 어떤 관계에 있었는가? 김규식이 북경에 장기 거주하면서 활동했다는 확실한 기록은 아직 발견되지 않았다. 다만 그가 "이승만 일파와 격론을 벌인 후 북경으로 갔다는 설이" 있다는 기록과 1921년 "6월 17일 안창호가 북경으로 간 것은 북경에 있는 박용만과 김규식이 초청했기 때문" 이라는 기록이 있다.[38] 여기서는 김규식이 북경을 거쳐 다른 목적지로 갔거나 북경에서 활동하는 다른 항일독립운동가들과 연계를 가지고 그들에게 도움을 주었다는 단편적인 기록을 몇 개 소개하는 것으로 그와 북경과의 관계를 설명하고자 한다.

송남헌은 김규식이 중국으로 망명한 1913년 이후 초기의 활동을 다음과 같이 쓰고 있다.

37
김기승, 〈단재 신채호 61주기〉, 《신동아》, 1997년 3월호.

38
김정명은 그의 저서 〈대한민국임시정부각료명부등 보고건〉, 《조선독립운동》 II, 원서방, 1967, p.454, 455에서 1921년 6월 18일자 일본 쪽 정보 기록을 근거로 이와 같이 쓰고 있다. 여기서는 강만길 · 심지연, 《항일독립투 쟁과 좌우합작》, 서울: 도서출판 한울, 2000, p.71, 각주 47에서 재인용한다.

우사는 일단 상해로 가서 여러 지사들과 접촉을 한 후, 북경·만주 방면까지 가서 광복지사들과 만나면서 독립운동의 현황을 파악했다. 그 후 우사는 중국 각지에 진출해서 사업을 벌이고 있던 서양 사람들과도 접촉을 하면서 자금을 만드는 방법도 생각해본 것 같다.[39]

1913년 김규식이 상해에서 단재 신채호에게 영어를 가르치며 '민족운동을 통일·통합된 투쟁'으로 만들기 위해 노력하였다는 기록도 있다.[40]

김규식은 1919년 2월 상해를 떠난 지 2년 만에 파리와 미국에서의 활동을 마치고 1921년 1월 상해로 돌아왔다. 김규식은 1922년 1월 초 이르쿠츠크에서 소집될 예정이던 극동민족대회에 참가하기 위하여 여운형, 나용균, 김시현, 정광호 등과 함께 1921년 11월 다시 상해를 출발하였다. 원래 김규식 일행은 천진, 심양, 장춘, 하얼빈, 치치하얼, 만주리를 거쳐 대회장소에 가려고 하였으나, 일본경찰에 체포될 위험을 예견하고 부득이하게 북경을 거쳐 장가구에서 고비사막을 넘어가는 길을 택하였다.[41] 이와 관련하여 김우종은 김규식이 상해임시정부의 이동휘 총리와 신한청년당의 당수 여운형의 권고를 받아들여 1921년 11월 여운형, 나용균과 함께 셋이서 상해를 출발해 북경으로 갔다고 쓰고 있다.[42]

1927년 2월 김규식은 한국인 유자명柳子明, 이광제李光濟, 안재환安載煥, 중국인 목광록睦光錄, 왕조후王滌垕, 인도인 간타싱, 비신싱 등과 함께 남경에서 동방피압박민족연합회를 조직하고 그 회장이 된다. 이 조직은 아시아 여러 민족

39
송남헌, 〈항일독립운동의 선각자〉, 송남헌 외, 《몸으로 쓴 통일독립운동사》, 서울: 도서출판, 2000, p.23.

40
강만길·심지연, 《항일독립투쟁과 좌우합작》, 서울: 도서출판 한울, 2000, p.45. 송남헌 외, 《몸으로 쓴 통일독립운동사》, 서울: 도서출판 한울 2000, p.275.

41
송남헌, 〈항일독립운동의 선각자〉, 송남헌 외, 《몸으로 쓴 통일독립운동사》, 서울: 도서출판, 2000, pp.30~31. 강만길·심지연, 《항일독립투쟁과 좌우합작》, 서울: 도서출판 한울, 2000, pp.72~74.

42
김우종, 〈중국에서 본 김규식〉, 송남헌 외, 《몸으로 쓴 통일독립운동사》, 서울: 도서출판 한울, 2000, pp.171~172.

■ 자금성 후문

이 단결하여 공동전선을 이루고 제국주의의에 대항할 목적으로 만든 것이었으며 당시 국민당의 후원을 받았고 기관지 《동방민족》을 한국어, 중국어, 영어로 발간하였다. 여기서 유자명은 북경에서 활약한 항일독립운동가임을 지적하고자 한다.[43]

또 김규식은 그의 '자필이력서'에서 "1927년 무창武昌 한구漢口에서 북벌군에 합류하여 나중에는 유진화劉振華 부대의 일원으로 북경 근처의 통주通州까지 올라갔다"고 쓰고 있다.[44] 통주는 현재 북경시의 동부지역에 위치하는 1개 구이며 북경과 항주를 잇는 경항京抗운하가 시작되는 곳이다.[45] 김우종 역시 김규식이 1927년 국민당군 제8방면군 유진화부대와 함께 북진하여 북경 부근 통주까지 갔으며, 국민당군이 북경 천진을 점령한 후, 천진에 있는 북양대학 교수로 있으면서 북경 천진 등지의 조선인 혁명단체의 단합을 위하여 노력하였다고 쓰고 있다.[46]

## 김규식의 업적

일제강점이 장기간 계속되었고 이에 반대하는 투쟁이 매우 간고하였던 관계로 이념적으로나 조직적으로 민족해방운동이 여러 갈래로 전개된 것은 자연스런 일이다. 다른 나라들의 사례를 보아도 외세의 지배에서 벗어나기 위한 민족해방운동이 처음부터 하나의 이념과 하나의 조직으로 전개된 적은 없었던 것 같다. 그러나 상당기간의 투쟁과정을 거치면서 민족해방운동이 사상과 이념의 차이를 뒤로 돌리고 하나의 지도체제하에 통합된 경우를 적지 않게 볼 수 있다. 우리 민족의 경우 독

43
강만길 · 심지연, 《항일독립투쟁과 좌우합작》, 서울: 도서출판 한울, 2000, p.96. 김성룡, 《불멸의 발자취》, 북경: 민족출판사, 2005. p.101.

44
강만길 · 심지연, 《항일독립투쟁과 좌우합작》, 서울: 도서출판 한울, 2000, p.96. 송남헌 외, 《몸으로 쓴 통일독립운동사》, 서울: 도서출판 한울, 2000, p.280.

45
북경은 현재 행정구역상 16개 구(區)와 2개 현(縣)으로 구성되어 있다.

46
김우종, 〈중국에서 본 김규식〉, 송남헌 외, 《몸으로 쓴 통일독립운동사》, 서울: 도서출판, 2000, p.175.

립운동이 일제 패망 전은 물론 패망 후에도 이념적 · 조직적 차이를 극복하지 못하여 분단된 상태로 독립하였고 드디어는 동족상잔으로까지 이어진 사실은 참으로 통탄할 일이다.

오스트리아의 사례를 보자. 1938년 3월 독립국으로서의 존재를 상실하고 히틀러 독일의 한 주州가 된 오스트리아는 1939년 9월 독일이 전쟁을 일으키자 본의 아니게 자동적으로 전쟁에 돌입하게 되었다. 미국 · 영국 · 프랑스 · 소련 네 나라가 체결한 협약에 따라 오스트리아는 1945년 7월 네 개 지역으로 분할 점령되었다. 그러나 오스트리아의 정치지도자들은 나라의 통일을 위해 이념적 차이에도 불구하고 처음부터 서로 협력하였고 국민들도 서로 분열되지 않고 단결하여 노력하였다. 결국 중립체제를 전제조건으로 외국점령군은 철수하였고 1955년 9월 27일 오스트리아는 외세의 군사점령 10년 만에 분단되지 않고 독립하였다. 이렇게 오스트리아는 외세의 군사 통치를 10년이나 참으면서 극단적인 이념과 체제의 대결에서 벗어나 하나의 민족으로서 공존공영을 위한 길을 모색하여 나라가 분단되는 것을 방지하고 통일독립을 성취하였다.

독일의 경우를 보자. 독일은 1945년 패전 후 부득이 외세에 의하여 군사적으로 분할 점령되었고 얼마 안 가서 동서독으로 분단(두 개의 독일국가 수립)되었다. 허나 분단 전 4개의 전승국이 분할 점령하고 공동관리한 기간이나 분단 후에도 이념적 차이를 이유로 독일사람들끼리 서로 죽이고 하는 일은 없었다. 독일 사람들은 이념보다는 민족을 우선시하였고 '정치적으로 달리 생각하는 사람들의 자유'를 인정하였던 것이다. 이것이 동서독 주민 사이에 적개심 대신에 이해를 넓이는 바탕이 되었고 동서독 간 민족화해협력정책이 실시되어 결국은 독일이 평화적으로 통일될 수 있었다고 본다. 한국, 베트남, 예멘과 비교하여 볼 때, 이 점에서 독일은 특이하였다.

통일은 남이 가져다주는 것이 아니다. 분단된 당사자들의 합의된 굳건한 의지만 있으면 국제적 환경이 비록 어렵더라도 통일을 이루어 낼 수 있음을 오스트리아의 경험이 증명하고 있다. 오스트리아의 통일과정을 살펴보면서 우리의 분단 상황이 너무도 안타깝게 생각되었다. 해방 후 우리의 민족지도자들도 오스트리아의 지도자들처럼 서로 사상과 이념의 대립이 아닌 조국의 통일독립을 먼저 생각하고 외교적으로도 통일독립을 위해 서로 단결하여 노력했더라면 하는 아쉬움을 떨쳐 버릴 수가 없다.

여기서 항일독립투쟁의 시기나 일제가 패망한 후에나 이념적 차이를 극복하고 민족의 대동단결을 이룩하여 '통일자주독립국가'를 세우려고 온 힘을 쏟았던 우사 김규식의 현명함에 다시 한 번 감탄하지 않을 수 없다. 그의 정치노선은 그때도 옳았고 지금도 옳다. 우사 김규식은 일제치하에서는 좌·우합작과 민족의 대단결을, 그리고 해방공간에서는 민족분단을 막고 '통일자주독립국가'를 건설하려고 끝까지 노력했던 진정한 애국자다. 이제 우리는 우사 김규식을 생각하며 어려운 여건 속에서도 민족의 화해와 협력을 촉진시키기 위하여 더 많은 노력을 하여야 할 것이다.

## 참고문헌

강만길 · 심지연(2000), 《항일독립투쟁과 좌우합작》, 서울: 도서출판 한울.

김기승(1997), 〈단재 신채호 61주기〉, 《신동아》, 3월호.

김성룡(2005), 《불멸의 발자취》, 북경: 민족출판사.

김영수 편(2005), 《중국 역대 정권 정보표》, 서울: 도서출판 창해.

김정명 편(1967), 〈대한민국임시정부각료명부등 보고건〉, 《조선독립운동》 II, 원서방. =金正明 編(1967), 〈大韓民國臨時政府閣僚名簿等 報告件〉, 《朝鮮獨立運動》 II, 原書房.

등력군 주편(1999), 《중화인민공화국 국사백과사전》, 북경: 중국대백과전서출판사. =鄧力群 主編(1999), 《中華人民共和國 國史百科全書》, 北京: 中國大百科全書出版社.

류제헌(1999), 《중국역사지리》, 서울: 문학과지성사.

북경시측회설계연구원 편제(2005), 《북경여유교통도》, 북경: 호남지도출판사. =北京市測繪設計研究院 編制(2005), 《北京旅遊交通圖》, 北京: 湖南地圖出版社.

서연달(徐連達) 외(1989), 《중국통사》, 중국사연구회 역, 서울: 청년사.

송경령기금회 편찬(1987), 《송경령 위대광영적 일생》, 북경: 중국화평출판사. =宋慶齡基金會 編纂(1987), 《宋慶齡偉大光榮的 一生》, 北京: 中國和平出版社.

송남헌 외(2000), 《몸으로 쓴 통일독립운동사》, 서울: 도서출판 한울.

이춘식(1991), 《중국사 서설》, 서울: 교보문고.

사에키 유이치(佐伯有一) 외(1980), 《중국현대사》, 오상훈 역, 서울: 한길사.

고지마 신지(小島晋治) · 마루야마 마쓰유키(丸山松幸)(1988), 《중국근현대사》, 박원호 역, 서울: 지식산업사.

황정해 · 조진영(2004), 《베이징 & 샹하이》, 서울: 김영사.

# 4 시안[서안(西安)]

*Xi'an*

양재혁 (성균관대학교 명예교수)

# 우사 김규식의 독립·통일운동과 정의에 대한 기준

■ 장안이었을 때를 알아 볼 수 있는 서안의 현재 시가지.

## 서론

사람들이 자연을 변화시킨 것을 문화라고 한다. 그런데 자연이란 "그 모형Form을 그 스스로in sich selbst 만든 것" 을 말하며, 문화란 "그 모형이 다른 힘에 의하여 만들어 진 것" 이라고 간단하게 자연과 문화의 뜻을 정의할 수 있다.

우사연구회의 독립운동 유적지 답사 첫 번째 목적지가 중국 고대문

화의 발상지인 서안이었다. 우리가 잘 알고 있는 바와 같이 중국 고대 문화의 연원은 하夏나라, 은殷나라, 주周나라로 시작되지만, 하나라와 은나라의 역사가 불분명하듯이 그 도읍지에 대한 기록들도 알 수 없다. 그러나 은나라의 마지막 왕이 주왕紂王인데, BC 1122년경 주나라 무왕武王에게 토벌을 당하여 망했다는 기록은 분명하다. 중국의 전통적 선·악관에서 포악한 군주의 대표로 걸·주桀紂를 말하는데, 걸은 하나라의 마지막 왕으로 은나라의 탕왕湯王한테 쫓겨났다. 현대도 마찬가지겠지만 옛 시대의 정正과 부정不正은 이긴 자를 기준으로 하였다. 승리하여 창업한 하나라의 요·순堯舜과 은나라, 주나라의 탕·무湯武를 표본적 성황聖王이라 하고 그 주어진 모형Form, 즉 왕조를 지키지 못하고 망한 자를 악의 상징인 폭군으로 규정하여 후대에 교육하였다. 다시 말해서 옛 시대의 정의에 대한 기준Kriterium은 폭력을 통해 진행 중인 제도적 모형을 승리자의 이익에 부합하도록 변형하여 통치하는 데 두었다.

역대 전통적 진리기준을 승리한 자에게 둘 수밖에 없는 것은 망한 자의 역사를 승리한자가 정리하게 되었으니 당연한 결과다. 그 제도적 모형을 지키지 못하고 패한 자는 승자가 주장하는 모든 폄훼를 다 짊어지게 된다. 때문에 악의 표본이 되었고 그것이 새로운 왕조의 역사 교육이었다.

## 서안西安은 주周나라 무왕의 창업지 호경鎬京이었다

앞에서 논한 바와 같이 문화란 타자他者의 폭력에 의하여 지금까지 정의로 유지되던 형식이 악으로 평가되는 과정이다. 그리고 승리자는 인민에게 '예'라고 순종하도록 교육하는 것이 하나의 이념이었다. 그러나 "사람의 특성은 아니오Nein Sagen라고 말하는 데 있다"고 독일의 철학자 막스 셸러Max Scheler, 1874~1928는 주장하였다. 다시 말해서 승자의 폭력에 순종만 하는 것이 아니라, 그 폭력을 거부하여 새로운 모형을 만들려는 자유의지가 인간의 특성이라는 지적이다. 그러한 방법에 따라 인간의 사회구조는 폭력적 지배와 그것으로부터 해방하려는 새로운 폭력으로 나타난다. 그러나 승자는 지배하기 위한 교육에서 순종만이 선이고, 저항하는 것은 악이라고 오랫동안 설교하였다. 때문에 현재도 전통적 인문학자들은 착하고 순진하고 성실하고, 마음을 비우고 욕심을 버리는 것이 도덕이자 숭고한 철학이라고 설교하지만, 자신들은 은밀하게 모든 지능을 동원해서 그들의 욕심을 꽉꽉 채운다. "자기의 욕심을 극복해서 옛 제도를 회복하는 것이 어진 것이다(克己復禮爲仁. 論語 · 顔淵編)"라고 공자는 가장 사랑하던 제자 안연顔淵에게 그의 근본철학 인仁을 설명하였다. 공자가 가장 존경하던 주나라(周監於二代, 郁郁乎文哉, 吾從周. 論語, 八佾編) 무왕의 창업지가 바로 우리가 첫 번째 도착했던 호경鎬京, 즉 서안西安 · 長安인 것이다.

조선왕조시대의 국가 철학(이념)은 공자가 제시한 유교형식이었는데, 그것이 일제의 폭력에 의하여 부정되었을 때, 우리의 선열들이 그 일제 폭력으로부터 해방하여 독립국가를 건설하기 위하여 활동하던 곳이 또한 서안이다. 이역만리 남의 땅에서 투쟁을, 즉 일제의 기준에서는 '악행惡行' 을, 실천하던 그곳이 새로운 자주민족국가를 건설하기 위한 희망의 거점 '장안성(서안)' 이었다.

'예' 라는 긍정과 '아니오' 라는 부정이 함께 작용함이 역사의 보편성이라는 점을 앞에서 간단히 언급했다. 긍정과 부정의 상반된 태도가 인간의 보편성이라면, 그 어떤 한 쪽만을 강요할 때 그것이 곧 제도(형식)적 폭력이다. 때문에 이제까지의 지배계급들은 그 지배의 힘으로 그들만이 선이고 그것에 '아니오' 하는 태도는 악이라 하고, 그 시대의 지배제도에 따라 온갖 잔인한 수단과 방법으로 규정한 그 악, 즉 새로운 선의 태동을 제거하였다. 공자의 경우 주나라 규정을 긍정하도록 기준한 것이 '인仁' 이었다. 새로운 시대에는 낡아서 없어질 수밖에 없는 주나라의 "예禮(질서)를 회복하는 것이 인이다(克己復禮 爲仁)" 라는 공자의 철학명제를 식민지 시대에 적용해 보면, 조선왕조의 질서와 제도를 회복하는 것이 인이요, 또한 해방 이후에는 일제식민통치 시대의 질서로 돌아가는 것이 인으로 되니, 다시 말해서 독립하고 싶은 욕심을 이겨서(참아서) 진행되는 질서(일제)에 순응하는 것이 '인' 이라는 논리도 성립된다. 공자의 제자 안연이 질문하기를, 소멸되어가는 주나라의 예로 돌아가기 위해서는 "구체적으로 어떻게 해야 합니까?" 하니, 주나라 질서禮가 아니면 "눈을 감고 보지를 말고 귀를 막고 듣지도 말고, 그에 대해서 말하지도 말며 행동해서도 안 된다(非禮勿視 非禮勿聽 非禮勿言 非禮勿動)" 고 공자는 답하였다. 일제식민통치 지배시기 조선의 유학자들은 이 같은 복고적 가치관을 비판 없이 실천하였다. 때문에 조선의 유학자 대부분이 친일파로 전락될 수밖에 없었다.

공자BC 551~479는 주나라 무왕이 은(상)나라 주왕紂王을 정복BC 1122년경하고, 서안 즉 호경에 도읍을 정했을 때로부터 약 600년 이후의 사람이다.

하나의 국가라는 모형Form이 정해지고 600년이 경과했다면, 초기의 단순 종법宗法 질서(예)가 적용될 수 없는 복잡한 상태로 사회가 분화되어, 옛 것의 신성성을 부정하는 악이 새로운 선으로 전환하는 과정이었다.

주나라 질서에 저항하던 악이 선으로 전환된 것이 BC 221년 진秦나라 시황제始皇帝 259(재위 247, 통일 221~210)가 폭력을 통해서 열국을 하나의 형식으로 통일한 때이다. 새로운 힘으로 옛 모형을 변화시키고 정립한 정의의 기준은 당연히 주나라의 예禮가 아니라 진나라의 법法치 모형으로 정하였다. 역사문화와 인간의 의식(인식)이 낮은 데서 높은 데로 발전하듯이 법치智는 예치仁에 비하여 합리적이고 과학적이었다. 때문에 '분서갱유焚書坑儒' 라는 적극적인 방법으로 옛 주나라 모형을 부정하고 법가 이사李斯의 군현제를 기초로 중앙집권제를 확립하고, 순자荀子의 사

■ 병마용총 박물관 건물 정면

회분화의 논리를 적용하여 통일제국의 모형을 확립하였다. 그 진시황제 때의 문화가 남아있는 고적지들, 즉 우리가 답사한 시황제능과 병마용 박물관, 그리고 지금은 터만 남아있는 아방궁阿房宮의 흔적만으로도 그 새로운 문화 모형의 거대함을 추측할 수 있었다.

## 서안은 진나라 수도 장안長安(漢 · 隋 · 唐시기까지)이었다

이것이 착한 것(좋은 것)이고 저것이 악한 것(나쁜 것)이라는 가치관의 기준은 역사적 문화발전의 정도에 따라 변동된다. 마찬가지로 한 개인의 가치관 형성도 그의 성장과 교육 정도에 종속적일 수밖에 없다. 즉 의식발전의 첫 번째 단계인 유아기에서 유년기(초등학교 저학년)까지는 솔직 순박하고 가족이나 고향의 동기들 간에 친한, 그래서 네 것과 내 것을 계산하지 않는 포근한 관계인데, 맹자孟子는 의식구분 네 단계설四端說에서 첫 번째를 '인애仁愛'(즉자적 Ethos)라고 했다. 이것을 개인의 의식발전에 비유한다면, 어떤 사태를 분석 없이 느낌 그대로 측은惻隱하고 불쌍하게 받아들이는 단계다. 정해진 정치, 사회제도 속에서 자라나면서 나라를 창건한 왕이 위대하다고 배웠으면, 배운 그대로 반성 없이 그것을 사랑하고 존경하려는 의식수준이 그것이다.

공자는 무왕武王이 창건한 주나라의 질서가 혼란해지는 것을 사회역사적 분석 없이 단순한 마음의 문제로 보고, "너의 욕심을 극복克己해서 주나라의 예를 회복하라"고 했다. 초보적 상호관계인 '인애仁愛'를 그는 '인 사상'이라고 가르쳤다. 그 초기의 단순 사상을 주나라 수도 호경鎬京(西安)에서 600여 년 후에 역설하였는데, 조선조는 이 같은 공자의 단순한 정치 이념이었던 '인애' 를 19세기 말에서 20세기 초까지 견지하다가, 합리적이고 과학지智적으로 체계화된 일제의 폭력에 나라를 빼앗기고 말았다.

주나라의 도읍지 호경은 진나라의 시황제체제 때 장안長安으로 변경되었으며, 진시황제는 그의 황궁 '아방궁' 을 장안의 서쪽 교외에 건설하였는데, 오늘날 남아있는 그 흔적을 보면 동서 2,500m와 남북 1,000m의 크기이다. 진시황제가 아방궁 건설 전에 위수渭水의 북쪽에 '함양궁咸陽宮' 을 건축하고 주변 6국의 12만 영주를 불러 모았을 때 궁안에 빽빽이 들어차서 입구까지 꽉 메웠다는 기록이 있다. 때문에 그는 이 성의 남쪽에 흐르는 위수渭水(위수는 맑고 그 다른 쪽에 흐르는 경수經水는 탁하기

■ 서안의 장안성

때문에 분명한 경우를 말할 때 경위經渭를 가린다는 데 인용되던 유명한 강이다)를 메워 남쪽의 평원까지 확장하였다. 그가 천하를 통일한 후BC 212에 아방궁을 건설하기 시작했는데, 아방阿房이란 근방近旁이라는 뜻으로 함양咸陽의 근처라는 의미다. 정복한 주변 6국에서 가져온 재물은 궁궐을 꽉 채웠지만, 그의 의욕적 개혁에 따라갈 수 없는 농민들이 봉기하게 되니 항우項羽장사가 이끄는 군대에 함양성은 함락되었고, 아방궁 또한 폐허로 남게 되었다. 이 같은 폭력악이 또 다른 폭력선으로 전환되는 것이 역사적 발전이다.

명령에 '예' 라고 순종하던 모형이 변화되는 것을 측은하게 여기는 의식수준이 유년기 인식능력의 순정적 단계라면, '아니' 라고 우선 반항하는 단계가 중 · 고등학생들의 의식 일반이다. 이때에는 예라고 긍정만하면 자기 긍정을 위해서는 손해라는 것을 서서히 판단하게 되며, "네 것과 내 것"을 구분해서 제 것을 지키려한다. 다시 말해서 내적 주관적 태도가 성숙되며 상대방에게 어떻게 자기를 이해시킬 수 있는가의 낮은 단계를 기획하게 된다. 그리고 규정의 서열과 등급을 단계적으로 정하여 자기주관을 실천하려는 것을 맹자는 두 번째 단계 '의리義理(미워하는 마음, 수오羞惡)' 라고 했는데, 이 '의리' 는 상대의 주

■ 병마용총의 병사

장을 미워수오羞惡하면서 성숙되는 것이기 때문에 대자對自적 관계의 도덕Moral규범에 해당된다.

공자가 주나라의 수도 호경에서 창업한 무왕의 지배모형을 최고로 판단하고 '예' 라고 따르면서 순종하던 형식이 '인애사상' 이었다면, 진나라 시황제의 장안長安에서는 주나라 무왕 때부터 천여 년 간 진행되던 지배모형인仁을 거부하며 새로운 정의의 기준을 법法으로 정하고, 전 시대의 문화구조를 확실하게 부정한 것이 '분서갱유' 라는 방법으로 진행된 것이다. 때문에 역사를 평할 때 스스로의 판단 없이 어떤 편향된 논리를 그대로 따라서 진시황의 분서갱유는 잘못된 일이라고 반복하는 것을, 명대明代의 이탁오李卓吾, 1527-1602는 "주체성 없이 그림자 보고 짖어대는 한 마리의 개"라고 비판했다. 이탁오는 50세가 되어서 그의 저서를 쓰면서 이 책이 싫으면 태워버리라고 책 이름을 분서焚書라고 했다.

■ 병마용총 발굴현장의 보존실상

■ 병마용총 발굴현장의 보존실상

그는 이 책에서 이전까지의 관료생활을 남이나 따라 짖어대던 주체성 없는 "한 마리의 개" 였다며 자신을 신랄하게 비판했다(신용철 · 이탁오, 지식산업사, 2006 서문 참고).

진나라의 장안시대의 역사 · 문화가 발전한 단계는 개체적 인식단계를 극복하고 강한 공생共生의 성격을 기초로 한 '집단의 단결' 에 전념할 뿐 아직 개인적 특성인 개성의 성숙은 발전되지 못한 정도였다. 물론 근현대까지도 발전 정도에 따라 국가라는 '전체 체제' 에 개인이라는 주체가 함몰되도록 특수 구호(반공이나 국익)를 매개한 폭력이 작용하는 것도 사실이다.

맹자가 "① 측은하게 여기는 마음은 인애에서 시작되고, ② 미워수오羞惡하는 마음은 의리에서 발동하고, ③ 사양하는 마음은 예의禮儀" 에서 생기며, ④ 시비是非할 수 있는 의식은 지혜智慧에서 출발한다" 고 말한 의식의 사단四端계 발전설은 역사문화의 전환을 합리적으로 분류한 탁월한 방법이다. 기존의 동양철학자들은 '네 것과 내 것'을 구분하지 않는 인애를 제일 먼저 제시하였으니, 그것이 제일 근본적이고, 네 번째 지적한 지혜는 옳고 그른 것시비是非을 따지기 때문에 분열을 만드는 단점이 있다고 소홀히 취급한다.

그러나 내가 판단하기는 지혜의 단계에서 대상세계를 숙고하며 나와 다른 견해와 토론하여 합리적으로 상호 간의 태도를 전환할 수 있는 가장 중요한 단계라고 본다.

맹자가 제기한 사단四端의 문제를 이같이 발전적 인식논리로 보지 못하고 동양철학(일본 황도신민사상의 보급의 일환으로 의도적으로 서양철학과 동양철학을 분리한 것을 지금도 철칙으로 알고 있으니, 새로운 인문학자들은 역사적 철학개념으로 동·서 문제를 논의해야만 할 것이다) 방법론에서는 항상 '인애'의 포괄된 원칙에로만 복귀하니 복고, 즉 원초적인 초심만을 좋은 것으로 알고, 오늘날에는 "처음처럼"이라는 신비론을 상표로도 사용한다.

개인을 평가할 때 모태에서 나온 유아인仁가 근본인 것은 분명하지만 그가 살아가는 사회는 원초대로 머무르지 않고 다양하게 변화하여 처음처럼 머무르지 않는데, 그러한 원초적 가치관으로 교육된 자들은 다른 힘, 즉 일본이나 미국의 보호를 떠나면 죽는 줄로만 판단한다.

첫 번째 모형은, 측은하게 보살핀다는 이론이니, 인민들이 순진하게 시키는 대로 순종하도록 하는 것을 기준으로 하여 교육하는 전통적 방법이다. 맹자孟子는 유년기는 어린이가 천진측은惻隱하여 나와 남민족문제을 구분 않고 지배자가 설교하는 대로 믿으면서 저항 없이 떠오르는 해를 보고 소원을 빌 때, 부모나 지배자는 그들을 부모에 효도하고 군왕에게 충성을 잘 한다고 표창하는 인애사상이 한 시대 지배계급의 가치관이라고 보았다. 지배자가 주는 모든 표창表彰, 상장賞狀과 상금은 다 그 만들어 준 모형에 충실한 자들에게 준다. 때문에 이탁오의 논리에 의하면 전통시대의 모든 상장은 '개처럼' 따라 순종했다는 의미가 된다. 예를 들어 "우리는 정치와 경제를 모르니, 우매함을 측은하게 생각하여 인애를 베풀어 주십시오"라고 한다면, 전통시대의 왕과 양반들, 그리고 식민지 통치하던 일제日帝와 작전권을 거머쥔 미제는 얼마나 바람직한 일이었겠나!

그래서 대부분의 인문학자들은 전통적 복고사상과 그 정치가 좋은 것이며, 현대는 아이들을 너무 개성화 시켜서 남의 단점을 비판하며 주체적 독립을 위하여 투쟁만 한다고 개탄하기도 한다. 일본이나 미국이 북측의 우리 동포를 억압해 달라고 식사 때마다 기도하는 사람들도 더러 있을 것이니, 참으로 순진해서 지배자들에게는 좋을 것이다.

두 번째 진리의 모형은 '의리義理', 즉 악을 "미워하는수오羞惡 데서 시작된다"고 보는 관점인데, 진나라의 장안에서 진행된 문화는 주나라 시대의 문화서書와 학자유儒를 철저하게 미워하는 '분서갱유焚書坑儒'로써 시작되었다. 본래 한 체제의 모형을 폭력(어떠한 정치가 변화된 새로운 힘, 즉 폭력에 의하여 전환된다)으로 제거하였을 때에는 반드시 그 전시대의 이념을 철저하게 비판하고 새로운 진리이념를 정착시켜야만 한다. 그러나 과거 일제의 식민지 문화를 해방 이후 비판하지 못하였기 때문에 그 남아있는 힘이 현재도 계속 새로운 진리선善가 자라나지 못하도록 갖은 방법으로 억누르고 있다. 맹자는 두 번째 단계가 제 몫을 지키기 위하여 남의 것을 미워하는 단계라 하였는데, 진시황제는 '분서갱유'로써 새 시대의 진리를 실천한 진보적 정치가였다. 어떤 편의 기준에서 선과 악을 말할 것인가, 그 당파성에 따라서 옳은 것은 반대로 나타난다. 때문에 자본가의 편이냐, 무산자의 편이냐에 따라 그 이념은 다르게 설명된다.

첫째 단계 유년기인仁가 본질이라면 두 번째 단계는 청소년기의 집단적 저항이다. 첫 단계에서 진행된 부정부패의 독재정치 모형을 거부하면 "의리"는 있으나 쫓겨 가는 사람을 슬퍼하고 측은하게 생각하지 않는다고 비판한다면 그것은 복고적 본질에 근거한 예이다. 우리사회의 인문학이라는 형식들이 옛 시대처음처럼를 기준하여 현재와 미래를 비판한다. 현대 민주주의는 성현의 일관된 사상이 없고 개인들은 경쟁을 위한 과학물질에 몰입하기 때문에 난세라고 개탄한다. KBS나 EBS, 그리고 조 · 중 · 동은 기인奇人들을 초청하여 고전강독과 그들의 코미디식 논설을 선전하며, 전통적 원시시대에는 울타리도 없고 노조파업도 없던 이상사회라는 인문학을 의식, 무의식 중에 보급한다. 이러한 방법론은 현재보다는 전두환, 박정희, 이승만 정권 때가 안정적이었고 …… 심지어는 "일제의 식민지배를 받아서 더욱 발전했다"라는 이른바 뉴-라이트 교과서 파동의 대표이기도 한 안병직과 이영훈 교수는 일본의 후원으로 일제시기를 연구한 전문가답게 "일제의 식민통치가 현재 우리나라의 정치경제 발전의 기초"라는 점을 교과서에 새로 써야한다고 주장하고 있지 않은가.

## 서안은 한漢나라에서 당唐나라 때까지도 장안이었다

한나라전한前漢 BC 202~8, 후한後漢 25~220의 국가이념이 진나라의 이념법法을 철저하게 부정하는 유가儒家의 예제禮制로 다시 정착되

■ 진시황능

■ 서안 진시황능의 제례행사

면서, 오행五行설이나 참위讖緯 등의 운명론 · 숙명론이 확산되었다. 왜냐하면 주나라 모형이 진시황제에 의하여 철저하게 부정된 지 불과 10여 년BC 221~210 만에 한나라 이념의 새로운 모형정착을 위한 '분서갱법焚書坑法' 의 형식으로 더욱 잔악한 보복이 반복되었기 때문에 염세적 운명론이 날로 확산될 수밖에 없었다. 역사기술의 방법이 승리한 자가 제압당한 자를 평가하는 형식이었으니, '분서갱유' 는 넓게 비난할 수 있어도 한나라가 멸망된 후 여러 나라로 분열되었기 때문에 한나라가 건설된 이후 진행되었던 '분서갱법' 의 폭력은 집중적으로 정리되지 못하고 여러 설만 전파되었다.

한나라가 멸망한 이후 여러 나라로 분열되었던 중원을 다시 통일하여 정치 문화의 커다란 발전을 도모한 당나라당唐 618~907는 우리나라가 처음으로 의존한 외국 세력이기도 하였다. 신라가 다른 민족과 합작하여, 같은 민족인 고구려와 백제를 제압하고 통일은 하였지만, 영토는 그전 시대의 절반도 차지하지 못하고 당나라에 내어주고 만 것이 소위 신라의 '삼국통일' 이라고 자랑하는 정체성 상실의 역사 이론인데 지금까지 비판 없이 교과서에 정설로 진행되고 있다.

인간의 역사에서 새로운 지배세력이 등장할 때 전시대의 지배모형이념을 철저하게 제거하는 과정에서, 새 시대의 이념 구성에 상반되는 견해의 대립은 '회의懷擬적 사유체계' 를 발달시키는 것이 일반적이다. 진나라와 한나라의 멸망 후 위魏 220~265, 진晋 265~419의 현학玄學과 남북조南北朝시대 불교와 도교의 신선사상 등의 폭넓은 관념적 토대가 당나라 불교문화를 꽃피웠다. 진나라 장안의 황성皇城에 기초하여 건축했다는 명나라 초기의 모습 그대로 오늘까지 보존된 거대한 '서안성벽' , 그리고 고승 삼장법사가 천축인도에서 가져온 불경을 연구하던 '자은사慈恩寺의 대안탑大雁塔'과 그 후 고승 의정義淨 역시 천축에 가서 400여 권의 불경을 가져와 번역했다는 '소안탑小雁塔'을 답사했을 때, 우리 팀은 이 두 개의 고찰에서 남성적 웅대함과 여성적 곡선미의 대조적 예술성에 매료되기도 했다.

현종 황제가 양귀비楊貴妃, 719~756와 사랑에 빠졌었다는 온천탕 화청지華淸池는 지금부터 2,800여 년 전 주나라 때에는 '성신탕'이었으며, 진나라 때에는 '여산탕驪山湯'이라 불리던 이름난 명소 중의 명소다. 1936년 12월 그 유명한 '서안사변'도 장개석이 이곳에서 목욕을 즐기며, "일제

■ 서안 화청지일대

침략에 저항하지 말라"는 자기 명령에 반대하고 저항하던 인민지도자 모택동을 토벌하라는 반민족적 명령에, 그의 부하 장학량張學良이 '아니라고' 저항하며 장개석을 체포감금한 데서 발생한 사건이다. 지시하는 그대로 '예' 하는 순종은 낡아서 소멸되는 체제를 유지시키며 대중들을 지루하게 만들었다면, '아니오' 라고 부정하는 데서 더 많은 사람들에게 새로운 희망과 활력을 지원해 왔다. 세계 제일의 수준 높은 당나라 전성기 문화가 후기에 이르러 불교와 연관하여 정치와 경제가 심하게 퇴폐하였다. 현종이 친아들 수왕壽王의 처妻, 즉 며느리인 양귀비를 애첩삼아 놀아나는 지경에 이르자 그 무질서는 극치에 달했다. 마침내 무종武宗은 842~845년 간에 강한 민족주의 특징을 바탕으로, "불교는 중국의 것이 아니라"며 추방하도록 명령하였다. 그에 따라 "4,600채의 사원이 파괴되거나 혹은 공공건물로 변하였고, 4만을 손꼽는 소규모의 불당들이 파괴되거나 용도가 변경되었다"(Jacques Gernet, Le Monde chinois, Armond Colin, 1972, 이동윤 역, 법문사, 1985). 진행되던 모형에 대한 폭력적 파괴, 즉 새로운 외국 불교사상을 외국의 사상이라고 이같이 추방한 것이 역사상 처음으로 표출되는 '중국 민족주의 주체의식' 으로 정착되었다. 그 이후 외래문화를 배척하고 중화사상만 고집하려던 주체의식은 중국 공산당 발전과정에서도 외세의존파유소기, 임표와 주체파의 대립으로 발전하였다. 이 같은 외래문화와 민족주체적 문화의 상호모순 투쟁적 견해는 오늘에 이르기까지 중국 인민의 두 가지 노선이 되어 상호견제 보완 발전하는 공산당 조직체계를 유지시키고 있다.

세 번째 단계의 청년기의 고등학교 상급반에서부터 대학생 정도의 나이가 되면 인식의 판단능력이 청소년기의 반사적 의기義氣에 치우치기보다는 한층 계획된 목표를 지향하게 된다. 마찬가지로 중국 문화발전의 역사도 3단계에 해당되는 당나라 장안에서는 세련된 목표를 지향하여 발전하였다. 당나라 수도 장안의 문화는 집약된 불교이념에 근거하여 남·북조시대의 음양오행·참위명당·주역서의 예언적 운명론을 어느 정도 합리적으로 극복하였다. 그러나 현종이 며느리양귀비를 겁탈하는 단계는 주어진 도덕성의 한계를 넘는 행위였다. 이와 같은 가치관의 혼돈과정에서 민족주의적 특성이 강하게 작용하여 외래종교와 연관된 외국인과 그 문화를 거부하고 추방하는 정책으로 발전하였다. 이러한 역사적 전환은 장안서안의 문화중심지 자리도 송宋 960제국의 수도 변경汴京으로 옮겨질 수밖에 없게 하였다.

청년기 의식수준은 자기가 실천한 행동에 대해서 정당하다는 공인公認성을 확보하고자 그 시대의 규정이나 절차에 대한 과거의 예증들을 고찰하게 된다. 즉 내가 이러한 행동(반공이나 혹은 반미 또는 친일이나 친미)을 할 때 남들은 무어라 할까. 초·중등학교 때 한 일을 자랑스럽거나 부끄럽다고 반성하며 의식된 자기를 설정하고 남과의 관계를 확장하게 되는데, 맹자는 이러한 단계를 '예의禮儀(사양謝讓하는 마음)' 라고 하였다. 타자와 교섭하면서 개성을 지킨다는 이 윤리Ethik적 단계에서 옳은 것은 모두 흡수하여 당나라 장안의 찬란한 불교문화를 건설하였다. 그러나 시간이 지나면서 확장되던 부패의 원인을 남의 문화불교를 미워하는데 두고, 자신의 개성을 지키려는 민족주의 이념이 기초가 되어 새로운 형태의 중화주의가 등장하게 된다. 그러나 이는 차차 강한 중화사상으로 전환되어 고립적 편협성에 빠지게 되어 혹독한 외세의 윤간輪姦시기아편전쟁 이후 49년 해방를 거치게 되는 것이다.

## 서안과 현대 문화

어머니 품에 있던 유아는 순진仁하고 순종하니, 오직 보살펴 주어야만 존재할 수 있고. 청소년기의 불의에 대한 반사적 저항은 군중심리에 동요되고 주체적 결단이 미숙하다면, 청년기의 행위는 목표를 설정하고 선후를 고찰하여 주체를 실현하려는 의지의 표출이 확립되지 못한 채 발현된다. 그러나 장년 성인의 단계에는 독특한 자기만의 개성을 토대로 해서 남다른 창조를 계획한다. 내가 해야 할 목표를 계획하고 타자를 인정하며, 토론하여 다시 나의 계획을 성찰하고 순차적으로 실천할 것을 도모한다. 그렇게 계획한 목표에 도달함이, '지혜智慧(곧 法)' 이며 이 같은 규범을 '메타에틱Metaethik' 이라고 한다.

다시 말해서 예의라는 규정의 애매 모호성신분 계급성을 더욱 섬세하고 분화된 사회조직에 따라 평등하게 각각의 법조항을 수정 보완하는 단계이다. 조선조의 규범은 '예의' 였으니, 그것은 명확성이 없어 신분에 따라 권력자의 임의대로 적용하였다. 때문에 현대 지혜의 사회에는 적용할 수 없어서 일제의 정교한 지혜로 무장한 폭력에 패망한 것이다.

### 서안사변

현대 중국서안의 현대 숙고적 지혜의 문화발전은 이른바 '서안사변西安事變' 으로부터 시작된다. 서안사변은 우리가 잘 아는 바와 같이 장개석의 부하 장학량張學良과 양호성楊虎城 장군이 그들의 상관 명령에, 그것이 '아니라' 고 그 명령자를 감금한 사건이다.

앞에서 언급한 바와 같이 '예' 라는 순종과 그에 반대하는 '아니다'

■ 서안의 여산(장학량이 장개석을 감금한 산장이 있는곳)

라는 행위는 성장발전의 과정에서 거쳐야 하는 필연적 모순矛盾관계이다. 그러나 우리의 인문학에서는 그 한 부분, 즉 반공反共만을 선이라 강조하고 공생共生론을 죄악이라고 가르친다. 이때 그 잘못된 논리를 '아니다' 라고 하지 못한 인문사회학자 모두는 '충직한 개' 의 역할만을 한 것이다.

중국내의 모든 민족세력은 항일抗日할 것을 강력하게 요구하였으나, 장개석은 자기와 다른 사상을 용납하지 않는다는 전통적 제왕의 권위에 기준하여, 민족항일투쟁의 본거지였던 연안延安에서 공산당을 지도하던 모택동을 토벌하기 위하여 1936년 12월 서안에 가서 당 현종이 양귀비와 즐겼다는 '화청지華清池' 별장에서 모택동을 토벌할 것을 그 부하에게 명령하였다.

한편 중국의 실상은 1928년 일본 관동군의 열차 폭파 음모로 중국 최대 동북군벌 장작림張作霖이 폭사하자, 그의 맏아들 장학량이 아버지의 군권을 물려받아 동북지역을 통치하게 된다. 1931년 9월 18일 일본군이 만철선로를 폭파하고 그것을 중국군의 소행으로 조작하여 중·일전쟁을 일으켜 32년 3월 1일 만주 괴뢰국을 건설하였다. 장학량이 이같이 쉽게 동북3성에서 실권을 일본에 빼앗긴 원인은 장개석이 일제에 대하여 "저항하지 말고부저항不抵抗 순종하라"고 한 정책 때문이었다. 미국과 일본이라는 외세의 도움으로 국내에서 그는 제왕적 권력을 행사할 때, 이를 비판하던 공산당을 먼저 제거한다는 '반공정책'이 장개석의 이념이었다.

조선의 항일 독립운동 과정에서 이승만과 김구의 의식과 가치기준이 장개석의 경우와 유사한 형식이라는 점을 뒤에서 따로 언급할 것이다. 1932년 만주 괴뢰국부의:강덕제溥儀:康德帝의 건설과 함께 1월 28일 상해를 침공하여 민간인 수십만 명을 학살하던 일제의 만행은 극치에 달하였다. 때문에 전국에서 진행된 지식인들과 청년학생들의 시위는, 장개석 국민정부의 공산당 토벌작전을 위한 내전을 중지하고 국민당과 공산당의 민족 주체가 일치단결하여 이민족 일본의 침략을 물리칠 것을 온 국민이 한 목소리로 요구하였다. 장학량도 서안의 온천당에서 장개석에게 몇 차례에 걸쳐 내전을 중지할 것이며 정치범공산당을 석방하고 항일할 것을 건의하였다. 그러나 장개석은, 먼저 내부가 평안선안내先安內해야 한다고 자기와 다른 가치관을 미워하고 그의 정책에 반대하는 사람들을 계속 체포·구금·처형하니, 장학량도 12월 12일 밤 장개석을 체포 구금한, 역사에서 악이 선으로 전환된 사건이 곧 '서안사변' 이다.

중국 공산당 모택동 주석은 항일전쟁을 능률적으로 지도하기 위해서는 국민당 당수인 장개석이 필요하다 판단하고 주은래周恩來를 서안으로 급파하여 장개석과 협상하게 하여, 정부의 개조와 정치범을 석방할 수 있었다. 그리고 항일민족통일전선을 위한 제2차제1차 국공합작은 1923-1927 손문 사망 때까지 국공협정을 맺고, 장개석은 석방되어 12월 25일 남경으로 돌아갔다. 서안사변은 상대적이던 공산당과 국민당이 상호 인정하여 민족을 기준으로 통합하고 외세에 승리할 수 있는 지혜智慧로운 합리적법法 인식단계로의 역사적 문화의 발전이었다.

## 팔로군 변사소八路軍辯事所 기념관

서안의 '팔로군 변사소八路軍辯事所' 기념관은 49년 중국 해방 후 건설된 전쟁기념관으로 항일전쟁 당시의 혁명 근거지다. 이곳은 1921년에 공산당이 창당되기 이전부터 해방전쟁 후까지의 현대사 자료의 현장이기도 하다. 그 위치는 서안 기차역 근처 혁명공원 옆에 있다. 1935년 이후 독일 치과병원으로 위장하고 연안 홍군 근거지에 들어오려는 사람들에게 출입증을 발행해주던 중요한 업무를 집행했었다.

주은래, 주덕, 엽검영, 등소평 등 공산당 간부들이 거처하기도 했으며, 《중국의 붉은 별》 저자 미국 저널리스트 에드가 스노우도 묵었던 곳이다. 1935년 10월 모택동이 250리 장정을 완수하여 연안에 자리 잡으면서, 연안은 중국 공산당 혁명의 총사령부가 되었고 서안이 바로 그

문전의 중요한 지역이 되었다. 때문에 장개석이 동북군장학량과 서북군을 동원하여 전국적으로 고조되던 항일 민족통일운동의 근거지였던 연안을 정벌하려던 잘못된 목표를, 장학량이 강력히 거부한 것이 '서안사변' 이라는 점은 앞에서 언급하였다.

모택동과 장개석의 제2차 국공합작 항일노선은, 맹자孟子가 지적한, 시비是非의 판단을 높고 넓은 숙고熟考적 '지혜' 에서 결정한 최고의 실천이었다. 장개석에 대한 그 부하장군의 폭력감금을 매개로 성립시킨 반대의 사상과 합의한 결과는 최고의 지양止揚, Aufgehoben으로 되었다. 헤겔Hegel의 경우, 주인과 노예의 관계가 '너와 나' 의 관계로 전환되는 역사는 필요를 충족하기 위한 상호 투쟁의 과정에서 발생하는 죽음(死)에 대한 공포로부터 해방되기 위한 상호 인정에서 나타난다. 그는 "공포를 해소하기 위해서는 상호 인정하며 존중할 수밖에 없다" 고 하였다. 조선 독립통일의 과정에서 김규식과 여운형의 좌우협상 추진이 성숙한 지智의 실천이었다면, 이승만, 김구는 초보적 의리義理의 단계를 도약하지 못하고 단순 주체의식에 함몰된 수준이다.

## 서안의 조선의용대와 OSS첩보부대

중국 동부해안지역의 대부분이 일본 지배에 들어간 상태일 때 내륙 깊숙이 중경에 피난처를 잡은 조선 임시정부의 역할은 진두지휘가 아니라 그저 한가히 앉아서 일지日誌나 기록할 수밖에 없는 나태한 지경에서 탈피할 수 없었다. 때문에 1941년 7월 김두봉은 조선의용대를 인솔하여 서안으로 이동 정착하고 "화북지대華北支隊" 를 결성하였다. 이때부터 조선의용 화북지대는 연안의 모택동의 군대인 팔로군과 결합하여, 무장투쟁과 선전활동을 주요 목표로 정하고 실천에 임하게 된다. 화북지대가 활동한 일 년 간의 특색은 국민당 군대의 명령체제에서 공산당 팔로군 명령체제의 소속부대로 전환했다는 점이다. 중국 공산당 군대와 결속된 전투적 활동에서 날로 사기가 충천된 결과, 더욱 많은 항일 독립 열혈청년들이 운집하게 되어 대부대로 성장하였다.

1945년 중국이 해방된 이후 국민당과 공산당 내전시기에 조선의용대는 만주지역에서 공산당군과 함께 내전에 참전하여 혁혁한 성과를 거두었다. 동북지방에서 팔로군과 결합한 후 정규군으로 성장한 전투부대는 1945년 8월 15일 해방 후 귀국하여 북측의 인민군대 구성의 근간이 되었다. 전투시의 피난중경임정은 도피일 수밖에 없고 도피자의 의식은 반대자를 미워수오羞惡하는 단순한 의식 수준에 정체되었다는 점은 해방 후 임정요원들의 통일조국을 건설하는 과정에서 분명하게 나타났다. 타자공산주의를 인정하고 협상하는 대신 거국에만 의존하여 협상의 주체를 멸공하려고 노력하는데 전력하던 역사적 오류를 범하고 말았다.

한편 1945년 4월, 서안에 주둔하던 광복군 제2지대장 이범석은 서안에서 중경 임정에 돌아가서 사기를 잃어버려 패잔병과 같은 처지에 있던 광복군 간부훈련반원, 노능서魯能瑞 외 19명을 서안으로 데려왔다. 그리하여 미군의 지휘를 받는 OSS Office of Strategic Service 무전훈련반을 구성하기도 하였으나, 곧 일본의 항복으로 그 활동상황은 별다른 성과가 없었다. 주목할 점은 미국의 첩보요원이었던 그들이 해방 이후 통일국가 건설을 미국에 의지하여 소련의 영향력과 북측의 민족실체를 거부하던 저급한 의식단계를 벗어나지 못하는 단순한 소년기의 적을 미워하던羞惡 의리에만 매달리는 특성을 보였다는 점이다.

## 선열들의 의식문화 수준과 독립통일의 역사

첫 번째로 앞에서 서안의 역사를, 주나라 무왕의 수도 호경을 중심으로 그 스스로 그 문화의 모형을 형성하던 초보적 단계인, 측은하고 불쌍하게 생각하는 유년기 '인애仁愛' 의 마음에 비유하여 분류하였다.

두 번째는 진시황제가 많은 제후국으로 분화된 주나라를 진나라 제국으로 다시 통일한 수도 장안長安의 문화다. 이 시기 중국 문화는 소년기에 속하며, 반성 없이 내 것만을 주장하며 남의 뜻을 미워하는 강한 '의리義理' 가 그 가치기준이 되었다. 진시황제가 전시대주나라 무왕의 가치를 철저히 미워수오羞惡하여 그 전달 매개체인 서적과 학자를 부정Negierung한 사실이 '분서갱유' 였음은 앞에서 지적한 바다. 진시황제가 앞의 가치체계를 부정하고 지양止揚한 진나라의 가치규범이 법, 즉 과학이었다면 그것은 역사 진보의 필연적 단계였다. 순진한 어린이만 근본으로 삼고 소년으로 자라나는 필연적 과정을 비판한다면 그 기준이 복고적 순정주의에 빠져 현재와 미래를 잘못된 것으로 평가하게 된다.

세 번째, 당나라 수도 장안의 문화적 전성기는 현종황제가 며느리인 양귀비를 사랑하던 지경에 이르러 사실상 지금까지의 가치기준은 파괴될 수밖에 없어 새로운 기준이 요구되었다. 때문에 845년 무종武宗은 드디어 지금까지 국가철학이었던 불교문화의 타락을 부정하기 위해서, "그것은 우리 것이 아니라 타민족의 문화이니 추방해야 한다"는 중국 역사상 처음으로 민족자존 주체철학을 강조하게 된다. 인식능력의 발달 과정에 비유하면 제 삼의 단계에 해당되는 '예의' 는 당나라 장안을 중심으로 발전한 불교문화로 특색화할 수 있다. 예를 들어 우리나라에서는 4 · 19혁명 때나 1987년 6월 항쟁 때 대학생들이 정치경제의 외세 유착과 그 부패의 실상을 폭로 거부하였다. 그리고 새로운 민주질서예禮를 요구하던 주체적 의식이 공적으로 표현되던 단계로 비유할 수 있다. 다시 말해서 불교의 '죽은 이후 극락세계'에 대한 허황된 이상을 비판하고 살아 숨 쉬는 이 세상의 문제를 토론하던 송나라의 국가철학 '성리학'으로 전환한다. 새로운 차원으로의 성리학적 도약과 함께 문예부흥기는 송나라에서 발전한 것이다. 그러나 이 같이 합리적 가치기준으로 전환할 수밖에 없는 필연성을 반대하고, 오늘도 불교는 천축인도에서 발전한 공空의 세계에 대한 알 수 없이 "무한한 가치를 이상으로 한다"는 비판 없는 찬양은, 자기 것보다 남의 것을 더 좋은 것으로 평가하려는 태도다. 어릴 때 배운 것을 죽을 때까지 옳은 것으로 믿기만 하는 낮은 단계의 판단기준을 우리들은 이승만이나 박정희, 그리고 현재 이른바 "뉴-라이트 대표로 활동하는 안병직, 박세일, 이인호 교수 등의 민족통일논리" 남 · 남갈등에서 한반도 선진사회로, 백낙청, 창작과 비평, 2006년, 겨울호 참조에서 다시 발견하게 된다.

네 번째, 우사연구회 회원들이 첫 번째로 탐방했던 서안은 명나라와 청나라 때에는 서안부西安府라 했으며, 지금은 섬서성陝西省의 수부首府로 되어있다. 서안 현대문화의 결실은 장학량이 장개석의 가치기준을 폭력으로 거부한 '서안사변'에서 시작되었다. 장개석의 가치기준은 '전통'이라는 보수적 개념으로 수천 년 간 정설로 되었던 천명론天命論을 토대로 한 것이었다. 다시 말해서 '하늘이 정한 것'이라는 숙명론이 사람, 정권 등 모든 분야에 적용되었다. 우리의 주변에서 흔히 듣는, "대통령은 하늘이 정하는 것이다"라는 논리이다. 이것은 어떻게 진행되던 하늘의 뜻이니 순종해야만 한다는 전통왕조의 가치기준이다. 그것을 거역하면 천벌을 받는다는 절대적 명령이었다. 이러한 이념은 전통적 절대 논리로 교육되어 합리적으로 대상을 회의懷疑하고 새로운 가치를 비판하는 의식을 용인하지 않기 때문이다. 그러나 서안사변 시기 장학량과 양호성의 의식은 성숙되어 상관도 체포하는 지혜로운 단계에 있었다. 장년기 자기의 목표를 관철시키기 위한 특색은, '타자를 인정하고 협의하여 새로운 목표를 창조지혜' 하는 데 있다. 그 창조는 '주인과 노예관계' 를 민주적으로 전환해 '너와 나의 관계' 로 만드는 모든 행위다.

제2차 국민당과 공산당의 민족해방의 통일 노선이 발전하여 중화인민공화국이 되었고, 중화인민공화국의 이념은 지금까지 경쟁에서 소외되었던, 무산대중의 인권을 회복하는 사회주의였다. 이 같은 이념이 실현되기 위해선 무엇보다도 지금까지 잘못 가리킨 교육목표를 제거하고 새로이 창조해야 한다. 창조된 목표를 발전시키기 위해서는, 전통적 가치관을 철저히 비판, 제거하고 새로운 나라의 가치관을 교육해야만 한다. 1965년 이후 진행되어 수천 년 간 주입시켰던 전통적 가치를 비판한 '문화대혁명' 이야말로 정치혁명보다 가치 있는 일이었다(양재혁, 「동양철학 서양철학과 어떻게 다른가」 – 사회주의 중국과 교육혁명, 소나무). '문화대혁명' 을 다만 "홍위병이 전통문화를 파괴하였다" 고 비판하며, 전통적 가치관만 일방적으로 강조하는데서 그 긍정적 평가는 실제적 폭력으로 억제되지만, 모든 사건에는 단점과 장점이 있다. 핵 실험도 같은 논리다. 어느 편에 단점이고 어느 편에 장점인가를 폭력 없이 토론할 수 있을 때 우리의 인문학은 새 생명을 얻게 된다. 자기와 다른 의견을 나쁜 이념이라고 억제하고 자기 이념만 옳은 것이라 주장하면 정치 · 학문의 토론과 발전이 어찌 가능하겠는가. 공산 · 자본이념보다 선차적 기준은 민족에 있다. 그것이 인간 역사의 일반적 과정이다. 때문에 우리의 정의에 대한 기준이 '민족' 이라는 점을 분명히 설정하려는 것이다.

'서안사변' 에서 합의한 점이 중국 문화의 발전을 전진시킨 것은 국민당이나 공산당의 옳고 그름의 기준 이전에 민족의 통일과 그 전체 민족의 이익이 어떤 한 당의 이익보다 선차적이라는 점이다. 맹자가 지적한 네 번째의 합리적 '지혜' 정확하고 구체적이라는 의미에서 법法에 도달한 것이다. 현대사회의 규범은 '지智, 즉 법' 으로 일반화되어 있다. 현대의 모든 문화 형식은 이웃 간에 민족 간에 국제 간에 합리적 의식의 심화를 통해서 상대를 인정하고 나의 새로운 가치와 질서를 계획Planung하고 '요청Postulat' 하는 데 둔다.

## 우사 김규식의 민족해방 · 통일운동

서안은 이집트와 메소포타미아 그리고 아테네 문화와 함께 고대 문화의 발상지다. 그 초기 주나라의 수도였을 때는 호경鎬京이었고, 진 · 한과 당나라 때의 수도로서 장안長安이었으며, 명 · 청시대에 서안부로 변경된 중국 문화의 요충 도시다. 그 역사문화의 특성도 원시부족사회호경, 인애仁愛, Ethos에서 중앙집권봉건전제장안長安, 의리義理, Moral, 그리고 시민자본제서안西安, 명 · 청대를 자본제라 하는 데에는 이견이 있다. 예의禮儀, Ethik로 전환하고 현대 민주공화제제2차 국공합작, 지智, 법法, Metaethik로 그 모형, 즉 정의에 대한 기준이 점차 확대 정밀하게 발전하였다.

사람도 어린이에서 소년, 청년, 장년의 순서로 자라면서 대상세계를 판단하는 기준이 다르다는 점을 앞에서 맹자의 사단四端적 의식단계의 발전과정을 예로 들어 비유하였다.

그렇다면 1905년 일제의 을사늑약과 1910년 한일합병 이후, 국권을 회복하기 위한 독립운동 세력이 국내외에서 투쟁하다가 민족해방1945. 8. 15 이후 통일조국의 건설을 위하여 활동한 선현 열사들의 의식수준을 분석해야만 그들의 정의에 대한 기준을 알 수가 있을 것이다.

구한말 화서華西 이항노李恒老는 의리명분론의 대표자로, 중국대륙을 청나라1636~1912가 약 300년 간 지배하는 데도 실체를 인정하지 않고 멸망1616한 명나라를 정의의 기준으로 삼았다. 실체가 없어진 국가의 이념에 기준하여 '척사위정斥邪衛正과 창의호국倡義護國' 이라는 논리로 교육한 제자 중에 의병장 최익현崔益鉉, 1833~1906, 유인석柳麟錫, 1842~1915 등이 있으며, 우리가 아는 바와 같이 유인석은 북만주 지역에서 왕당파, 즉 일제로부터 독립한 후에도 조선왕조를 계속 연장해야 한다는, 그야말로 그의 의식수준은 순수한인애仁愛 천명론자였다. 그를 따르던 왕당파와 공화共和파 간의 정의에 대한 기준의 차이 때문에 독립투쟁 세력 간의 갈등에서 빚어진 독립운동 과정의 비극적 현상도 우리는 알고 있다.

공화파 중에서 실제로 왕당파와 같은 제왕적 독재를 꿈꾼 대표자는 이승만이었다. 그는 일제보다 미 제국의 힘이 더 강하다고 판단하고 미국에게 조선을 통치해주기를 간청함으로써 상해 임정을 분열시켰다. 그의 전통적 제왕의 독재 답습이나, 다른 민족미제에 의지하려는 의식수준은 청소년기, 나와 다른 의견을 갖은 자를 미워하며수오羞惡 영원히 제거하려는 의리義理파적 의식수준에 함몰되어, 죽을 때까지 타자의 견해를 수용하지 않았다. 그가 미국에서 배워 체계를 세운 멸공滅共 북진통일교육의 결과는 오늘의 보수당 이념으로 굳어져서 여전히 갖가지 폭력으로 실천된다. 그들은 일상적 토론장에서 타자의 다른 의견에 색

깔을 씌워서 곧 물에 빠진 한지의 모습이 되어버리도록 만든다. "그래, 나는 빨갛다. 돈 없어 못 배워 경쟁에 따라가지 못해서, 노숙하거나 쪽방에 사는 우리 형제와 함께 잘 살아야 한다는 것이 빨갱이라면 나는 기꺼이 빨갱이다"라고 있는 대로 주장할 수 없도록 만드는 폭력은 오늘도 여전히 유효하다. 못사는 사람과 같이 잘 살자는 제 형제 · 제 민족을 멸공滅共하자고 교육하고 그것을 정당정책으로 택한다면 이게 어찌 사려있는 민주 정당이겠는가. 이것은 감정을 억제하지 못하는 어린이가 저와 다른 생각을 가진 사람 모두를 제거하고 싶어 하는 낮은 단계의 저급한 정책이다.

앞에서 언급한 바와 같이 청년기의 의식발달은 나의 목표를 실현하기 위하여 먼저 그 목표에 대한 공인公認을 얻어야 한다. 때문에 의식된 주체를 세우고 타자를 어떻게 이해시킬 것인가 하는 토대를 확장하는 '예의'를 고려해야 한다. 그러나 자기 목적을 실현하는 데 주력할 뿐 타자의 다른 목적을 수용하며 자기 목표를 수정하려는 자세가 없다.

상해 임정에서 정의에 대한 기준이 서로 다른 각각의 계파를 대동단결하여 항일투쟁의 노선을 결정할 때1923 현상유지파와 창조파의 노선은 그 투쟁의 방법에서 큰 차이를 보였다. 현상유지파로 남아서 주석의 자리에 올랐던 김구의 경우, 장개석 정부를 따라 내륙 깊숙한 중경으로 피난처를 정하는 데서 항일투쟁은 실천 없는 관념의 한계에 머물 수밖에 없었다.

그와는 대조적으로 "역사의 발전은 아我와 비아非我의 투쟁이다"라는 성숙된 의식을 기초로 한 신채호는 상해 임정의 안이한 계파분열을 청산하고 일선 투쟁을 목표로 창조할 것을 주장하고 다물단多勿團 단장이 되었다.

우리는 신재호가 김원봉과 무정부주의 비밀결사로 투쟁활동하다 옥사1936한 현장인 여순감옥을 답사하였다.

김구는 열혈애국심과 척사위정의 정신으로 오직 적을 미워만 할 뿐 적의 강점을 체계적으로 분석해 대처하지 못했으며, 1945년 11월 23일 귀국하여 '위정척사 정신'으로 민족반역 친일파를 척결할 수 있을 때 기자의 질문에 돌연히 태도를 바꾸어, "통일 후에 처벌하는 것이나 처벌하고 통일하는 것이 동일하다"고 애매모호하게 답하였다(비극의 현대지도자, 서중석, 2002, 성대출판, 김구노선의 좌절과 역사적 교훈). 그리고 모스크바 삼상회의 결정에, 신탁통치 방안은 "먼저 임시조선민주주의 정부를 수립하고 그 수립된 임시정부와 미소공동위원회가 협의하여 실천한다"고 되어 있었으나 그 실상을 파악하지도 않고 열혈적으로 반대만 하였다(박태균, 한국전쟁, 책과 함께, 2006. 88쪽 이하 참조). 그리고 신탁통치안은 이미 카이로회의에서 미국이 내정한 사실을 분석하지 못하고 그 책임을 소련에만 전가했다. 그러나 기득권을 유지하려던 우익진영은 반탁과 반소·반공 그리고 중경 임시정부 추대운동과 결합시켜 그들의 의견과 달리하던 모두를 온갖 폭력대한청년단과 서북청년단기구를 통한 탄압으로 일관하는 우를 범하였다. 이와 같은 반탁투쟁세력의 선봉주도자는 이승만과 김구였다.

김구는 8·15 해방 이후 그가 현역장교 안두희의 흉탄에 서거할 때까지 대중에게 영향력이 큰 지도자의 한 사람이었지만 애국의 열정과 소박한인仁 자기만의 정의감에 함몰되어 성리학적 전통 가치관을 기준으로 타자를 동료로 보지 못하고 하인악으로 제압하는 데 전력하였다.

불행히도 그는 분단이 결정된 1948년 3월 이후에야 타자를 인정하고 김일성, 김두봉 등을 만나 그의 목표를 설득하려는 '예의'를 실천하려

하였으나, 비극의 민족분단은 이미 막을 길이 없었다. 우익이냐 좌익이냐 보다 민족이 먼저라는 점을 인식하였을 때 그의 생은 비극으로 끝났다. 그리고 이승만이 교육한 멸공통일론은 오늘도 여전히 온갖 폭력으로 국토의 반쪽 동포를 인정하지 않는 세력이 미국과 일본을 의지하며 한나라당이나 뉴-라이트라는 명분으로 폭넓게 활동한다.

합리적 지혜로 좌 · 우의 모순을 종합하여 새로운 창조를 모색한 독립통일투사는 북측과 남측에 많이 있겠지만, 그중에서도 특히 우사 김규식과 몽양 여운형의 해방과 통일에 대한 가치기준이 완숙된 장년기의 지혜Metaethik에 근거했다고 나는 판단한다.

식민지배로부터의 해방은 열정과 증오만으로는 불가능하며, 강대국에 독립을 청원할 때는 반드시 자체적 투쟁의 토대가 확립되어야만 가능하다. 때문에 김규식과 여운형은 국제적 역학관계를 합리적으로 분석하고 단결 통일된 조직을 건설하는 데 전력을 다하였다. 그들은 죽는 날까지 계획한 목표를 확정하고 타자와 교섭 연대하며, 다시 교섭 속에 정교하게 수정, 보완하여 반대자와 합의하는 새로운 창조를 실천하였다.

김규식은 1924년 8월 상해 임정의 계파 간 권력암투, 즉 김구를 중심으로 하여 공산당을 배척하던 반공분열파와 결별하고 새로운 창조적 독립운동을 실천하기 위하여, 고난을 극복하며 원세훈 등과 함께 블라디보스토크로 그 근거지를 이동했다. 1927년 2월에는 중국인 목광녹, 왕조구 등과 '동방피압박민족연합회' 를 조직하여 회장으로서의 임무를 다했다. 1930년 이후의 해방 전선에서는 좌파와 우파를 연합하여 일제와 투쟁하려는 목표를 지혜롭게 실천했으며, 해방 이후에는 민족통일정부를 수립하기 위한 좌 · 우 합작을 여운형과 함께 주관하였다.

1935년 6월 20일에는 남경의 금능대학 대예당에서 '조선민족혁명당'을 창당하고 주석으로서 임정의 좌·우 분열을 조정 강화하기도 하였다. 그는 1918년 '신한청년당' 결성 때부터 동지였던 여운형과 협의하여 해방 전선에서 실천적 투쟁정신으로 지도하였다. 나와 다른 목적을 가진 타자와 토론하여 상호의 목표를 발전적이고 높은 차원으로 창조하던 최고의 합리적 실천가였다. 통일정부 수립에 대한 소련과 미국의 각기 다른 의도를 파악하였기 때문에 최후로 남·북협상을 제의하여 김일성과 마주앉아 새로운 길을 모색할 수 있었다.

그는 창조적 투쟁노선이 좌절될 때마다 또한 새로운 청년교육에 전력하였다. 우리 연구단이 답사한 천진 북양대학北洋大學 1927, 남경중앙정치학원1933, 그리고 사천대학四川大学 1936에서의 교수 임무는 오직 중국 인민과 조선 인민의 연합투쟁에 의해서만 일본제국주의 침탈을 저지할 수 있다는 협조와 창조의 신념에서였다.

## 맺는말

우사 김규식의 독립운동길 체험학습1차 2006.6.16~24, 2차 2006.8.13~28 과정은 중국의 고도 서안西安에서부터 시작하였다. 체험학습 기록을, 나는 철학자의 한 사람으로서, 역사문화에 대한 평가가 그 발전 정도에 따라 다르듯이, 사람들도 진리眞理(혹은 정의正義)의 기준을 성장 연령과 배움의 정도 및 방법에 따라 다르게 인식한다는 사실을 지적하였다. 서안이라는 중국 고도의 문화 전환과 식민지 굴레에서 해방하려고 투쟁하던 우리 선현들의 실천적 판단력과 진리관의 차이를 맹자의 사단론四端論을 예로 하여 비교 분석한 것을 간단히 다시 요약하면 다음과 같다.

① 유년기에는 대상에 대한 판단력이 없으니 측은인애仁愛, Ethos하게 보고 오직 보호해야 하며, ② 청소년기 의식은 내적 주관이 성숙되기 시작하는 단계로 부모나 선생으로부터 배운 지식을 수용할 때 상대자가 내 뜻과 다르면 미워수오羞惡, 의리義理, Moral할 뿐이고 왜 다른가를 이해하지 못하는 상태이다. ③ 청년기의 의식정도는 자기 목적을 정립하고 그 의지를 타자와 교섭을 통해 확장해 나가는데 예의禮儀, Ethik를 지키는 단계다. ④ 장년기는 시비是非를 통하여 대상세계를 명확히 분석하는 지혜智慧 법法, Metaethik로써 상호의 목적을 인정하고, 타협하여 평화적으로 보다 높은 가치를 창조한다.

일제식민지 지배모형을 파괴하고 해방과 통일을 실천하던 선현들의 의식 수준이 초대 대통령 이승만의 경우, 그가 유학하던 미국만을 의지하고 미국이 원하는 반공에만 총력하여 반쪽의 동포를 멸망시키려는 소년기 의식을 전환하지 못했다. 그와 같은 편향적 교육은 오늘에도 '뉴-라이트' 라는 이름으로 반쪽의 동포를 주적主敵으로만 보도록 갖가지 분야에서 새로운 폭력으로 진행되고 있다.

다음 백범 김구의 해방통일운동 과정에서 그의 가치기준을 보면 전통시대 왕조의 천명론의 범위를 넘지 못했다. 즉, 성리학적 '위정척사'의 태도에서 내적 주관적 목적만을 절대가치로 판단하고 타자의 목적과 그 역학 관계를 지혜롭게 분석하지 못했다. 그는 일제가 패망된 후 미·소의 국제역학관계를 정밀하게 분석하는 대신에 임시정부 주석이라는 자기 권위에 스스로 함몰되어 민족이라는 기준을 잊어버리고 사실분석을 소홀히 하며, 적극적인 반탁과 반공을 실천하는 데서 결과적으로 분단조국을 만드는 데 큰 역할을 하게 되었다. 그가 이념보다 민족이 더 중요하다는 판단을 하고 좌 · 우 합의를 통해서 남 · 북협상을 서둘렀을 때에는 벌써 분단이라는 민족비극이 결정된 이후였다. 같은 시기에 같은 목적으로 지식인이 활동을 하더라도 그 의식정도에 따라 일반인에게 전해지는 영향력이 이같이 크다는 점을 반성하여 우리들은 오늘의 통일과제를 화해와 협력으로 이끌어야 한다.

우사 김규식과 몽양 여운형은 '합리적 지혜'로써 국제 정치의 구도를 성찰하고 타자를 인정하며 협의하였다. 즉 "내 것은 정의이고 남의 것은 잘못된 것이니 배척한다"는 순진한 열정은 국제사회의 복합성에 적용할 수 없다는 사실을 알고 있었다. 나의 특수성은 타자의 특수성과 충돌하고 그 충돌의 지점에서 상호 절충되어 일반성으로 전환한다는 사실을 그들은 알고 있었다. 때문에 김규식은 제1차 세계대전 이후 세계를 재분할하던 파리강화회의1919.1.18에 대한민국 임시정부 대표로서 한국이 독립해야 한다고 설명할 수 있었던 것이다.

뿐만 아니라 1922년 1월 21일부터 2월 2일까지 모스크바에서 개최된 '극동민족대회'에 여운형 등과 참석해 레닌을 설득하여 거액의 독립자금도 지원받을 수 있었다. 더욱이 중국 국민당수 손문을 만나 임시정부 활동을 더욱 활성화 할 수 있었던 것은 합리적 판단력으로 타자의견이 다른 자를 설득한 결과다.

사회주의나 자본주의라는 상반된 이념을 민족이라는 기준에서 통일하려던 실천은 참으로 지혜로운 최고의 행위였다. 오늘도 우리 정치 · 사회 · 문화에서 민족문제를 색깔론의 폭력으로 차단하는 경직된 상황을 고려할 때 김규식의 좌 · 우합작을 모색한 민족통일의 실천은 더욱 빛나는 업적이었다.

오늘 우리 인문학자들의 첫 번째 잘못은 옛 시대의 가치인仁를 현대 지혜보다 더 좋은 가치 기준으로 여기고 결과적으로 우리가 살아가야만 할 현재와 미래를 타락한 모든 악의 근원이라 비판한다. 과거 인간 사회에 갈등이 없던 태평시대라는 되돌아갈 수 없는 허상을 이상으로 제시하는데 그 방법론의 문제가 있다.

두 번째 잘못은 '자본주의혹은 자유민주주의'를 종교화하려는 어리석음에 있다. 종교란 절대자를 설정하고 그것을 믿고 기도하면 구원을 받는다는 관념의 논리이다. 그러나 현실의 자본가를 믿어서 구원은커녕 뼈저린 착취만 짊어질 뿐이다. "자본가의 착취에 대항해 노동 3권을 쟁취할 때 무산자도 인간다워 질 수 있다"는 것이 마르크스Marx의 사회주의 논리인데, 오늘날 세계의 자본주의국가에서 노동 3권이 허락되지 않는 곳이 한국의 삼성 재벌을 빼고 또 어디 있는가, 결국 자본주의 발달은 필연적으로 마르크스의 논리를 확산시킨다.

북측에 있는 우리 동포가 재산이 없는 자들, 즉 경쟁능력이 부족한 자들과 함께 살자는 마르크스 이론을 주장한다고 멸공滅共하자는 군사쿠데타 주도자들의 공약이나 국시國是는 저급하다. 낮은 단계의 의식에서 내가 좋아하는 것을 찬성하지 않는 타자를 악惡이라 본다면 타자의 편에서 보면 내가 악이 된다. 앞에서 장안長安 고도를 논할 때 '분서갱유'를 실시한 진시황제의 새로운 진리관은 전 시대의 가치를 새로운 시대에도 고집하는 서적과 그 지식인을 제거한 것이기 때문에 옳은 실천이라 했다. 그러나 그렇게 박해를 당한 쪽에서 그 역사를 설명하면 포악하다고 한다. 같은 논리에서 장학량의 '서안사변'이나 1965년부터 중국에서 진행된 '문화대혁명'도 관점의 차이에 따라 선과 악이 전환될 수 있다. 이 같은 사실에서 핵실험에 대한 평가도 미국이나 일본의 편에서 할 것인가, 민족의 입장에서 할 것인가는 인문학의 새로운 방법론이다. 만약 어떤 사람이 자본주의는 좋은 것이고, 미국이 하는 것이니 비판 없이 믿으라고 한다면 그것이 종교의 논리이다. 이것을 누군가 "아니다, 못 믿겠다" 한다고 처벌하는 법이 있다면 그것은 야만적이고 폭력적 사회이다.

인간은 '타워팰리스'에 사는 자와 '쪽방'에서 사는 자의 생각이 서로 다르다. 일자리가 없어 뱃속이 비어 있으면, 우리의 가슴과 마음, 도덕도 텅 비어있다. 인간은 천성적으로 착하다인仁고 가르치면서 마치 자기가 성인인 것처럼 생각하는 학자들이 많이 있다. 그러나 그들은 "인간이 천성적으로 악욕심하다"는 주장 속에서 역사가 발전한다는 사실을 망각한다.

서두에서 "문화란 다른 힘에 의하여 모형이 변화되는 것"이라고 정의한 바 있다. 악이란 문화 발전의 동력이 나타나는 한 형식이다. 이 형식에는 항상 두 가지 의미가 포함되어 있다. 한편으로는 어떠한 새로운 전진이든 그것은 다 필연적으로 어떤 신성시 하는 성인의 업적에 대한 모독이며, 낡아서 사멸되어가고 있으나 전통적 인습에 의하여 "신성화된 제도자본제"에 대한 반역으로 나타난다.

다른 한편으로는 신분계급이 발생한 이후로는 사람들의 추악한 사욕私慾, 즉 물욕物慾과 권세욕망이 역사를 발전시키는 초석이었다. 예를 들어 봉건제도와 자본주의 역사는 이를 증명하고 있다. 그러나 오늘의 우리 인문학자들은 도덕적인 악의 역사적 역할을 조금도 평가하려 하지 않고 자기는 온갖 악을 추구하면서, 마치 현대 자본주의 사회제도가 실수로 만들어진 종말인 양 설명하며, '한 마리 개'처럼 옛날이 좋았다는 말을 여전히 반복한다. 옛날이 누구에게 좋았는가. 제왕이나 전제 폭력 자에게는 좋았을 것이다. 역사적 발전이나 진보의 논리는 그 시대의 기득권자들에게는 그야말로 불편하고 불쾌한 영역이다.

씨인仁가 중요하다고 하여 어린이씨로만로 남아 있을 수는 없다. 그 어린 싹은 성숙되어 지혜로운 인간으로 발전한다. 인간이란 고도로 의식화성숙된 인간의 산물이며, 그 시대 문화의 산물이기 때문에 역사적 산물이다. 이러한 인간의 특성은 나와 다른 견해를 가진 타자와 대화하며 서로를 인정하고 함께 살아가는 것이다. 이승만 정권에서 의식화된 기득권 집단이 타자일본, 미국를 주체자로 의지하고 민족을 분단 · 고착하려는 계획이나, 김구처럼 열정적 애국주의로 타자의 정체성을 거짓으로만 보고위정척사 인정치 않으려는 가치관은 아직 미숙했던 청소년기 의식을 표준하려는 복고적 태도이다. 장년으로 성장한 21세기는 정교한 법지혜으로 현재를 토대하여 미래를 요청Postulat해야 한다. 우사 김규식이 타자사회주의와 결합하여 통일 조국을 건설하려던 철학을 기초로 새로운 인문학이 정립되어야 한다. 그리하여 우리의 미래는 이제까지 반대편에 두었던 사람들과 화해, 협력하며 함께 살아야 한다.

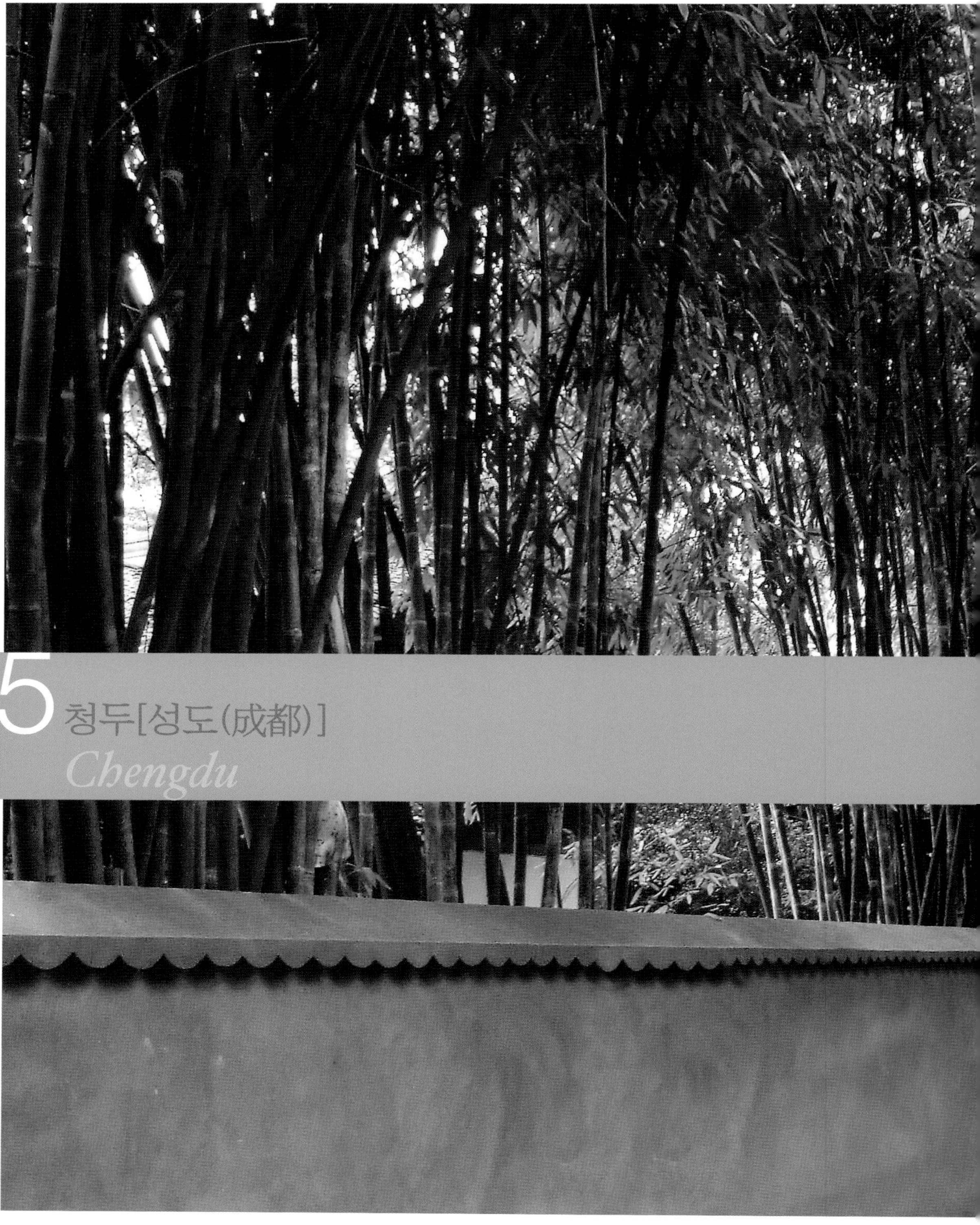

# 5 청두[성도(成都)]

*Chengdu*

**최연신** (전 정신여고 교사)

# 성도의 사천대학과 우사 김규식

6월 19일 우리 일행은 중국 성도시의 사천대학을 지나 두보초당, 무후사, 문수원을 차례로 방문하였다. 성도는 중국의 유명한 역사도시이다. 양자강揚子江 상류에 위치해 있으면서 양자강, 민강, 타강, 가릉강의 네 강이 흐르는 곳으로, 사천이라는 이름이 붙여진 이유도 여기에 있다. 뿐만 아니라 산지와 평원이 물과 한 데 어우러져 풍부한 자원과 좋은 경관을 제공하는데 아미산, 장강삼협, 도강언, 구채구 등은 이미 관광지로 유명하다.

성도는 전국시대부터 있어온 2,000년 역사의 문화도시로 춘추전국시대에는 촉蜀의 도읍지였고 진秦·전한前漢 때는 촉군蜀郡이 관할하는 청두현成都縣이 설치되었으며, 삼국시대 때 촉한을 통일한 유비劉備가 수도로 삼았던 곳이다. 또 당唐의 현종玄宗이 안사의 난 때에 이곳으로 피신하였고, 수당隨唐 시대 때는 장안長安, 양주揚州, 둔황敦煌과 더불어 4대 도시였다.

## 제갈량을 모신 사당, 무후사

무후사武侯祠는 중국 3세기를 풍미한 유비와 장비, 관우 등 촉나라의 여러 명장을 거느린 전설의 전략가 제갈공명, 그 제갈량諸葛亮을 기리기 위해 서진의 영안 원년에 만들어진 사당이다. 무후사의 이름은 제갈량이 죽은 후의 시호인 충무후忠無候에서 유래되었다. 관광명소답게 많은 중국인들을 비롯하여 외국인들의 발길이 끊이지 않는 곳이다. 특히 삼국지를 감명 깊게 읽은 사람이라면 성도의 무후사는 더 의미있는 장소일 것이다.

경내로 들어가면 유비전과 제갈량전, 촉한의 문 · 무관 28위의 동상 및 '제갈고諸葛鼓'라 칭해지는 북, 동고銅鼓 등의 문화재가 보관되어 있다. 유비전은 정문으로 들어가 마주하는 최초의 건물인데 황금의 유비상이 안치되어 있고 벽에는 공명의 정치 · 군사상의 전략사항으로 유명한 융중대隆中對의 액자가 걸려있다. 관우, 장비 등 문 · 무관 28인의 상은 옆 동棟에 있고 벽에는 그들의 문장과 업적을 기리는 액자와 연聯이 전시되어 있다. 제갈고는 공명이 남쪽을 정벌하면서 만든 것으로 낮에는 그것으로 밥을 짓고 밤에는 경보를 발했다고 한다.

■ 두보초당

## 당대의 대시인, 두보가 시를 읊던 두보초당

한평생 벼슬할 뜻을 품고서도 저버려야 했던 당대의 대시인 두보杜甫가 성도에 있을 때 기거하던 곳으로 성도 서쪽에 자리하고 있다. 759년 겨울, 두보는 안사의 난안녹산(安祿山)과 사사명(史思明)이 정권찬탈을 위해 일으켰던 반란을 피해 현종玄宗을 따라 촉으로 피난을 왔는데, 친한 친구 엄무嚴武의 도움으로 서쪽 교외의 경치가 아름다운 호숫가에 초가집을 짓고 살았다. 이듬해 봄에 초가집이 완공되자 사람

■ 두보초당 정원

들은 성도초당成都草堂이라고 불렀다. 또 완화계浣花溪에 있기 때문에 완화초당이라고도 한다.

두보는 이곳에서 4년여 동안 살았는데, 이 때 지은 시 중에서 현재까지 전해지는 시는 240여 수가 된다. 대표적으로 복거卜居, 춘야희우春夜喜雨, 강촌江村 등의 시는 초당에서 지내던 그의 시름없고 한가로운 심경을 담고 있다. 현재 보존되고 있는 초당은 1500년과 1811년 두 차례의 확장공사로 인해 넓이가 20ha가 조금 넘는다. 경내에는 대해大廨, 시사당侍史堂,

공부사工部祠, 사능초당沙陵草堂의 석비 등 건축물과 이 밖에도 많은 문화재가 있다. 정문으로 들어서면 시사당과 두보의 소상塑像이 있고, 양쪽 진열실에는 두보의 시집과 연구서 등이 전시되어 있다.

## 사천의 현존하는 유일한 불교사원 문수원

■ 소능초당

사천성 대부분의 절이 문화혁명 때 파괴된 탓에 문수원文殊園은 현재 성도에 남아 있는 유일한 절이라고 할 수 있다. 이곳은 성도시 서북쪽에 위치한 저명한 불교사원이다.

문수원의 전신은 당대의 묘원탑원妙圓塔院으로 송나라 때 신상사信相寺로 불리던 곳이다. 전쟁 중에 불타 없어졌으나, 전설에 따르면 청나라 때 이곳에서 어떤 사람이 밤에 붉은 빛을 보고 사람을 보내어 알아보니 붉은 기운 속에서 문수보살을 보았다고 하여 청대 강희 36년에 문수원으로 다시 개명 재건하였다.

문수원의 건축 면적은 11,600㎡로, 절 입구를 통과하면 천왕전天王殿, 삼대사전三大士殿, 대웅전大雄殿, 설법당說

■ 문수원 건물 회랑

法堂, 장경누장엄숙목藏經樓庄嚴肅穆 등 전형적인 청대 건축양식을 볼 수가 있다. 특히 삼대사전 안에는 관세음, 문수, 보현보살 등의 불상이 있으며, 대웅전 안에는 석가모니의 본존불이 안치되어 있고, 양옆 벽에는 16존자의 상이 있다.

그 중, 관음대사상觀音大士像은 청동으로 만든 것으로 정교함이 돋보이며, 청도 9년에 만들어진 것이라 한다. 또한 광희제가 말한 공림의 8가지 장관 중 하나로 여겨지는 옥불은 1922년경에 만들어진 것이다. 문수원에는 이 밖에도 300여 개 이상의 귀중한 문화재와 경전이 있는데, 그 중 승려 당증의 두개골은 문화유산으로서의 가치가 있다. 1942년 남경에서 세 조각이 발견되어 현재 한 조각은 남경에, 다른 한 조각은 서안에 있으며 마지막 한 조각은 당증이 출가하게 된 곳이 성도이기에 성도 문수원에서 소장하게 되었다.

## 사천대학

사천대학四川大学은 교육부 소속의 문과, 이과를 갖춘 신형 종합대학이다. 1893년에 설립한 사천대학은 1954년 성도과기대학과 합병하여 현재 규모를 갖게 되었으며 문학, 수학, 생물학 방면에서 뛰어난 성과를 보이는 중국 중점대학이다. 100여 년의 역사를 자랑하는 사천대학은 현재 문과대, 법과대, 이과대, 공과대, 경제대, 관리대 등 21개 중점 단과대학을 두고 있으며 이를 중심으로 22개 부속기관과 100여개 연구소와 과학연구센터가 설치되어 있다. 대학에는 15개 국가중점학과, 66개 부급 중점학과, 27개 1급 박사 · 석사과정 학과가 있으며 118개 본과전공 학과와 6개 국가인재양성기지를 보유하고 있다.

사천대학 캠퍼스를 둘러보면서 역시 대학은 학생들의 학문과 연구에 대한 열정이 가득한 곳이라는 생각이 든다. 무거워 보이는 책가방을 등에 메고 자전거를 타고 캠퍼스를 가로지르는 중국 학생들의 모습이 정겨워 보인다. 우사 김규식 선생은 1935년부터 1942년까지 성도와 아미산의 국립 사천대학에서 영문학 교수와 외국어문학과 과장의 직분을 맡았다. 문득 이곳 사천대학에서 김규식 선생의 영문학 강의를 들었던 학생들은 지금 어디서 무엇을 하고 있을까, 그들은 김규식 선생을 어떤 사람으로 기억하고 있을까 궁금해졌다. 어쩌면 그들이 이미 이 세상을 떠났을지도 모른다고 생각하니 세월이 참 빨리 흘러간다는 생각이 들었다. 그 옛날 문호가 개방된 지 얼마 되지 않았고 아직 서양인들을 도깨비로 보는 사람들이 있던 시절에, 미국에서 영문학을 전공하고 영어로 영국문학을 가르치던 조선인, 김규식 선생. 어느 시대나 한발씩 앞서가는 사람들이 있고, 그들로 인해 이 세상이 조금씩 움직인다는 사실에 다시 한 번 이번 여행의 목적과 의미가 각인되었다.

## 교육자, 문학인으로서의 김규식 선생

김규식 선생의 독립투쟁의 길을 따라가다 보면 그가 중국에서 정치가가 아닌 교육자로서 다양한 업적을 남겼음을 알 수 있다.

좌 · 우합작 중도의 길을 외치고 중국에서 민족투쟁운동에 열정을 다했던 독립투쟁가로서의 김규식 선생을 추모하고 그의 업적을 알리는 많은 문헌들이 있다. 그러나 김규식 선생을 그 자리에 올려놓기까지 그 분의 교육적인 배경을 간과해서는 안 된다고 생각한다. 당시 보기 드문 극소수의 엘리트층이었던 그가 개인의 출세나 부와 명예를 위한 좋은 조건들을 마다하고 독립투쟁가로서의 길을 걷게 되기까지는 그의 불우한 가정환경과 이를 극복하고 미국유학까지 이끌어준 도움의 손길들이

■ 언더우드가 양자로 삼았을 당시 우사(1887년경) - 좌

언더우드가 설립한 고아학교의 학생들과 교수들. 앞줄 가운데가 우사 김규식이다(1888년) - 우

출처: 《항일독립투쟁과 좌 · 우합작》(우사연구회 엮음, 강만길 · 심지연 지음, 한울)

있었다. 당시 많은 기독교인들이 나라를 위한 독립투쟁운동에 적극적으로 참여했다는 사실은 여러 문헌을 통해 알 수 있는 사실이다. 김규식 선생 또한 예외는 아니었다. 신앙인으로서 선생의 인생을 살펴보면 그의 독특한 과거사와 만나게 된다. 그의 인생길을 추적하다보면 하나님의 놀라운 섭리와 계획하심이라고 말할 수 있는 소중한 만남과 사건들이 있다.

그의 인생에 가장 큰 전환점은 미국인 선교사 언더우드 H. G. Underwood와의 만남일 것이다. 또한 서재필 선생과의 만남이 계기가 된 미국 유학생활은 당시 혼란스럽고 어둡기만 하던 조선의 상황 속에서도, 그가 국내외에서 나라의 일에 앞장서서 영향력을 발휘하는 데 많은 유익을 주었을 것이다. 특히 김규식 선생의 유창한 영어 실력은 유학생활에서의 우수한 성적은 물론, 졸업 후 여러 국제회담에서 통역을 하고 조선의 현실을 알리는 데 중요한 수단이 되었다.

그는 16세가 되던 1897년에 미국 유학을 가게 되고, 그 해 가을부터 미국 동부의 버지니아 주에 있는 르녹대학 Roanoke College 예비과정에 등록하게 된다. 그는 고등학교 수준인 예비과정에서부터 대학에서 영문학을 전공하기까지 우수한 성적을 유지했다. 선생은 일찍이 뛰어난 웅변 실력과 글 솜씨를 보여서 유학시절 학교 잡지에 글을 기재하여 조선의 상황을 전하고 다양한 토론에 참석해 토론회의 부회장과 회장직을 겸하기도 하였다. 언더우드 선교사의 양자가 되어 직접 영어를 배우고, 그의 비서로 일했던 경험이 훗날 미국 유학생활에서 김규식을 일취월장하게 하는 큰

■ 미국 르녹대학의 신입생 우사 김규식 (1897년경) - 상

르녹대학에 소장되어 있는 또다른 모습의 우사 - 하

출처: 《항일독립투쟁과 좌 · 우합작》(우사연구회 엮음, 강만길 · 심지연 지음, 한울)

동력으로 작용했음을 부인할 수 없다. 또한 무엇보다도 이를 계기로 그가 예수그리스도의 복음을 믿고 신실한 기독교인이 된 것 또한 언더우드와의 만남이 아니었다면 불가능했을지도 모른다.

한 때, 김규식에게 은행이나 각종 기업체 등이 좋은 대우를 내세워 제안을 해왔다. 당시 국내에 단 두 명 뿐이었던 미국 유학생에게 조건이 좋은 제안들이 많았다는 것은 쉽게 짐작이 가는 일이다. 그러나 그는 그러한 제안을 모두 뿌리치고 언더우드 선교사를 도와 교회일을 하기로 다짐했다고 한다. 언더우드 목사의 부인은 이때의 사정을 이렇게 증언했다.

> 청년 김규식에게는 봉급이나 물질보다도 더 중요한 사명감이 있었고, 그는 무엇보다도 민족을 향상시키고 계몽해야 한다는 굳은 목적의식과 사람은 빵으로 살 수 없으며 더구나 사람은 육신만이 아니라는 숭고한 신앙심을 가지고 있었다.[1]

우사 김규식 선생은 1935년부터 1942년까지 성도와 아미산의 국립사천대학에서 영문학 교수와 외국어문학과 과장의 직분을 맡았다. 사실 그 전부터 김규식 선생은 조선의 독립을 위해 다양한 단체와 조직을 결성하고 왕성한 활동을 해오던 중이었다. 미국 대학의 졸업생인 김규식은 중국에서 민족해방운동에 종사한 30여 년 동안 그곳의 교육 사업에도 큰 흔적을 남겼다. 김규식 선생의 생애 중에 정치활동보다 교편생활의 시기가 훨씬 길다는 것은 그를 이해하는 데 의미있는 사실이다. 그를 전형적인 정치인으로 보기보다는 정치에 관심이 많고 이를 실천했던 주도적이고 적극적인 교수였다고 평하는 학자들도 있다.

1 우사 연구회 엮음, 강만길, 심지연 지음, 《우사 김규식의 생애와 사상, 항일 독립투쟁과 좌우합작》, 한울, 2001. 평(95년 봄호), 178쪽.

■ 사천대학 정문

김규식에게 있어 교직생활은 천직과 같은 것으로 그는 매우 전문적인 수준의 교육자였고, 학교 경영자였다. 그의 이러한 자질은 사천대학의 교수생활을 통해 유감없이 발휘되었다. 이처럼 훌륭한 교수 밑에서 영어를 배워온 중국학생들은 엄청난 실력향상을 보였을 것이라고 짐작된다.

그와 김순애 부인 사이에서 태어난 셋째 딸, 김우애 씨의 증언에 의하면 김규식 선생은 "혼란스러운 국내의 정치상황이 없었다면 정치가가 되지는 않았을 것" 이라고 말했다. 김우애 씨가 기억하는 김규식 선생은 성실한 학자요, 진지한 시인이며 빼어난 교수였다. 학생들 사이에서 걸어 다니는 사전으로 불리던 그는 엄하고 정확한 선생이었다. 그리고 자신의 강의에 대해서는 더욱 엄격하고 까다로운 학자였다. 무엇보다도 김규식 선생은 가르치는 일을 무척 사랑하는 사람이었다. 라틴어를 쓸 줄 알았고, 나중에 미 군정청 사람들을 감동시켰던 그 유창한 영어실력 외에도, 프랑스어, 독일어, 러시아어, 중국어, 일본어, 한국어 등 7개 국어를 구사했던 그는 또 테이블 스피치의 명수였다. 그는 언제나 언더우드의 휴대용 타자기를 곁에 두고서 시를 짓고 책을 쓰며 강의를 준비하곤 하였다.

자상하고 가정적이던 김규식 선생은 대외적으로는 정치인으로 잘 알려져 있는 반면에 식구들에게는 일체 정치 이야기를 꺼내지 않았다고 한다. 그러기에 그의 가족들이 생각하는 아버지와 남편은 정치인이 아닌 교수, 문학인, 가정적인 한 남자였던 것이다. 실제 사천대학에서 교수로 재직하던 시기의 김규식 선생에 대한 일화는 많이 알려져 있지 않다. 단지 그가 저술한 많은 책들이 소개되고 있는데 《영작문의 주의사항, 1944년 중경 중화서적》, 《실용영어 1, 2권, 1945년 국립 사천대학교 및 주간 성도영어》, 《엘리자베스 시대 희곡 입문서, 1940년 국립사천대학교》, 《현대 중국 비극시의 영역 시집, 1943년 주간 성도 영어》 등 당시 그의 저술들은 전부 학술전문서적이었다.

■ 우사가 외국어문학 과장직을 맡았던 사천대학의 흔적을 찾아서

일제가 패망한 후, 조국의 광복을 위하여 젊음을 불사르며 30여 년을 살아온 중국을 떠나 조국 땅을 밟은 김규식 선생의 마음은 많이 착잡했을 것이다. 그에게는 오랜 시간 동안 그를 도와준 중국 정부와 그 지역에 대한 애착과 향수가 있었다. 영문학의 권위자였던 김규식은 5장 6여 절로 된 장문시의 《양자유경》을 펴냈다. 이 장문시는 그가 중국에 대해 가지고 있던 감사와 애정의 마음을 표현한 시이다. 최근 우사 연구회를 주축으로 한 출판사에서 새롭게 《양자유경》을 발간하였다.

국제무대에서 한국의 독립을 호소하고 그 공으로 르녹대학에서 명예 법학박사학위를 받았고 임시정부의 외무총장, 학무총장, 부주석 등을 역임한 거물 정치가였지만, 정치관련 저술은 단 한권도 남기지 않았다는 사실에서 김규식이 어쩌면 자신이 스스로를 정치가이기 이전에 학자와 교수로 받아들인 것이라는 생각이 든다.

## 신앙인으로서의 김규식 선생

기독교가 인간의 존엄성을 존중하고 사회정의를 실천함으로써 박애와 평등의 세계를 구현하려 한다는 점은 잘 알려져 있다. 한국의 경우에도 예외가 아니다. 19세기 후반 서양 선교사들에 의해 조선에 기독교가 전파되기 시작했고 조선의 정치와 사회의 부조리에 불만을 품은 일부 지식인들과 고난 받는 백성들 사이에서 기독교는 광범위하게 전파되었다.

특히 독립협회를 주도한 인사들과 기독교 계통의 신교육기관에서 서양선교사들로부터 근대적 교육을 받은 많은 청년들을 중심으로 기독교의 사회운동이 실천되었다. 이러한 기독교 사상에 남다른 영향을 받으며 성장한 우사 김규식 선생은 독실한 기독교인으로서 또한 암흑기를 살아가던 조선의 독립을 위해 온 일생을 바친 실천가로서 기억된다.

김규식 선생은 유학에서 돌아온 후 두 가지 중요한 사업을 했다. 하나는 언더우드 목사가 창설한 경신학교를 맡아 본 것이고 다른 하나는 YMCA를 근거로 한 청년학생운동이었다. 그는 한국 YMCA 창립멤버 중에 한 사람이었다. YMCA는 1903년 10월 28일 황성, 기독교 청년회란 이름으로 한국 YMCA를 창설하였는데, 1904년에는 월남 이상재를 비롯해 한때 독립협회에서 자유민권운동을 하던 투사들이 대거 합류했다. 일제 탄압으로 설 땅을 잃은 그 당시 한국의 지식층, 민족 운동가, 자유사상가, 기독교신자들의 집결체가 되었다. 김규식은 1904년 교사로 봉직하다가 초대 학관장이 되었으며 1910년에는 YMCA 학생부 담당 간사겸 이사가 되었다. 김규식은 학생들에게 늘 새 시대에 맞게 생각하고 활동할 것을 권유했다고 한다.

또한 김규식은 언더우드 목사를 도와 새문안 교회를 설립하는 데 힘썼다. 언더우드 선교사와 로스John Ross, 1842~1915 목사가 14명의 한국인과 함께 첫 예배를 드림으로써 시작된 새문안 교회에 두 번째 장로가 김규식 선생이었다는 사실을 통해, 그가 나랏일을 함에 있어 신앙인으로서의 가치관과 신념을 가졌다고 추측해 볼 수 있다. 새문안 교회의 기록에 따르면 김규식 선생은 1910년 새문안교회의 장로로 피택되어 망명하기 전까지 줄곧 당회서기 등으로 봉사하였다고 한다.

■ 김규식 선생의 교회 교적부(좌)와 1913년 상해로 망명을 떠나는 전별식 기념사진(우)

김규식 선생이 이루어 놓은 업적들을 따라가 보니 가히 놀라움을 금치 못했다. 바쁜 현대인들은 자기 자신 하나 제대로 돌보기도 힘든데 선생은 온 일생을 나라와 교회 그리고 교육에 바친 것이다. 보통 사람들은 전 생애를 통해 이 중 하나만 이루어도 가히 성공한 것이라 말할 수 있을 텐데 말이다. 김규식 선생이 이렇게 놀라운 업적들을 이루게 한 원동력은 과연 무엇이었을까 생각해 보았다. 하나님의 비전Vision을 품은 자들은 세상을 헛되이 살지 않는다. 김규식 선생 또한 하나님 앞에서 나라와 교육을 위해 헌신하겠다는 큰 뜻을 품고 있었을 것이다.

몇 해 전에 한국기독교 성령100주년대회는 1907년 한국교회대부흥운동의 주역인 길선주 목사를 중심으로 평양 장대현 교회에서 일어난 성령운동 100주년을 기념하여, '한국기독교 성령100년사 선정위원회'를 통해 성령의 사람 100인을 발표했다. 주최측은 목회자, 부흥사, 신학자, 순교자, 교육자, 선교사, 기도운동, 독립운동, 사회운동, 교계연합운동 등 10개 부문을 나누어 이에 걸맞는 인물들을 선정했는데, 독립운동 분야에서 성서 번역자이자 새문안교회 창설자인 서상륜을 비롯해 김규식 선생이 선정되었다. 그 외에 우리가 익히 들어 알고 있는 이상재, 윤치호, 서재필, 김약연, 이동휘, 김구, 안창호, 현순, 조만식, 신홍우, 유관순 등의 인물들이 있다. 많은 기독교인들이 쉽게 놓치기 쉬운 것 중 하나는 한반도의 기독교인들이 누구보다도 나라의 근대화에 공헌하고 독립운동에 앞장섰다는 사실이다. 김규식 선생 또한 예외가 아니었다. 그는 하나님의 종으로서 또한 나라와 민족을 섬기는 데 일생을 바친 것이다.

성도를 뒤로하고 중경을 향하면서, 한 때 교육자의 길을 걸었었고 현재 주님의 종 된 길을 걷고 있는 나에게 교육자로서, 또한 신앙인으로서의 김규식 선생이 좋은 모델이라는 생각이 들었다. 교육자, 목회자 모두 인간에게 감동을 주고 인간을 올바른 방향으로 변화시키는 안내자 역할을 하는 것인데, 김규식 선생은 말 뿐이 아닌 그의 일생 전체를 통해 그 길을 몸소 보여준 참 스승이었다.

# 6 난징[남경(南京)]

*Nanjing*

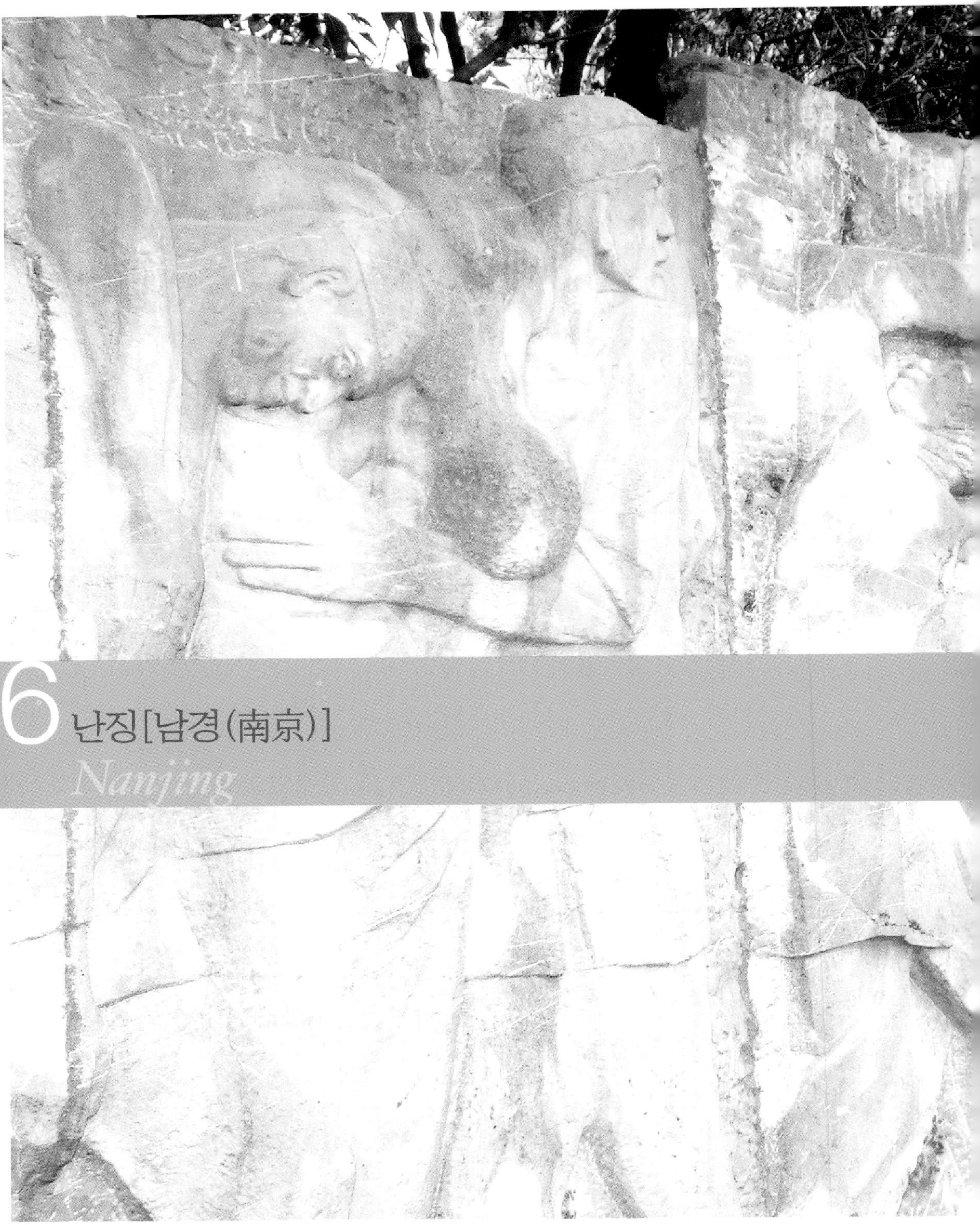

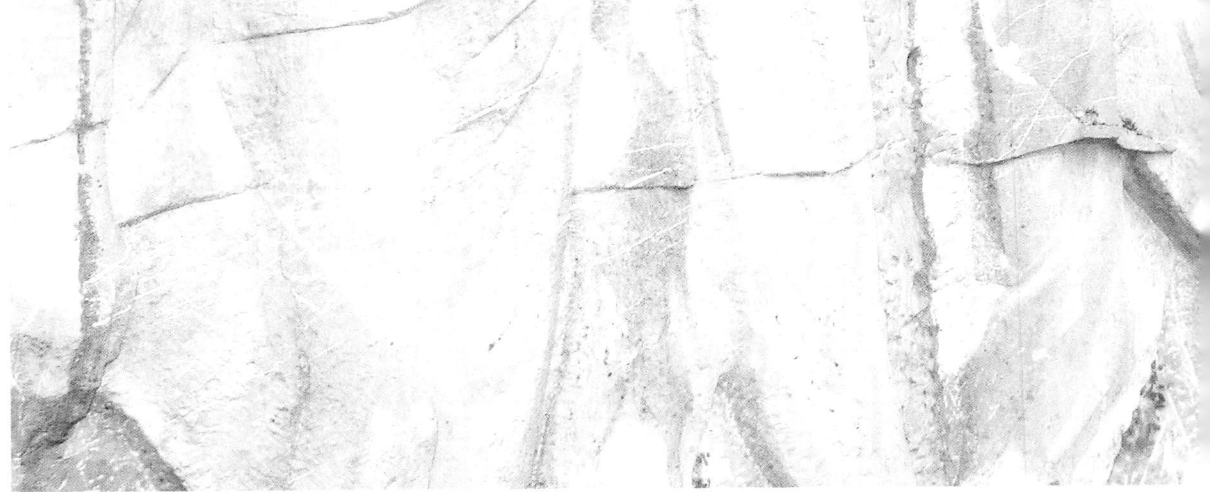

송재웅 ((주)보험월드 대표이사)

# 남경에서의 우사 김규식

# 독립운동 활동무대-중국

우사尤史 김규식金奎植 연구회 회원 일행은 2006년 6월 16일 우사의 독립운동길 따라가기 위해 인천공항을 출발했다. 그리고 서안, 연안, 성도, 중경 답사를 마치고 남경에 도착한 것은 6월 20일이었다. 남경은 중국에서도 가마솥 불볕더위로 유명하다. 우리 일행은 섭씨 40도의 찜통더위에도 옷차림을 단정히하고 긴장된 마음으로 이곳에 첫 발을 디뎠다. 남경은 역사상 여러 차례 혁명의 열기를 뿜어냈던 곳이다. 또 현대에 와서도 30만 명 이상의 무고한 시민들이 일본군의 총칼에 참혹한 변을 당한 역사적 사실을 간직한 도시다.

또한 이곳은 우리 독립 운동가들이 조국해방을 위해 항일투쟁에 몸바치며 인고의 세월을 보냈던 곳이기도 하다. 우사 역시 일찍이 중국에 망명하여 상해에서 그리 멀지 않은 이곳 남경에서 결혼식을 올렸으며 대학에서 교편을 잡기도 하는 등 다른 어느 곳보다도 남경과 깊은 인연을 갖고 있다.

두말할 나위 없이 중국은 우리와 오랜 역사적 관계를 맺어왔을 뿐만 아니라 지리적으로도 인접하여 일제 강점기에는 많은 우리 독립운동가들이 망명하여 항일투쟁을 전개하던 독립운동의 주된 활동무대였다. 그래서 남경뿐만 아니라 중국 전역에는 우리 독립운동가들과 우리 민족의 애환이 서려있는 곳이 수없이 많다. 그러나 2차 세계대전 종전과 더불어 냉전체제 속에서 중국대륙은 공산당이 지배하는 나라가 되었고 우리나라는 남 · 북으로 분단되어 이념과 체제를 달리하는 두 동강난 나라가 되었다.

특히 6 · 25전쟁을 겪는 동안 중국과 북한 모두가 우리와 적대관계가 되어 각각 자기 체제하에서 가족 간에 생이별을 하고서도 오랫동안 서로 소식도 전하지 못하는 세월을 보내야했던 쓰라린 과거를 갖고 있다. 그러는 동안 우리 독립운동가들이 활동했던 옛 터는 대부분이 그 흔적조차 없어진 빈 터가 되었거나, 전혀 짐작조차 할 수 없는 다른 모습으로 변해 버렸다. 그리고 지금도 한과 희망을 동시에 간직한 채 중국 땅에서 살아가고 있는 수많은 동포들이 있다.

다행히 이제 세상이 많이 변하여 우리나라와 중국은 국교를 정상화하고, 통신은 물론 사람까지도 서로 자유롭게 왕래할 수 있게 되었다. 뿐만 아니라 우리나라의 많은 기업들이 중국 땅에 공장을 짓고, 연변을 비롯한 각지에서 많은 동포들이 우리나라로 들어와 취업을 하고 있다. 이러한 현실은 과거라면 꿈도 못 꾸었을 일이다.

특히 이러한 기운에 힘입어 그동안 잊혀졌던 많은 항일투사들과 항일유적지들을 늦게나마 이렇게 직접 찾아 볼 수 있게 된 것도 큰 발전이 아닐 수 없다. 우사연구회의 이번 우사 김규식의 독립운동길 답사여행도 역시 중국과 우리나라의 관계 발전의 한 산물이라 생각되어 감회가 깊다. 나는 망실되고 훼손되어 찾아보기 어렵더라도 그 속에 남아 있을 우사의 숨결이나마 느껴 보기 위해서는 무엇보다도 그 곳을 직접 답사하는 것이 절대로 필요하다고 생각했다. 이미 무더위가 기승을 부리는 가운데 일행 24명이 우사와 특히 인연이 많은 남경을 방문한다는 사실만으로도 남다른 감회를 불러일으키기에 충분했다.

## 남경에 온 망명자들, 그리고 김규식

1910년대 초반 중국 남경에는 이미 우리 망명객들이 모여들기 시작했다. 1912년에는 이태준李泰俊이라는 의사가 망명을 와서 기독회의원에서 일했다. 이태준은 도산 안창호島山 安昌浩가 만든 청년학우회靑年學友會에 가입하여 독립운동을 하다가 일제의 탄압이 심해지자 남경으로 망명 온 것이다. 그는 제중원세브란스의학교 제2회 졸업생으로서 후일처사촌이 된 우사 김규식의 권유로 1914년 몽골로 가서 그 일대에서는 모르는 사람이 없을 정도로 유명한 의사가 되었으며 마침내 몽골 국왕의 어의御醫에 올랐다.

■ 우사 김규식의 아내 김순애 여사의 젊은 시절 모습 – 상

중국 망명시 결혼한 김순애 여사와 우사 – 하

출처: 《항일독립투쟁과 좌우합작》(우사연구회 엮음, 강만길 · 심지연 지음, 한울)

또한 그시기를 전후하여 남경에는 여운형呂運亨, 김원봉金元鳳, 서병호徐丙浩, 박영朴英, 김순애金淳愛 등 우리나라 독립운동의 주역인 사람들이 망명해서 남경의 금릉金陵대학 등에 다니며 실력을 길렀다. 그리고 1919년 1월 19일에는 남경에서 우사와 김순애가 결혼식을 올렸다. 그와 김순애의 결혼은 우사의 재혼이었다. 우사는 1906년 새문안교회에서 교우인 양반가문의 외동딸 조은애趙恩愛와 결혼하여 아들 진동鎭東을 낳았다. 그러나 우사가 1913년 중국에 망명할 때에는 가족을 남겨둔 채 혼자 망명길에 올랐었다.

그가 가족과 재회하여 함께 살게 된 것은 1916년 북경에서 서북쪽으로 약 200㎞ 떨어진 장가구張家口에서였다. 당시 우사는 미국-스칸디나비아계의 큰 회사인 마이어회사의 부지배인으로 근무하고 있었다. 그런데 우사 부인 조은애는 장가구에 온 다음 해인 1917년, 그 당시에는 불치병으로 간주되던 폐병으로 세상을 떠났다. 우사는 1918년 3월 마이어회사에서 몽골의 수도 울란바토르에 지점을 열게 되어 몽골에 갈 때에도 어머니를 잃은 아들 진동과 동행했다. 그런데 우사가 1919년 2월 1일 신한청년당 대표자격으로 파리강화회의에 참가하게 되어 아들을 돌보아줄 데를 구하는 일이 큰 걱정이었는데 조은애와 같은 정신여학교貞信女學校를 나온 김순애와 재혼함으로써 아들에 대한 걱정을 덜고 안심하고 파리로 떠날 수 있었다.

당시 김순애는 1911년에 망명한 제중원의학교 제1회 졸업생으로 우리나라 최초의 양의사이며 독립운동가인 오빠 김필순金弼淳에 뒤이어 그 이듬해 1912년에 망명하여 오빠와 함께 살았다. 1918년 오빠가 흑룡강성黑龍江省 치치하얼에서 밀정에게 독살 당하여 가족들이 흩어지게 되자 형부 서병호가 있는 남경으로 와 있다가 우사와 결혼하게 된 것이다. 그때 우사와 김순애의 결혼식은 말이 결혼식이지 조촐하게 절차만 갖추었다. 이들은 신혼 생활을 보낼 사이도 없이 우사는 결혼식이 끝나고 열흘이 조금 지난 2월 1일에 상해를 출발하여 3월 13일 파리에 도착했다.

신부 김순애 역시 우사가 한국 독립을 호소하기 위해 파리 강화회의에 참석하러 파리로 떠났다는 사실을 국내 독립운동가들에게 알려 국내외의 여론이 세계에 알려지게 함으로써 그들을 고무시킬 목적으로 국내로 잠입하는 등 독립운동에 온 몸을 던졌다.

1920년대에 들어와서 김규식은 일찍이 좌·우익 통일전선만이 민족해방의 지름길이라 생각하고 이를 위해 계속 노력해 왔다. 1921년 1월 그가 상해를 떠난 지 2년 만에 다시 돌아왔을 때 이승만의 한반도 위임통치론이 크게 말썽이 된 후 임정 내부에서 각 지방 세력 간의 대립, 임시정부 내에서 차장급을 중심으로 하는 젊은 세력의 이승만 퇴진론과

정부개혁론, 그리고 국무총리 이동휘 사임 등으로 임시정부는 대단히 복잡한 상황을 맞게 되었다. 이동휘의 사임은 그동안 안창호와 함께 한 축을 이루었던 한인 사회당계의 사회주의 세력과 노령 북간도를 중심으로 이동휘를 지지하던 세력이 임정을 떠나는 것을 의미하고, 이승만과 안창호의 기호파와 서북파만이 임정구성의 중추를 이루게 되는 것을 의미했다. 이와 같이 임시정부는 내부 분열로 인해 민족해방운동의 총 지휘부적 역할을 다하지 못했다. 그 타개책으로 1923년 3월 임정 존폐문제를 놓고 국민대표회가 소집되었으나 임정 고수파와 창조파, 개조파로 분열되어 결국 창조에도, 개조에도 실패하고 임정활동은 침체되어 갔다.

민족해방운동 전체전선에 이 같은 침체를 타개하기 위해 창안된 것이 1920년대 후반기 민족유일당운동이었다. 즉 우익과 좌익세력이 통일전선을 이루어 임시정부가 아니라 좌·우익세력이 함께 참가하는 정당인 민족유일당을 조직하여 그것을 민족해방운동의 모체로 삼자는 방법론이었다. 한편 모스크바 대회에 참가한 후 창조파 일행 50여 명과 함께 블라디보스토크의 국민대표회에 다녀온 김규식은 이듬해 1927년 2월에 유자명柳子明, 이광제李光濟, 안재환安載煥 및 중국인 목광록睦光錄, 왕조후王滌垕, 인도인 간타싱, 비신싱 등과 함께 남경에서 아시아 민족이 제국주의자의 침략을 물리치고 완전 자주독립을 도모하기 위해서는 동방의 각 피압박민족이 연합, 단결해서 공동전선을 이루고 제국주의자에 항쟁하지 않으면 안 된다는 데 합의하여 한국, 중국, 인도, 대만, 안남 등의 대표들로 된 '동방피압박민족연합회'를 조직하고 그 회장이 되었다. 이 연합회는 기관지 《동방민족》을 중국어, 영어, 한국어로 매월 간행했다.

그리고 같은 해 4월, 상해에서는 우리 민족해방운동 내부의 좌·우익 세력이 함께 상해 촉성회를 결성했다. 그 회에는 김규식도 집행위원으로 참가했다. 그리고 촉성회 결성 선언문에서 "본 회는 한국독립에 필요한 전 민족적 일체의 혁명역량을 총 집중하는 선구가 될 것을 기한다"고 다짐했음에도 불구하고 결실을 보지 못한 채 해체되었다. 같은 시기에 국외 유일당운동의 연장으로서의 국내 신간회운동이 5년 간이나 유지되면서 일정한 역할을 한 데 반해 국외에서의 민족유일당운동은 김규식의 노력에도 불구하고 결실을 보지 못한 것이다.

그리고 이를 상해 지방에 한정해 보면 1929년 10월경에 상해 촉성회가 해체되어 구연흠, 김형선, 조봉암 등 좌익 세력은 유호留扈한국독립운동자동맹을 조직했고, 안창호, 김구, 조소앙 등 우익 세력은 1930년 1월에 한국독립당을 조직하게 되는데 김규식은 그 어느 쪽에도 가담하지 않았다. 그것은 미국서 공부한 그가 기독교 신자이면서도 현실적인 길을 찾아 고려공산당 후보당원이라는 이름을 쓰면서까지 모스크바에 갔고 국민대표회 창조파의 일원으로 블라디보스토크까지 갔을 만큼 그는 이때 이미 좌·우익 통일전선에서 민족해방운동의 옳은 방법을 터득했고 그 때문에 민족유일당운동에 참가했는데 민족유일당운동이 결실을 보지 못하고 좌·우익 노선으로 분리되자 잠시 민족해방운동전선을 떠나 있었던 것이 아닌가한다.

1930년대에 들어와서도 대일 통일전선운동은 계속되었다. 상해에서 민족유일당운동에 참가했던 김규식은 이 운동이 침체국면에 접어들자 잠시 천진의 북양대학北洋大學 교수로 가 있었다. 그러나 1931년 일본이 만주사변을 일으켜 대륙침략을 본격화하자 민족해방운동전선의 통일전선운동은 특히 중국 관내에서 다시 활성화하기 시작했고 김규식은 그 중심 역할을 다 했다. 1932년 1월, 일본이 다시 상해사변을 일으키자 1932년 11월, 중국 관내지역 민족해방운동 전선의 통일체로서 한국대일전선통일동맹을 발족시켰다. 그 뒤 중국 쪽 항일민중단체와 합작하여 한·중 민중대동맹을 결성했으며 미주에서 화교들을 설득해 한·중 민중대동맹 미주지부를 결성했다. 1934년 3월에는 한국대일전선통일동맹 제2차 대표대회에서 동맹 중앙집행위원회 상무위원으로서 김규식 자신과, 송병조, 김두봉, 최동오, 윤기섭, 윤세주 등 6명의 이름으로, 각 단체의 연합체적 성격상 결속력과 통제력이 미약한 동맹체제로는 전선통일 본래의 목적을 이룰 수 없으므로 동맹을 해체하고 강력한 결속력과 통제력을 갖는 신당을 조직할 필요가 있음을 선언했다. 이렇게 해서 김구를 중심으로 하는 이른바 임시정부 고수파를 제외하고 당시 중국에서 활동하던 대표적 민족해방운동 세력이 모두 모여 한국대일전선통일동맹을 발전적으로 해체하고 통일전선정당으로 조선민족혁명당을 조직하게 되었다.

그 결과 1935년 7월에 중국 내에서 가장 크고 강력한 한국인 항일투쟁단체인 조선민족혁명당朝鮮民族革命黨이 남경에서 탄생 되었다. 물론 여기서 민족혁명당의 민족해방운동 노선이 곧 김규식의 노선이라 단정하기는 어렵다. 그러나 그가 모스크바 극동민족대회 참가, 국민대표회에서 창조파로 참가, 민족유일당운동에 참가, 한국대일전선 통일동맹의 조직 주도, 민족혁명당 창당에 참가 등을 통해 한결같이 극좌, 극우가 아닌 대동단결 내지 좌·우익 통일전선의 노선에 섰음을 알 수 있다 (강만길·심지연, 《우사 김규식 생애와 사상(1)》, 도서출판 한울, 88-114쪽 참고).

한편 1932년 윤봉길尹奉吉 의사의 상해 홍구공원현재 노신공원 의거는 우리 독립운동 진영에는 큰 자긍심과 항일 투쟁의욕을 한층 더 고취해 주었고 중국인과 중국 국민당 정부에는 한국인과 한국 임시정부를 다시 보게 하는 계기를 마련해 주었다. 반면 우리 독립운동가들은 일본 경찰에 쫓기는 처지가 된다. 그리하여 당시 상해에 거주하던 많은 독립운동가들과 임시정부 요인, 그리고 그 가족들까지 상해를 탈출해야 하는 사태가 벌어졌다. 이때 도산 안창호도 즉시 피신하도록 연락 받았으나 미처 피하지 못한 그는 왜경에 체포되었다. 교민회장 이유필李裕弼의 아들과 약속을 지키려다 변을 당한 것이다.

백범白凡의 모친 곽낙원郭樂園 여사도 임시정부가 남경에서 150km 떨어진 가흥嘉興으로 옮겼을 때 그 가족을 적의 수중인 국내에 둘 수 없다고 하여 주변에서 서둘러 비밀리에 사람을 국내로 보내 곽 여사를 남경으로 모셔오게 했다.

이와 같이 상해에 있던 많은 독립 운동가들이 이곳 남경으로 오자 마치 중국에서의 독립운동 중심이 상해에서 남경으로 옮겨진 듯 했다. 그 해에 의열단義烈團을 이끄는 김원봉은 의열단 본부를 남경으로 옮겨와서 중국 내 독립운동 세력을 한 곳으로 집중하고 더 많은 동지들을 규합하기 위한 대일통일전선對日統一戰線을 결성하고자 했다. 그는 또 그 해 가을, 중국 국민정부군사위원회위원장 장개석蔣介石의 간부훈련반 안에 사실상 의열단 간부학교인 조선혁명 군사정치간부학교朝鮮革命軍事政治幹部學校를 설립했다.

이 학교는 장개석 국민정부가 남경교외 탕산湯山에 군사위원회 간부 6개 반을 설치, 운영했는데 그 중 1개 반이 우리 한국 청년들을 수용한 조선혁명 군사정치간부학교였다. 이 학교는 1932년 10월부터 1935년 9월까지 3년 동안 매 기수마다 6개월 교육 과정으로 모두 3기생을 배출했다. 교육 또한 엄격하여 아침 5시 30분부터 저녁 8시 30분까지 정치와 군사교육을 실시했다. 하지만 일제의 눈치를 볼 수밖에 없었던 장개석 정부가 그때 그때 장소를 바꾸라고 요구했기 때문에 교육 장소는 매 기수마다 달랐다.

그래서 1기생 교육 장소는 남경교외 탕산의 선사묘善祠廟에 있었고, 2기생은 남경시내에서 약 70리 떨어진 강소성 강녕진江寧鎭 증조사曾祖寺라는 절에 있었으며, 3기생은 상방진上方鎭 황용산黃龍山 천녕사天寧寺라는 절에 있었다. 2기생 입학식은 1933년 9월 16일이었는데 이날 입학식에는 김원봉을 비롯한 의열단 간부들과 천진의 북양대학北洋大學 교수로 있던 김규식金奎植도 참석했다. 여기서 김규식은 자신이 미국, 러시아 등 외국생활에서 체득한 경험을 바탕으로 "세계정세와 민족 혁명의 앞날"이라는 주제로 강연을 해서 독립운동 전선에 뛰어든 청년들을 격려했다.

1기생 교관 중에는 정치담당 교관이며 님 웨일스의 "아리랑"에 나오는 인물인 김성숙金成淑(일명 김규광金奎光), 김산金山(본명 장지락張志樂) 등과 함께 후일 상해에서 조선민족해방동맹을 결성했던 박건웅朴建雄이 있었다. 박건웅은 '연안송'과 '팔로군 행진곡' 등 불멸의 항일 가곡을 작곡하여 13억 중국인의 사랑을 받으면서 중국 현대 음악의 대부로 지금까지도 존경을 받고 있는 정율성鄭律成의 매부로서 해방 후 귀국하여 좌·우합작운동에 힘썼고 남조선 과도입법의원의 입법위원이 되었으며 6·25전쟁 때 납북되었다. 그리고 박건웅과 정율성의 누나 정봉은을 맺어준 사람은 우사尤史 김규식이었다. 우사의 부인 김순애의 동생 김필례가 바로 정율성의 작은 외숙모였던 것이다.

그리고 정율성도 이 학교의 2기생으로 훈련 받았다. 그와 함께 훈련 받았던 2기생 가운데는 마덕산이라는 이름으로 중국대륙에 뼈를 묻은 이원대李元大를 비롯해 비행사 자격을 가지고 있던 윤공흠尹公欽 등이 있고 1기생 가운데 눈에 띄는 인물로는 민족시인 이육사와 훗날 태항산에서 전사한 석정 윤세주 등 항일운동사에 이름을 남긴 사람들이 수두룩하다. 이처럼 조선혁명 군사정치간부학교는 1932년부터 1기생 26명을 시작으로, 2기생 55명, 3기생 44명까지 모두 합해 125명밖에 되지 않는 적은 숫자지만 그들은 조국의 독립운동에 크게 기여했다(이종한, 정율성 평전, 2006, 지식산업사, 59-69쪽 참고).

## 남경의 역사와 유적지

남경은 역사적으로 보면 일찍이 전국시대에 초楚나라의 금릉읍金陵邑이었던 곳으로 삼국시대 오吳나라의 손권이 건업建業이라고 개칭하여 이곳에 도읍을 정한 뒤부터 강남의 중심지로 발전하게 되었다. 월越왕 구천이 와신상담臥薪嘗膽의 세월 가운데 오나라를 멸망시킨 후 이곳에 성을 쌓으면서 도시 모습을 갖추게 되었다. 남경이 확고하게 도읍으로 자리 잡은 것은 진晋나라가 북쪽에서 침입한 이민족에게 쫓겨나 낙양에서 지금의 남경으로 도읍을 옮긴 이후부터다.

낙양洛陽시대의 진을 서진西晉이라 하고 남경시대의 진을 동진東晉이라 한다. 그 후 송宋, 제齊, 양梁, 진陳 등 네 나라가 이곳을 도읍으로 정하여 남왕조南王朝 문화의 중심지로 번영하였다. 오, 동진, 송, 제, 양, 진의 도읍이었던 남경을 육조의 고도라고 부르기도 하며 서안, 낙양, 북경과 더불어 중국의 4대 고도로 꼽히기도 한다.

남경은 다른 도읍과는 달리 남북조시대 이후 혁명적 투쟁으로 정권을 잡은 지도자에 의해서 네 번이나 수도로 정해졌다.

첫 번째는 14세기 몽고족의 침입으로 세워진 원나라를 뒤엎고 명나라를 세운 주원장朱元璋에 의해서다. 명나라 개국 황제 주원장은 1368년 개국과 함께 남경을 도읍으로 삼았다. 현존하는 길이 34㎞의 성벽도 이때 축조된 것이다. 그는 귀족이나 왕족이 아닌 한족의 가난한 농부의 아들이었다. 그는 어린 시절 떠돌이 탁발승으로 사회의 맨 밑바닥도 직접 경험했고 반란군의 일개 병졸로 시작해서 국민적 지도자가 되어 명나라를 개국, 황제의 자리에까지 올랐다.

그는 황제가 된 후 건국 초기 황제권력의 절대보호와 장자법통의 확립을 지나치게 걱정한 나머지 이를 지키는 데는 의리도 인정도 없었다. 그는 그와 함께 명明나라를 세우는데 혁혁한 공을 세운 개국 일등공신들과 그 가족들, 그리고 추종자들을 포함하여 수만 명을 죽이기도 하고 멸족시키기도 하는 등 잔인하고 때로는 격정적으로 어떤 몹쓸 짓도 서슴지 않았으나 중국 역사상 많은 일을 했고 많은 업적도 남겼다.

■ 주원장

주원장을 오늘의 기준에서 보면 그는 그야말로 학벌, 문벌, 재력 용모 그 어느 것 하나도 제대로 갖춘 것이 없었다. 그런 그가 명나라를 세워서 황제의 자리까지 올라간 입지전적 이야기는 걸핏하면 팔자 한탄이나 하고 매사 조상 탓이나 하는 나약한 못난 이들에게 큰 교훈이 될 것이다. 인간사는 비록 고달프기도 하고 고비 고비마다 수 많은 걸림돌이 있기는 하지만 자기의 의지와 노력에 따라 무슨 일이든 성취할 수 있고 자신의 운명은 물론 나라의 명운까지도 바꾸어 놓을 수 있음을 그가 잘 보여 주었다.

남경은 제3대 황제 영락제가 수도를 북경으로 옮겨 갈 때까지 50년 간 명나라의 수도로서 영광을 누렸다.

두 번째는 그로부터 500년 후에 홍수전洪秀全이라는 한족의 한 평범한 농부의 아들이 만주족의 청나라에 반기를 들고 중국 역사상 가장 큰 농민 혁명을 일으켰다. 당시 청나라는 약 50년 간에 걸친 서태후의 횡포와 정부 관리의 부패와 외세의 침략으로 국가의 재정이 바닥나고, 군대는 신무기를 갖춘 외국군에 맥을 못 추고 백성들은 갖은 세금과 수탈과 억압에 시달렸다.

더구나 1842년 1차 아편전쟁에서 패배한 청조는 남경조약이라는 불평등 조약으로 전쟁배상은 물론 제국주의 열강의 상품 시장과 원료 공급지로 전락했다. 뿐만 아니라 제국주의 침략자들에게 중국 내에서 치외법권적 지위를 갖게 하는 등 주권행사도 못하고 그들의 식민지나 다름없는 상태가 되었다.

이러한 대내외 위기상황 속에서 홍수전은 자신이 예수 그리스도의 동생이라 선언하며 기독교 교리에 근거를 둔 종교 결사인 배상제회拜上帝會를 만들어 전도에 나서며 청조의 무능과 부패와 외세의 침략으로 고통받는 백성들을 종교적으로 규합, 혁명을 일으켜 1851년 태평천국을 선포하고 남경을 수도로 정했다. 그와 그의 추종자들은 태평천국을 세우면서 대외적으로는 만주족의 청나라를 전복하여 한족의 완전한 주권을 회복한다는 큰 명분을 내세우고, 안으로는 제국주의 세력의 특권박탈, 여성의 지위향상, 전족폐지, 아편무역의 제한, 토지소유의 평등화 등의 일대 개혁을 목표로 내걸었다. 그에 따라 그들은 새로운 정책으로 남녀의 평등과 토지의 균분, 생산물의 공동배분을 골자로 하는 천조전묘제도天朝田畝制度를 반포하여 토지를 상실한 농민에게 희망을 주었으나 실제로 행해지지는 못했다. 이후 태평군은 민중의 열렬한 호응과 지원 속에 잇달아 17개 성省으로 세력을 확장하여 600개의 도시를 점령하는 등 맹위를 떨쳤다.

청조는 태평천국의 영향으로 통치력을 거의 상실하게 되었으며 이때 영국 프랑스는 청조에 2차 아편전쟁을 일으키고 여순, 천진을 거쳐 북경까지 진격하여 약탈과 방화를 자행했다. 그리고 마지막에는 허약한 청조를 협박, 북경조약을 체결하고 청조로부터 많은 이익과 특권을 얻어 냈다. 여기에 러시아까지 가세했다.

태평군은 청조의 진압군과 우수한 무기로 무장한 영국, 프랑스 연합군의 공격으로 완전히 무너지고 권력내부에서 살육전이 벌어지는 등 내부 분열까지 겹쳐 1864년 홍수전의 사망과 함께 14년 간의 태평천국은 종말을 고하고 11년 간의 남경시대도 끝나게 된다. 그리고 지금은 명나라를 건국한 주원장이 황제가 되기 전에 한때 오왕부吳王府로 사용했고 그 후 명의 개국공신 서달의 정원을 거쳐 태평천국의 양수청楊秀淸이 왕부로 사용했던 바로 그 터에 태평천국 역사박물관이 세워져 비록 짧은 기간이었지만 민중의 저력을 격렬하게 과시했던 역사를 증언하고 있다. 청나라와 태평군의 전쟁은 이렇게 끝났지만 이 전쟁에서 양 진영을 합해서 4,000만 내지 6,000만 명이 목숨을 잃었다. 그 야만성과 희생자의 숫자는 20년 간의 국민당과 공산당 사이에 있었던 격렬한 싸움의 정도와 규모를 능가하는 것이다.

세 번째는 신해혁명으로 임시총통이 된 손문孫文이 1912년 1월 1일 남경에서 중화민국을 선포함으로써 중국 역사상 최초의 공화국이 탄생했으며 남경이 중국의 수도가 되었다. 그러나 당시 청나라의 실세였던 원세개袁世介의 힘을 무시할 수 없었던 혁명정부는 청조의 황제 부의溥儀

를 퇴위시키고 공화정체제를 유지한다는 조건으로 원세개에게 임시총통의 자리를 내어줄 수밖에 없었다.

그때 청조는 원세개에게 혁명세력의 진압을 명령했으나 원세개는 오히려 혁명세력의 기세를 등에 업고 1912년 2월 12일 황제 부의를 퇴위시키고 그해 3월 11일 손문이 사임한 남경 정부의 총통에 취임했다. 집권한 원세개는 북경의 군사반란을 빌미로 북경에서 총통에 취임할 것을 요구하여 의회가 이를 수락함에 따라 수도는 다시 남경에서 북경으로 옮겨갔다.

손문의 남경정부가 원세개와 타협할 수밖에 없었던 배경에는 청조에 진출한 영국, 프랑스, 미국 등 실세였던 외국세력이 협상하기 쉬운 상대인 원세개를 지지한 데 있다. 또한 당시 독립을 선언하고 임시정부를 구성한 각 성의 대표자들 중 상당수가 원세개와 가까워서, 손문을 비롯한 혁명군측도 어쩔 수 없이 혁명을 지지하지 않던 원세개와 타협해야 했고 혁명은 한발 후퇴하게 된 것이다.

그리하여 신해혁명은 봉건왕조 청조를 무너뜨리는 데까지는 성공했으나 군벌을 등에 업은 원세개에게 권력이 넘어감으로써 소기의 목적을 일부만 달성한 미완성 혁명이 되고 말았다. 집권 후 원세개는 영국, 미국, 일본 등 외세를 앞세워 의회를 해산하고 중화민국 임시약법을 폐지하고 비밀리에 일본과 매국적인 21개 조약을 체결하는 등 자기세력을 확장하는 데 몰두했다. 그리고 역사를 되돌려 봉건제도로 회귀하면서 1915년 12월 11일 어용 참정원에서 중화제국 대 황제에 추대되어, 이튿날 이를 수락하고 1916년 1월 황제에 등극했다. 그러나 1915년 12월 25일 운남雲南에서부터 봉기가 일어나 원세개를 토벌하려는 반원反袁 운동이 확대되고 대중과 측근 모두에게서 고립되자, 그는 1916년 3월에 퇴위를 선포하고 그해 6월 6일 울화병으로 죽었다.

네 번째로 남경이 중국의 수도가 된 것은 장개석의 국민당 정부 수립과 함께였다. 국·공합작으로 북벌전쟁을 성공적으로 진행한 장개석이 상해에서 정변을 일으켜 기습적으로 공산당을 무력으로 탄압하고 1927년 4월 18일 남경에 국민당 정부를 수립한 것이다.

1924년 1월 중국 국민당 제1차 전국대회가 광주廣州에서 개최 되었고 여기서 국·공합작이 정식으로 이루어졌다. 국민당과 공산당의 합작은 군벌軍伐과 제국주의帝國主義의 세력에 대한 공동의 저항의식이 커졌기 때문에 가능했다. 공산당은 이미 1923년 국민당과 힘을 합해 혁명통일전선을 수립한다는 방침을 결정해 놓았으며, 이어서 손문도 1924년 국민당을 개편하고 공산당을 받아들이기로 함으로써 국·공합작國共合作이 이루어진 것이다. 합작은 공산당원이 개인 자격으로 국민당에 입당하는 형식으로 이루어졌다. 모택동毛澤東도 이때 국민당에 입당하여 상해에서 국민당 집행부의 임원이 되었다.

국·공합작으로 힘을 얻은 손문은 1924년 11월 10일 국민혁명을 위해 반제, 반군벌의 북상선언을 발표했고 이 선언으로 통일에 대한 기대가 한층 높아졌다. 그러나 이듬해 1925년 3월 12일 손문은 북경에 도착하자마자 "국민혁명의 최종 목표를 달성할 때까지 공동 투쟁하라"는 유언을 남기고 지병의 악화로 사망했다. 손문의 사망으로 그의 생존 시에도 분열의 모습을 보였던 국민당은 좌파와 우파 간의 대립이 심각해졌으며, 이 상황 속에서 황포군관학교 교장이던 장개석이 실권을 장악했다.

장개석은 1926년 7월 9일 전국에 동원령을 내리고 정식으로 북진하여 북양 군벌을 토벌하기 시작했다. 북벌이 성공적으로 진행되자 국민정부와 당 중앙에 다수를 차지하던 좌파와 공산당은 정부를 무한으로 옮기고 조직을 개편하여 장개석의 군사대권을 견제하면서 급진적으로 과격하게 민중운동을 전개했다. 그러자 자기가 직접 장악하고 있는 군대의 수가 절대 우위에 있던 장개석은 반공 노선으로 선회하면서 상해에서 정변을 일으켜 기습적으로 공산당원들을 무력 탄압했다. 1927년 4월 12일에는 상해노동자 대학살이 이루어졌다. 그로부터 3일 동안 상해 거리는 피바다로 바뀌었다. 장개석 군대는 20만 명의 항의시위대에 마구잡이로 기총소사를 했고 시내 곳곳에서 공산당원과 혁명노동자가 체포, 총살되었다. 그 현장에 있던 주은래도 이때 간신히 탈출해서 위기를 모면했다. 그 당시 참상은 앙드레 말로의《인간의 조건》에 생생하게 묘사되어 있다. 이러한 상황은 이미 4월 6일 심양에서, 4월 15일에는 광주에서 유사하게 이루어진 바 있다. 그때까지 장개석과 결렬을 피해오던 무한 정부도 1927년 4월 17일 마침내 장개석의 당적을 박탈하고 체포령을 내렸다. 그러나 장개석은 거꾸로 그 다음날인 1927년 4월 18일 남경에 자파 국민당 정부를 수립했다. 그리고 자신은 군사위원회 위원장과 중앙정치회의 주석을 맡아 명실 공히 군정대권을 장악했다. 그리고 이듬해 4월부터 북벌을 재개하여 1928년 6월 8일 북경에 입성하면서 그때까지 북경교외 서산의 벽운사碧雲寺에 잠들어 있던 손문의 영령 앞에 북벌 완성을 보고했다(박원호 역,《중국근현대사》, 지식산업사, 2004, 107-111쪽 참고).

이후 남경은 1937년 12월 일본군의 침략으로 일시적으로 수도를 중경으로 옮겨 갈 때까지 10년 간 중화민국의 수도였으며 1945년 8월 2차 세계대전의 종전과 함께 다시 남경으로 수복했으나 1948년 4월 인민해방군에 의해 남경이 점령됨으로써 중화민국의 수도 남경은 수도로서의 그 역할을 끝내게 되었다.

■ 남경대학살 기념관

지리적으로 보면 남경은 강소성江蘇省의 남서쪽에 위치하여 안휘성安徽省에 인접해 있고 중국대륙을 동서로 가로지르는 장강長江의 하류를 북쪽으로 인접하며 동쪽으로는 종산鍾山, 서쪽으로는 완남 구릉지대와 맞닿아 있어 전략적으로 천연의 요충지를 이룬다. 남경에서 장강 수로를 따라가면 중부의 무한武漢, 서부의 중경重慶에 이를 수 있고 동쪽으로는 상해를 거쳐 바다로 진출할 수 있으며 육상으로는 3개 철도의 분기점이고 상해, 항주 등과 연결되는 도로의 기점이다. 이러한 교통의 이점 때문에 넓이 6,516㎢, 총 인구 530만 명의 남경은 강소성의 성도로서 정치, 경제, 문화의 중심이 되고 있다.

또한 남경에는 남경대학을 비롯한 고등교육기관과 중일전쟁 때 일본군이 남경을 점령한 후 30만 명 이상을 학살한 남경대학살 기념관이 있으며 자금산紫金山에 위치한 중국의 국부國父로 추앙받는 손문의 능원인 중산릉中山陵과 명 태조 주원장의 효릉孝陵 등 역사적 유적이 많다. 그 밖에도 남경시내 한복판에는 1936년 6월 무렵 정율성, 김산과 중국인 나청 등 항일독립운동사에 이름을 남긴 세 사람이 자신들이 처한 입지 문제로 고민 중이던 동병상련의 우울한 마음을 달래기 위해 자주 함께 거닐었다는 현무호玄武湖가 있어 경치를 즐길 수 있으며, 전형적인 강남의 정취를 느낄 수 있는 진회하秦淮河가 있다. 이와 같이 남경은 산과 호수와 강을 끼고 있는 아름다운 도시다.

그러나 우리의 방문 목적이 관광은 아니었기에 유감스럽게도 아름다운 경치를 감상하거나 일반 관광지를 들르지는 못했다. 우리는 오로지 우사가 남경에 머물렀을 때 그의 행적과 우리 독립 운동가들의 활동 흔적이 남아있는 곳을 방문하는 데 시간을 할애하기에 바빴다.

## 금릉대학과 독립운동가들

우리 일행이 남경에서 찾은 첫 방문지는 금릉대학金陵大學이었다. 금릉대학은 중국 내 개신교 계통의 명문으로서 지금은 남경대학과 통합하여 남경대학이 되었다. 이곳은 우사를 비롯하여 우리 독립운동사에 길이 남을 독립운동가들이 젊은 시절 독립을 쟁취하기 위해 실력을 배양하고자 거쳐 간 유서 깊은 대학이다. 옛 금릉대학 시절, 1914년에 몽양 여운형이 영문과에, 1917년에는 약산 김원봉이 영문과

■ 금릉대학 옛터(강소성 문물유적보호물)

■ 남경대학의 현재교정

에, 같은 해 중국 황포군관학교 교관을 거쳐 중국 공산당 광주봉기에 참가했다가 희생된 박영이 이 대학에 다녔다.

우사의 동서이며 1918년 여운형과 함께 신한청년당을 창당한 서병호도 이 학교에 다녔으며 우사는 1933년부터 1935년까지 이 대학에서 영어강의를 했다. 또한 훗날 우사의 부인이 된 김순애도 형부인 서병호가 금릉대학에 다니던 때에 같은 남경에 있는 명덕학원에 다니면서 서로 자주 내왕하고 연락하며 지냈다. 또한 금릉대학 대예당大禮堂에서는 1935년 6월 20일 조선혁명당 등 9개 단체 18명이 모여 한국대일전선 통일동맹을 발전적으로 해체하고 통일전선 정당으로 탄생될 조선민족혁명당 예비회의를 개최한 바 있다. 현재 대례당은 행사가 있는 날에만 열고 평소에는 닫아 둔다고 한다. 마침 우리가 이곳을 방문했을 때는

■ 남경대학 본부가 들어있는 옛 금릉대학 건물

졸업식이 있어서 많은 학생들이 졸업 예복을 입고 대예당 주변을 돌아다녔다. 다행히 우리는 졸업식 시작 직전에 대예당 내부를 들여다 볼 수 있었다.

우리가 방문한 남경대학은 제1캠퍼스로서 방학 중이라 졸업식 예복을 입은 학생들만 눈에 띄었다. 대학건물은 옛 금릉대학 때 지은 건물과 그 후 지은 신규 건물이 혼재되어 있었다.

이 학교를 다닌 독립운동가들의 흔적은 캠퍼스 어디에도 보이지 않았지만 지금 우리의 발길이 닿는 곳마다 옛날 그분들의 발길도 닿았을 것이고 지금 우리의 눈길이 미치는 캠퍼스 곳곳에 그분들의 숨결이 배어있을 것이라 느끼며 캠퍼스 구석구석을 마음속에 담았다.

■ 옛 금릉대학 건물인 대례당 내부

우리가 김규식을 비롯한 독립운동가들이 활동한 행적을 따라가다 보면 과연 이런 활동도 우리 독립운동인가 하는 물음을 갖게 될 수도 있다. 또한 당시 역사적 사실이나 특정 상황에 대한 평가와 기술記述이 지금 시점에서 바라보는 우리의 정서와 감정에 부합하지 않거나 동의하기 어려운 경우도 있다. 경우에 따라서는 적군과 아군의 개념이 뒤바뀔 수가 있고 애국자와 배신자의 개념이 뒤바뀔 수도 있다. 항일독립운동가라는 개념도 똑같은 문제에 부딪힐 수 있다. 그래서 그 개념을 정리해 둘 필요성을 느낀다.

김구를 중심으로 한 대한민국 임시정부의 활동은 오직 일제만을 타도의 대상으로 삼았다. 그리고 일제를 우리 땅에서 몰아내기 위하여 외교적 · 군사적인 것을 포함하여 온갖 수단을 다 동원했는데 공산주의만은 배격했다. 이분들의 활동은 분명히 항일독립운동임에 틀림없다. 이에 반하여 다른 한 부류가 있다. 여기에 속하는 사람들은 일제와 맞서 싸우는 것은 물론이고 반봉건反封建, 반제국주의反帝國主義 투쟁을 벌이던 중국과 러시아 혁명에까지 개입하여 억압 받고 고통 받는 민중들을 해방시키는 전투에 참가하는 것도 우리 독립운동의 일환이며, 그것은 또한 궁극적으로 우리가 이룩해야 할 사회의 참 목표와도 일치한다고 생각했다.

실제로 어떤 이는 국민군으로 북벌전쟁北伐戰爭에도 참가했고 어떤 이는 장개석이 이끄는 국민군 편에서 전투에 참가했다. 또 어떤 이는 공산군의 편에서 중국 홍군紅軍의 만리장정萬里長征에도 참가하고 팔로군八路軍에 편입되어 전투에 참가했고 무창 봉기, 광주 봉기 등 국민군에 대항하는 전투에도 참가했다. 장개석의 국민 정부는 1차 국공합작으로 북벌전쟁을 완수한 후 반공 노선으로 전환하면서 공산군에 대하여 일대 타격을 가했다. 이때 공산군 편에 섰던 많은 우리 젊은이들이 희생되었다. 이후에도 편이 갈리어 서로 맞서 싸웠다.

2차 세계대전이 끝나고 일제로부터 해방이 되었을 때 중국이나 러시아에서 항일투쟁을 하던 분들이 속속 귀국했으며, 미처 귀국하지 못하고 현지에 남은 분도 있고 가족과 헤어진 분도 있다. 귀국한 분 중에는 북으로 간 분도 있고 남으로 온 분도 있다.

이제 이념과 체제를 달리한 남북에서 어제의 동지이자 전우 사이가 오늘은 적이 되어 버린 현실은 확실히 우리만이 겪는 비극이 아닐 수 없다. 나는 여기서 항일투쟁의 범위를 넓게 잡아서 이들 모두를 독립운동가로 보고 북으로 직접 건너간 사람들에 대해서는 이후 언급하지 않는 것으로 했다.

이 기회에 한 가지 소개하고 싶은 것은 몽양 여운형에 관한 이야기이다. 이 시기에 금릉대학을 다녔던 몽양은 자신이 금릉대학에 다니게 된 이야기를 월간지 《삼천리》(1932년 9월호 및 10월호)에 자서전 형식으로 발표했다. 이 글에는 28세 늦깎이 나이로 학교에 다니게 된 사정과 학교생활이 잘 서술되어 있다. 이 글을 원문 그대로 소개함으로써 이 무렵 그의 생활 단면을 보다 깊이 이해할 수 있을 것 같다(《몽양 여운형 전집》 1권, 도서출판 한울, 1999, 28-30쪽 참고).

■ 몽양 여운형

1914년大正 3년 마침내 구주대전歐州大戰이 발발할 조짐이 보였다. 안에서 이미 뜻을 얻지 못한 몸은 외지로 유遊할 밖에 더 길이 없을 것을 각오하고 가재를 팔아 학비를 만들어 아우 윤홍이가 먼저 미국으로 가고 나도 뒤미처 봉천奉天을 거쳐 남경 금릉대학에 유장遊裝을 풀었던 것이다. 그것이 내가 스물여덟 나든 해이다. 나는 이와 같이 상해로 향하기 전에 중국 땅을 밟아 본 일이 있었다. 그것은 바로 그 전년인 1913년이다. 그때의 생각으로는 중국에 간다면 만주가 좋을까 남지나南支那가 좋을까 결정하기 위함이었다.

가본 결과 나는 이러한 결론을 얻었다. 서간도 일대로 말하면 토지가 광막廣漠하고 한편으로 로시아를 끼고 있어서 무슨 큰일이든지 일으킬 무대로는 좋지만 교통이 심히 불편하다. 그러기에 세계 대세를 따져 볼 때에는 장차 시국에 관심을 가진 자 일진대 문화가 앞서고 인문이 개발되었고 교통이 편하여 책원지策源地로서 가장 값있는 상해, 남경이 좋으리라고 단정하였든 것이다. 이리하여 내 동생은 아메리카로 갈 때에 나는 행장을 꾸려 가지고 일로 남경으로 향하였던 것이다. 그렇지만 나는 어학을 모른다. 우선 영어와 중국어를 배워야 한다고 생각하고 고민한 결과 미국사람이 경영하는 남경 금릉대학에 입학하였으니 그때 내 나이 이십팔 세였다.

금릉대학의 일반학생의 연령은 대개 이십 세로부터 이십이, 삼세에 달하였는데 원래 나이 많은 학생은 나이 어린 학생 축에 끼어 지내기가 퍽 거북하고 잘 어울리지도 않지만 나는 운동을 통하여 그네들과 잘 어울리었다. 운동은 육상경기와 야구였다. 조선에 있을 때부터 착념하여 왔던 까닭으로 각종 경기에 자신이 있었다. 그러기에 나는 대표 팀에 들어가서 어린 학생들과 경기를 하였던 것이다, 그때 생각하면 실로 유쾌하다. 그러는 한편 중국의 새로 자라나는 신진 청년들의 사상과 감정을 흡취하기에 힘썼다. 내가 금릉대학을 다니던 이십팔, 이십구 삼십 살의 삼년간은 가장 유쾌한 시일이었으니 이렇게 이 나라 청년들과 어울려 노는 한편 주야로 필사로 공부하였다, 그래서 그렇게 난해로 여겼든 영어와 중국어를 자유로 말할 수 있게 되었다, 그렇지만 삼년이 지나도 나는 졸업증서를 못 받았다. 남경 금릉대학의 학제는 그 학교 소정의 모든 학과를 다 마치어야 졸업증을 준다. 심지어 신학 같은 학과도 마치어야 된다. 그렇지만 졸업증서를 받는 것이 목적이 아니었으니까 그저 입학은 영문과에 해가지고 영문학과 철학을 힘써 공부하였다.

학비는 내가 집 떠날 때 돈을 조금 쥐고 나갔기 때문에 대학 기숙사에 들어 첫 해와 둘째 해는 과히 고생 없이 지내다가 제3학년에 이르러 학비가 없어서 부득이 학비를 대용貸用하여 학교를 마쳤다. 이 대용하였던 돈은 그 뒤 상해에 와서 취직하여서 곧 갚아버렸다.

## 남경대학살

남경대학 방문을 마친 우리 일행은 남경대학살南京大虐殺 기념관으로 이동했다. 이 기념관이 서 있는 이 자리는 대학살이 있었던 곳 중 한군데에 터 잡은 것이다. 중국인들과 세계의 지도급 인사들을 비롯한 많은 관광객이 이 기념관을 찾고 있다. 마침 우리 일행 중 한 분인 서중석徐仲錫 성균관대 교수와 한 · 중 · 일 동아시아 3국 역사교과서 공동편찬과 관련하여 함께 작업에 참여하느라 친분이 있는 분이 기념관장으로 있어 우리 일행은 모두 브리핑실로 안내를 받아 정중한 환대를 받았다.

기념관장이 직접 기념관과 관련된 사항을 상세하게 설명했다. 이곳에는 살육당시 사진들, 당시를 보도한 신문기사, 현장에서 발굴한 산더미 같은 시신의 잔해들이 적나라하게 전시되어 있다. 이것을 보면서 인간이 경우에 따라서는 얼마든지 악해질 수도 있고 군중 심리에 휩쓸리면 무슨 일도 저지를 수 있다는 사실에 새삼 치를 떨지 않을 수 없었다. 참으로 고귀한 인간의 생명이 파리나 돼지 목숨보다 못한 미물같은 존재로 전락하여 알 수 없는 밑바닥까지 추락하는 기막힌 장면과 그 당시 광란에 날뛰었던 일본군의 핏발선 눈을 상상하면서 전율 속에서 전시장을 둘러보았다.

일제가 군대를 앞세워 만주를 점령한 것은 1931년 9월 18일이다. 이날 이후 만주 지역은 일본군의 수중으로 넘어갔고 일본은 청나라 마지막 황제인 부의溥儀를 꼭두각시로 내세워 만주 괴뢰국을 수립했다. 중국의 거반이 1945년 일제가 연합국에 항복할 때까지 14년 간 일제에 강점되어 이루 말로 표현할 수 없을 정도의 잔혹한 수난을 당했다.

우리나라가 당한 36년 보다는 짧은 기간이지만 중국은 이 국치일을 절대로 잊지 말자는 뜻으로 '물망勿忘 9 · 18' 을 등소평鄧小平과 강택민江澤民 등 국가 최고지도자의 글씨로 중국 곳곳에 기념물로 새겨놓았다. 또한 관동군 사령부가 있었고 동북 3성의 중심인 심양에는 '물망 9 · 18 기념관' 을 지어놓고 강점 시기에 일제가 저지른 만행과 이들을 몰아내기 위해 중국이 벌인 항일 활동기록을 사진 등 각종 자료로서 전시하고 있다.

일제가 만주를 점령한지 4년 후에는 하북 지방 일부도 일본군 수중으로 넘어 갔으며 1937년에는 북경, 천진, 상해까지도 일본 손에 넘어갔다. 장개석 국민군은 양자강 연안에서 6개월 간 일본군과 대치하며 상해를 사수하려 했지만 실패하고 최정예부대 국민군은 수많은 사상자를 남긴 채 수도 남경에서 퇴각해야 했다.

1937년 12월 13일 수도 남경이 함락되자 일본군은 역사상 유래를 찾아볼 수 없는 만행을 자행했다. 1937년 12월 13일부터 1938년 초까지 6~7주 사이에 남경에서는 몇 십만 명의 무고한 시민들이 일본군에게 짐승처럼 끌려가 기관총 세례를 받았고 총검 훈련의 대상이 되었으며 휘발유를 뿌린 상태에서 산채로 불태워졌다. 몇 달 동안 거리에는 시체가 산을 이루었고 시체 썩는 냄새가 도시를 진동했다. 부녀자들은 닥치는 대로 강간을 당하고 참혹하게 살해되었다(아이리스 장 지음, 윤지환 옮김, 《역사는 힘있는 자가 쓰는가》, 2006, 미다스북스, 22쪽 참고).

무카이 도시아키 중위와 노다 다케시 중위는 일본이 남경을 점령하기 전 누가 먼저 중국인 100명의 목을 벨 것인지 내기를 했으며 이 내용은 신문에 보도되기까지 했다. 이와 같은 잔혹한 행위가 남경에서만 일어난 것이 아니었으며, 7주 간이나 계속 되었다는 점에서 남경대학살

■ 남경 대학살 기념탑

■ 남경 대학살 상징물

은 일본군이 중국에 공포를 주기 위해 의도적으로 벌인 발작적 행위가 분명하다. 그리고 그것은 전투 그 자체를 위해서가 아니라 일반 시민을 겁주기 위해 공격하지 않는다는 국제적 금기를 깬 비열한 행위였다(같은 책, 87쪽, 14쪽 참고).

이 기간 동안 일본군 만행으로 생긴 희생자는 최소한 30만 명 이상으로 추정되는데 한 중국의 군사 전문가는 43만 명 이상, 극동군사재판소 재판관은 26만 명 이상으로 각각 추정하고 있다. 일본군이 소름끼치는 만행을 저지를 때 그곳에 남아 있다가 그 광경을 목격하고 쫓기는 중국인에게 피난처를 제공했던 선교사와 사업가들이 이에 대해 증언하고 있으며 그밖에도 많은 물증이 제시되었다(같은 책 144쪽).

그러나 가해자인 일본 정부는 만행사실 자체도 인정하지 않고 중국의 배상요구에도 응하지 않고 있으며 남경의 잔혹행위를 역사적인 망각 속에 파묻으려 안간힘을 다 하고 있다. 대부분의 일본인들은 남경대학살이 일본군 당국이 저지른 전쟁 범죄가 아니라 전투 중에 군인 개개인이 개별적으로 저지른 행위라고 이해하고 싶어 하고 심지어는 아예 그 사건이 일어나지 않았다고 믿고 있다.

또한 대부분 일본의 전후 기성세대나 자라나는 세대들은 2차 세계대전에서 일본이 전쟁을 일으킨 주범이라는 사실보다는 일본이 히로시마廣島와 나가사키長崎에 미국으로부터 원자폭탄 공격을 당했던 피해 사실만 잘 알고 있다. 일본 정부의 비뚤어진 교과서 검열정책으로 역사교과서 내용을 왜곡시켜 기술하도록 하는 등 사실을 사실대로 가르치지 않고 있기 때문이다. 이렇게 해서 남경대학살이라는 인류가 부끄러워해야 할 가공할 범죄가 동양의 한 곳에서 일어난 전투 중의 한 사건으로 축소되어 역사 속으로 사라지려 하고 있다.

마찬가지로 전쟁 중 잔혹한 행위를 저질렀던 독일과 일본은 전쟁범죄를 다루는 기본태도에서 확연히 그 차이가 드러난다. 독일은 나치에 의해 아우슈비츠 등에서 벌어진 유태인 학살이 나치주의자 개개인이 아닌 정부 자체가 전쟁범죄의 주체였다는 점을 인정하고 이에 대해서 정부 당국의 거국적인 사과와 함께 상당한 배상을 하고 있는 데 반하여 일본은 잘못을 반성할 줄도 모르고 역사의 왜곡도 서슴지 않는 부도덕하고 파렴치한 소인배의 모습을 그대로 드러내고 있다.

따라서 일본 정부나 일본의 보수우익 세력이나 일부 편향된 일본인 역사학자들이 이와 같이 인간의 존엄성을 부정하는 혐오스런 역사적 사실을 놓고 사실 자체가 수치스럽다든지, 기억하기 싫다든지, 자기 민족의 자존을 위한 것이라든지, 또는 정치적 법적 책임을 회피하기 위하여 등등 어떠한 이유로라도 진실을 은폐하거나 축소하거나 또는 사실 자체를 부인하고 파묻으려 하면 할수록 더욱 더 일본인의 악독하고 잔인한 인간성까지 전 세계에 숨김없이 드러나게 될 것이다 .

실제로 지금까지 침묵으로 일관하던 서양 언론과 목전의 이해타산에 매달려 자기주장 하나 변변히 내세우지 못했던 피해 당사국들이 이제는 좀 더 적극적으로 진실을 밝히려는 듯한 움직임을 보이고 있다. 특히 1997년 중국인 2세 미국인 아이리스 장중국명 張純如이 *The Rape of Nanking*(한국판 제목: 역사는 힘 있는 자가 쓰는가)에서 폭로한 것이 기폭제가 되어, 갈수록 그 진상이 온 세상에 폭로되고 있다. 이 책은 출판된 첫 해에만 60만 부가 팔려나갔다.

기념관장은 우리 일행에게 지금까지는 기념관에 찾아오는 방문 객만을 맞았지만 앞으로는 더욱 활동 범위를 확대하여 전시할 자료를 직접 들고 중국 국내뿐만 아니라 세계 곳곳을 방문하고 이를 전시함으로써 적극적으로 일본 군대의 만행을 알리는 사업도 계획하고 있다고 설명했다. 또한 그는 과거 사실에 대한 전시는 물론 현재와 미래의 인권 문제까지 모두 아우르는 큰 계획의 실현을 위하여 지금의 시설 옆에 이미 부지를 마련했으며, 곧 기념관 증축공사를 착수할 계획이라고 설명했다.

기념관장의 소신에 찬 설명을 들으면서 우리나라도 일제강점 36년을 겪는 동안 지금까지 알려진 독립운동 희생자 말고도 일제에 의하여 알 수 없이 무고하게 죽임을 당한 수많은 이름 없는 민초들이 있었음을 상기했다. 그리고 이제라도 그들의 억울함을 풀고 원혼을 달래 주는 추모시설이 하루바삐 건립되어야 한다는 생각을 했다.

## 독립운동 그 후, 그리고 김규식

이번 여행을 하면서 가는 곳마다 현지 가이드들이 많은 수고를 해주었다. 이들 역시 모두가 일제강점기에 우리 땅에서 살기 어려워 중국만주 땅으로 이주해 왔던 사람들의 3세들이라고 했다. 똑같이 우리말을 쓰고 있으며 뿌리를 캐보면 모두 우리와 같은 피를 나눈 형제들이라는 사실을 확인하면서 기구했던 나라의 운명이 동포들의 국적까지 갈라놓은 엄연한 사실에 새삼 많은 감회를 느꼈다.

중국 대륙은 정말 넓고도 넓다. 서안에서 버스로 왕복 15시간이나 걸려 연안을 다녀왔고, 중경에서는 비행기로 2시간 넘게 걸려 이곳 남경까지 왔다. 하얼빈에서 러시아 국경과 접해있는 만주리滿洲里까지는 기차로 왕복 30시간이 걸리기도 했다.

그 암울했던 시절 우리 독립투사들은 빼앗긴 나라를 되찾겠다고 이 넓은 중국 땅을 동서남북으로 뛰어다녔다. 지금처럼 교통이 발달되지 않았던 그때, 비행기를 타면 쉽게 갈 수 있는 길을 걸어서, 때로는 배를 타기도 하고, 때로는 낙타를 타고 사막을 횡단하기도 했다. 우사가 그랬고, 몽양이 그랬다. 우리는 무장투쟁을 했던 투사들이 행군장비를 짊어지고 도보로 산과 들판을 누볐다는 사실을 가는 곳마다 보고 들었다.

많은 독립투사들이 낯설고 물설은 이국땅에서 가족도 잊은 채 목숨 걸고 항일투쟁을 하다가 해방을 맞아 몽매에도 그리던 조국에 돌아왔을 때 그들의 기대와 다르게 조국은 그들을 두 팔 벌려 감싸 안아주지 못했다. 공산당 활동과 아나키스트 사상적 편력이 문제가 되었다. 게다가 독립자금의 출처까지 문제가 되었다. 일제와 맞서 싸우는 데 아무도 우리를 도와주지 않는 상황에서 미국이 우리를 도와줄까 하고 기대해 보기도 했고, 러시아에 기대볼 생각도 했다.

미국의 윌슨 대통령이 민족자결주의 원칙을 발표했을 때 우리도 거기에 해당되는 줄 알았다. 큰 기대 속에 파리 강화회의에 참석할 비용 조달을 위해 이리저리 힘들게 여비를 마련하여 대표를 파견하고 활동했으나 전승국들의 잔치판에 낀 일본의 방해로 결과는 실망만 안고 돌아왔다. 파리강화회의와 구미위원부의 활동에 대한 실망으로 극동민족대회에 또 한 번 기대를 걸고 이 회의에 참가하느라 고비사막을 횡단하는 등 상상을 초월하는 고생 끝에 회의에 참가해서 레닌을 접견하고 독립운동자금도 지원 받았으나, 역시 자주독립의 길뿐임을 절감하게 되었다.

항일독립 운동가들에게 이념이나 체제는 그리 중요하지 않았다. 일제를 우리 땅에서 몰아내는 것 그것만이 문제였다. 이렇게 힘든 세월을 보내고 온 애국투사들이 이념적 갈등 때문에 테러의 위협에 시달려야 했고 실제로 아까운 지도자들이 희생되었다. 더구나 남북 분단 후 이데올로기의 광풍 속에 항일운동에 몸 바쳤던 많은 애국투사들이 올바른 평가와 합당한 대접을 받지 못했다.

우사도 그 중의 한 분이다. 오로지 빼앗긴 나라를 되찾겠다는 일념으로 개인적으로 편안하게 살 수 있었던 기회를 버리고 시련이 많은 길을 걸었다. 그가 공부했던 미국에서 그냥 머물렀더라면 더 잘 살 수 있는 기회를 보장받을 수 있었지만 그는 그 모든 것을 뿌리치고 형편없이 가난하고 일제에 강점당한 조국으로 돌아와 동포에게 봉사하는 인생행로로 갔다. 망명을 해야 할 지경에 이르렀을 때에도 역시 미국에 망명했더라면 좋았을 터이지만 그는 생사를 건 고생길인 중국을 택했다. 해방과 더불어 귀국한 후 조국의 분단을 막는 통일, 자주독립에만 온통 정신을 다 쏟았는데 6 · 25 와중에 서울에 남아 있다가 납북되었다.

우사 본인에게 뜻밖에 불어 닥친 불행한 말년은 말할 것도 없고 남아 있던 가족의 수난도 이루 다 말로 표현 할 수 없게 된 것이다. 가족들은 한동안 납북자 가족으로 따돌림 받는 현실에서 예우는 고사하고 활동의 제약마저 받아야 했다. 이것이 해방 이후 지난날의 현실이다. 나의 선친경심耕心 송남헌宋南憲은 일생동안 우사를 존경하며 그의 길을 따랐다. 나 또한 선친 못지않게 우사를 존경한다. 내가 철이 들고 배움의 길로 접어든 이래 역사의 인식, 특히 우리나라의 현대사를 조금씩 알게 된 이후부터 나는 우사에 관한 자료를 모으고 공부할수록 더욱 존경하는 마음이 더해갔다.

나의 기억을 과거로 돌리면 6 · 25 전, 초등학교 때 선친께서 며칠만에 돌아온 적이 있었는데 지금 생각하면 우사와 남·북협상에 다녀오신 때였던 것 같다. 또 그 후 어느 날 조부께서 크게 걱정하시고 집안 전체가 초상집 같았던 때가 있었는데 그것도 지금 생각하니 북에서 연락차 우사를 만나러 온 밀사를 선친께서 대신 만난 일이 드러나 당국에 연행되었던 때로 기억된다. 이처럼 어릴 때부터 나는 선친과 관련된 일을 많이 알게 되었고 따라서 우사의 존재도 나의 마음에 크게 자리 잡게 되었다.

내가 주관을 갖고 우리나라 현대사를 접하고부터 우사야말로 해방공간에서 우리나라가 분단되는 상황을 막아 보려고 끝까지 노력했던 진정한 애국자였다고 생각한다. 우사는 극단의 좌익과 극단의 우익이 각각 외세를 끼고 첨예하게 맞서는 것을 보고 이것도 안 된다고 생각하여 몽양과 함께 좌·우합작을 추진했다. 우사는 김일성이 북쪽에, 이승만이 남쪽에 각각 단독 정부를 세우는 쪽으로 방향이 굳어지자 남북이 분단되면 틀림없이 동족상잔의 비극이 초래된다 하여 이것만은 끝까지 막아야 한다고 판단, 북행의 남·북협상을 결행하기까지 했다.

일제 치하에서는 우리나라의 독립운동을, 해방공간에서는 우리나라의 완전한 통일국가 건설을 지향했던 위대한 애국자이며 정치지도자였던 우사의 정치 노선은 그때에도 옳았고 지금도 옳다고 생각한다. 돌이켜 보면 이와 같이 훌륭한 우사의 독립운동 발자취를 따라가는 답사여행이 성사되도록 노력했던 지난 몇 개월이 몹시 보람 있게 느껴지며 답사를 마친 지금 무어라 형언할 수 없는 감동으로 가슴 벅차다.

■ 약산 김원봉

## [참고 1] 약산 김원봉若山 金元鳳

약산 김원봉은 1898년 경상남도 밀양密陽의 한 농가에서 태어났다. 그의 호는 약산若山이며 최림, 김국빈이라는 가명을 사용했다. 김원봉은 어려서부터 나라를 빼앗긴 조국이 일제로부터 엄청나게 유린당하는 참상을 목격하고 어떻게 해서든지 일제를 몰아내고 조국을 되찾겠다는 큰 뜻을 품었다.

1913년 서울로 올라와 중앙학교를 다녔으며, 1916년 중국으로 건너가 천진에 있는 덕화학당에서 독일어를 배웠다. 1차 세계대전이 일어나 중국이 연합국 편에 가담하여 독일에 선전포고를 하면서 자국 내의 독일인을 추방하여 덕화학당이 폐쇄되자, 1918년 남경의 금릉대학 영문과에 등록했다. 이듬해 3·1운동이 일어나자 함께 공부한 동료 2명은 귀국했으나 김원봉은 만주에 남았다. 그는 무장투쟁만이 조국을 건질 수 있다는 신념으로 중국 동북지역에 세운 독립군 양성학교인 신흥무관학교에 입교했다.

1919년 11월 9일 그는 그곳에서 군사지식을 배우는 한편, 뜻이 맞는 친구 13명과 함께 조선의열단朝鮮義烈團을 조직했다. 여기서 그는 단장격인 의백으로 추대되었다. 창단 후 김원봉은 의열단 본부를 북경으로 옮기고 단재 신채호의 반임시정부 성토문을 적극 지지하면서 무력항쟁을 주장했고, 단재가 작성한 〈조선혁명선언〉을 의열단의 강령으로 확정하면서 의열단을 확대해 나갔다. 그는 의열단을 이끌며 일제 식민통치기구인 조선총독부를 비롯하여 부산, 종로, 밀양경찰서와 동양척식회사

등 우리 민족을 괴롭히고 수탈하는 기관들의 파괴를 지휘하고 일제 요인과 민족반역자를 암살, 응징함으로써 일제의 통치기반을 무너뜨리고자 극렬한 활동을 전개했다. 이후 1926년에는 20개조의 강령을 제정하여 의열단의 이념적 지표를 더욱 구체화, 명료화, 체계화시키면서 1920년대 초의 투쟁 강령이었던 〈조선혁명선언〉의 내용을 더욱 계승, 발전시켰다.

의열단의 이 같은 활동으로 일제에게 심리적, 물질적으로 큰 타격을 주었고 한국, 중국 등 피압박 민족에게는 대일항쟁을 크게 고무해 주었다. 1926년 김원봉은 단순한 의열투쟁보다는 대중운동을 이끌고 자체 군대를 조직해야 함을 깊이 인식하고 더 조직적인 투쟁을 위하여 의열단을 이끌고 중국 황포군관학교 제 4기에 입교하여 1927년 중국 국민당의 북벌전쟁에도 참여했다. 국공분열 후에는 국민군을 떠나 남창봉기에 참여했다가 봉기가 실패하자 1930년 북경으로 가서 레닌주의학교를 세우고 조선 공산당 재건사업을 이끌었다.

1932년 김원봉은 더 많은 독립운동가를 규합하고 중국 내 모든 독립운동세력들을 단합하여 대일통일 전선을 결성하기 위해 남경으로 왔다. 그해 10월 20일 중국 국민당 정부의 지원을 받아 남경 교외의 탕산湯山 선사묘라는 사찰에 조선혁명 군사정치간부학교를 세워 간부들을 양성했다(김성용, 《불멸의 발자취》, 민족출판사, 2000, 373~374쪽 참고).

1935년에는 남경에 모인 당파들의 연대를 강화하고 전민족의 대일통일전선을 구축하기 위하여 자신의 조선의열단을 해체하고 조선민족혁명당朝鮮民族革命黨을 조직하는데 진력했고 1937년 중일전쟁이 일어나 일본군이 남경을 공격하자 김원봉은 조선민족혁명당 본부를 이끌고 남경에서 철수하여 무한으로 갔다. 무한에서 여러 혁명군사학교를 졸업한 청년들을 재규합하여 1938년 10월 10일 조선의용대朝鮮義勇隊를 창설하고 대장을 맡았다.

창립식에는 중국 국민군사위원회 정치부 부부장 주은래周恩來와 정치부 제3청장 곽말약郭沫若도 참석하여 주은래는 기념사를, 곽말약은 축시를 낭독했다(위의 책 328쪽 참고). 무한에서 활동하던 조선의용대는 임시정부를 따라 중경까지 왔으나 김원봉 자신은 조선의용대를 광복군에 편입시키는 것을 달가와 하지 않았다. 1941년 봄, 조선의용대 주력부대는 황하를 건너 북상하여 하북지방 태항산에 들어가 중국 공산당의 방침에 따라 조선의용군으로 재편되어 본격적인 항일전에 뛰어들었다. 한편 중경에 남게된 김원봉은 1942년 5월 떠나지 않고 남아있던 조선의용대를 한국광복군韓國光復軍에 편입시켜 광복군 제1지대를 만들고 부사령 겸 제1지대장이 되었으며 1944년에는 임시정부 군무부장과 광복군 부사령관이 되었다.

김원봉은 광복 후 임시정부 요인들과 함께 귀국했으며 남북한이 서로 각각의 단독 정부를 수립할 것이 확실해지고 자신에 대한 테러 위협이 강해지자 월북을 한다. 1948년 평양에서 열린 남북제정당사회단체대표자 연석회의남·북협상에 참가했다. 북한 정권에서 검열상과 노동상 등 장관급 직위에 있었으나 남한에 대해 대립각을 세우지 않고 여전히 좌·우 합작을 주장했다. 그 후 그는 정치적 이유로 숙청당했다.

공산주의자들과 항일투쟁을 했고, 북한 정권에도 참여한 김원봉에 대한 견해는 각기 시각에 따라 이견이 있겠지만, 그는 공산주의자라기보다는 민족주의자로서 일관되게 좌·우통합을 위해 노력한 사람이었다. 그는 중국의 1차 국공합작이 장개석의 반공선회로 깨지자 장개석을 떠났고 귀국 후에도 남북 모두의 단독 정부 수립을 반대하고 좌・우 합작만을 줄기차게 주장했다.

일제 강점기에 국내외를 통틀어 가장 격렬하게 무장투쟁을 전개했던 김원봉이 해방된 조국에서 남북 모두로부터 외면당하고 잊혀져가는 인물이 되어 합당한 예우를 받지 못하고 있음은 몹시 안타까운 일이다. 하루빨리 그가 민족의 영웅으로 온 국민으로부터 존경받게 되는 날이 오기를 기대한다.

## [참고 2] 박영朴英

금릉대학에 다닌 또 하나의 인물 박영은 본명이 박근성朴根星이다. 당시의 많은 독립운동가들이 그랬듯이 그는 많은 가명을 갖고 있었다. 박영이라는 이름을 비롯하여 박진, 박웅서, 박몽각, 박성남 등이 그의 가명이다.

박영은 1887년 함경북도 경응군 아오지阿吾地에서 태어났다. 그는 일찍부터 일제 침략자들을 이 땅에서 몰아내야 한다는 생각을 가지고 19세 때부터 무장투쟁의 대열에 가담했다. 일제의 압박이 심해지자 그의 가족 모두는 1910년 중국 길림성 화룡현으로 옮겨 갔다. 그 후 1911년 일본 메이지대학에 갔으나 신해혁명 소식을 듣고 다시 중국으로 와서 항일투쟁을 계속했다. 그 후 1917년 그는 남경으로 가서 금릉대학에 입학했다.

1919년에는 화룡현에서 3・13항일운동에 참가했고 그 후 항일무장단체인 독군부의 창설을 도왔으며 독군부 항일대오의 참모장을 맡았다. 1920년 박영은 부대원을 데리고 여덟 차례나 두만강을 건너 온성,

무산을 비롯한 국내 각지의 일본 경찰서를 습격하였다. 그해 6월에는 홍범도 장군이 이끄는 대한 독립군에 참가하여 봉오동전투에서 일본군을 맞아 150명을 사살하는 등 큰 전과를 올렸다.

봉오동과 청산리전투에서 연달아 패한 일제는 간도지방의 불령선인不逞鮮人 초토 계획을 세우고 병력을 동원, 독립군을 압박하자 1920년에서 21년 사이 수천 명의 독립군이 이를 피해 러시아 연해주로 이동했다. 이들 중 상당수가 러시아 10월 혁명으로 촉발된 러시아 내전에 러시아 적군과 함께 블라디보스토크를 공략하는 전투에 참가했는데, 박영도 이들과 함께 싸웠고 또 여러 차례 부상을 당하기도 했다.

러시아 내전이 끝난 뒤 독립운동가들은 러시아에 남느냐 다른 혁명을 위해 간도 또는 국내로 가느냐를 놓고 갈렸는데, 그는 또 다른 혁명을 위해 1926년 그의 아내와 두 동생과 함께 국민 혁명과 사회주의 혁명의 열기로 가득 찬 중국의 광주廣州로 갔다. 그리고 박영은 황포군관학교의 교관이 되었으며 그 이듬해 장개석이 반공 쿠데타를 일으켜 그 학교에 있던 중국 공산당원과 한국인 혁명가 수백 명이 검거되자 이를 피해 무한분교로 옮겼으며 그해 12월에 중국 공산당 광주봉기에 참가했다.

봉기가 실패하여 퇴각명령이 내려졌으나 그는 그 사실도 모르고 4일 동안이나 진지를 고수하다가 동지들과 함께 희생되었다. 3일 천하로 끝난 중국 공산당의 광주봉기와 박영 3형제의 활동 내용에 관하여는 에드가 스노우의 부인인 웨일즈가 쓴 《김산의 아리랑》에 박진이라는 이름으로 자세히 소개되고 있다(위의 책 208-211쪽 참고).

## [참고 3] 이승만의 한반도 위임통치 청원

■ 이승만

대한인 국민회 북미총회에서는 1차 세계대전 전후처리를 위해 열리는 파리강화회의에 우리의 입장을 호소할 대표를 파견키로 했다. 그 대표 선정을 논의한 결과 이승만이 제1후보로 떠올랐다. 당시 그는 하와이에서 독립운동과는 거리가 먼 일을 하고 있었지만 윌슨 미국대통령이 프린스턴대학원장 시절 윌슨으로부터 졸업장을 받은 마지막 제자로서 친분이 두텁다고 소문이 나 있었고 그의 딸 결혼식에도 하와이총독과 함께 초청받을 만큼 유명인사라는 이유로 이승만을 대표로 선정했다. 그리고 다른 한명은 경비문제가 적지 않게 부담되었던 입장을 고려해서 타지역 인사보다는 미주지역에 있는 정한경을 선정했다. 그런데 승전국인 일본의 항의로 미국 정부가 여권을 발급해 주지 않아 미국에서는 파리에 대표파견이 불가능해졌다. 사실 이승만은 처음부터 대표로 선정된 자체를 달가워하지 않았다. 현실주의자 이승만은 자기가 독립운동 전면에 나서 활동하는 순간 많은 것을 잃게 된다는 점을 누구보다도 잘 알고 있었으며 대일독립운동의 승리가 불가능하다고 판단하고 승산이 서지 않는 싸움을 위해 자신이 순교자가 되지 않으려했다. 이런 상황 속에서 이승만은 당시 미국대통령 윌슨에게 "한국이 일본으로부터 자유를 얻기 위해 윌슨에게 호소함"이라는 제목으로 청원을 했는데 이 사실은 당시 미국 통신사워싱턴 발 연합통신에 기사화 되면서 알려 졌다. 그 내용은 "한국 독립의 장래를 위해 파리평화회의에서 한국이 장래 독립 정부를 건설하기에 적당함을 국제연맹이 인정해 줄 때까지 미국의 지도를 받는 위임통치국이 될 것"이라는 것이었다. 당시 3·1운동이 미주에 알려진 것은 1919년 3월 9일이었는데 이승만은 3월 16일 기자회견을 통해 바로 이 '한국 위임통치 선언서'를 공개해 신문에 보도케 했으며 정한경은 3월 20일에 뉴욕타임지에 위임통치안을 기고하고 나아가 《아시아Asia》 5월호에 자치설을 발표하기까지 했다. 기록에도 미국에 있던 이승만이 파리 강화회의에 참가하고 있던 윌슨에게 청원서를 보낸 날짜는 1919년 3월 16일로 되어 있다. 그리고 당시 미주에서는 이 문제가 별다른 정치쟁점으로 떠오르지 않았다. 그런데 4월 11일 상해 임시 의정원 1차 회의에서 신채호는 이승만이 위임통치 및 자치론을 윌슨에게 제안한 사실을 거론하며 이를 강력히 비난하면서 그의 국무총리 선임을 반대하고 나섰고 급기야 회의장을 박차고 나갔다. 미주의 소식이 불과 한 달 못되어서 상해에서 정치문제가 된 것이다. 신채호는 그해 4월 한문 잡지 창간호 '천고天鼓'에서 김창숙, 장건상, 김원봉, 이극로 등 54명이 연서한 이승만의 '위임통치 청원규탄 성토문'을 발표했다. 여기서 그는 위임통치 청원은 "조선이 미국 식민지 되기를 원합니다"라는 식의 요구라고 단언하면서 "이완용은 있는 나라를 팔아먹었지만 이승만은 없는 나라마저 팔아 먹으려 한다"는 것이었다. 신채호는 이 발표를 계기로 상해 임시정부와 완전히 결별하고 독자적인 활동을 전개해 갔다. 그리고 1921년 4월 북경에서 군사통일회의 준비회를 열고 임시정부에 이승만의 불신임과 임정의 해체를 주장하는 통첩을 발송했다.

한편 1921년 1월 상해에 돌아온 김규식은 노백린과 함께 이승만에게 위임통치 문제와 이동휘 국무총리 사임문제 등을 책임지고 사임할 것을 권고했다. 이승만은 국무회의에서 일단 사의를 표명했다가 다시 국민대회나 국무원이나 의정원에서 탄핵을 하지 않는 한 사임하지 않겠다고 번복했다. 이에 대해 김규식은 "이미 이 대통령에 대한 공격이 표면화 했고 이 대통령 자신이 사임한다고 선언했으니 사임할 수밖에 없다"고 계속 그의 사임을 촉구했다. 임시 대통령 이승만을 둘러싼 상해 임정의 복잡한 내분과정에서 반 이승만노선에 섰던 김규식은 1921년 4월 25일에는 구미위원장을 사임하고 같은 달 29일에는 마침내 학무총장 자리도 내어 놓았다.

그때 미주지역 한인 목사로서 상해 임시정부 의정원에 참여하고 있던 현순玄楯도 이승만에게 4월 26일 전보를 보내 위임통치 청원 소식이 퍼진 후 "우리 일하는 데 무한한 장애가 되니 그 말이 사실이면 우리는 각하를 신용치 안나이다"라고 했다. 이승만이 위임통치안에 대해 적극적으로 변명하고 나선 것은 그가 상해에 부임했다 돌아온 1921년 5~6월부터였다. 이승만은 1921년 5월 17일 "외교상 긴급과 재정상 절박"으로 인해 상해를 떠난다는 내용의 교서를 남기고 임시정부를 떠났었다. 이승만 측의 변명은 "국제연맹에 위임하자고 한 것은 그때 세계 형편에 적당히 될 줄로 생각하고 서명한 것이며 위임통치안은 윌슨 대통령의 수중에 들어갔을 뿐 파리 강화회의에는 제출되지 않아서 한국문제에 아무 문제가 없으며 그것도 3·1운동 이전인 2월 25일"의 일이라고 주장했다.

이승만과 정한경이 위임통치를 주장한 것은 우리 능력으로 보나 국제적 환경으로 볼 때 한국의 즉시 독립이 불가능하다는 인식이 바탕에 깔려 있었고, 스스로의 힘으로는 독립이 불가능하다는 자력독립불가론의 입장에 서 있었기 때문이었다. 미국에서 공부한 지식인의 현실주의적 상황판단이었겠으나, 이는 결코 전체 재미 한국 독립운동을 대표할 수 없는 견해였다. 나아가 이들은 독립을 부정하는 내용의 위임통치청원을 스스로 작성, 제출함으로써 독립운동 대표자라는 자신의 임무와 역할을 망각했고 이는 한인의 독립의지를 부정하는 용납될 수 없는 행위였다. 그러나 이런 곡절에도 불구하고 위임통치 청원을 제출한 이승만은 상해 임시정부 대통령이 되었고 그 후 단 한 번도 위임통치 문제에 대해서 공개 사과나 철회를 하지 않았다. 이승만은 상해 임시정부 의정원의 헌법 개정을 통해 1925년 3월 23일 면직되었다(정병준, 《우남 이승만 연구》, 2005, 역사비평사 146-160 쪽 참조).

## [참고 4] 신간회운동

중국관내에서 민족유일당운동은 만주와 국내에도 영향을 미쳤다. 당시 만주지역에는 항일 독립운동 단체로서 정의부正義府, 참의부參議府, 신민부新民府 등 세 단체가 활발한 활동을 하고 있었는데 독립운동세력들이 운동단체의 통일을 위해 한인들이 가장 많이 살던 길림성 신안둔新安屯에서 1927년 4월 정의부 제1회 대표자회의를 신호탄으로 삼부통합운동을 추진했다. 1928년 5월 민족유일당 촉성회가 결성되어 조직방법을 둘러싸고 많은 이견이 노출되었으나 1929년 3월 길림성에서 제2차 통합회의를 개최하고 국민부와 혁신의회를 성립시켰다. 비록 하나의 통일된 유일당 체제에 도달하지는 못했지만 수십여 개의 각 단체와 조직을 양대 조직으로 묶을 수 있었던 것은 값진 결실이었다.

국내에서는 1926년 순종의 국장일에 조선공산당, 천도교구파, 병인의용대, 조선학생과학연구회 등 국내외 각계각층의 인사들이 힘을 모아 6·10만세운동을 전개했다. 마치 중국의 국·공합작과 같이 좌·우익이 공동목표를 위해 결합한 경험은 이후 민족협동전선인 신간회新幹會를 건설하는데 긍정적인 영향을 끼쳤다고 볼 수 있다. 비록 투쟁지도부가 보안상 허점노출로 거사 전에 무너진 점과 사회주의자의 전선통일 실패의 아쉬운 사례에도 불구하고 6·10만세운동은 분명히 통일전선운동의 새로운 이정표를 세운 것이다. 좌·우익이 연대한 신간회운동은 1926년 말부터 전개됐다. 1920년대와 1930년대 초 민족운동은 대체로 두 갈래 큰 흐름 속에서 전개되었다. 하나는 민족주의운동이며 다른 하나는 사회주의운동이다. 그러나 이 두 갈래의 큰 흐름은 민족운동의 이념, 방법, 주도세력 등에 따라 다시 여러 갈래로 나뉘어 항일투쟁 한 곳으로 힘을 모을 수가 없었다. 민족주의 진영에는 좌파, 우파, 또는 타협적, 비타협적 민족주의와 같은 구분이 있었으며 사회주의 진영에는 1926년 말 현재 350개의 마르크스와 레닌사상을 연구하는 사상단체가 존재했다는 사실이 그러한 사정을 가리키는 것이다. 이러한 사정을 극복하고 비타협적 민족주의자들과 사회주의자들이 민족협동전선으로 창립한 것이 신간회였다

신간회는 국외 유일당운동의 연장선상에서 창립한 국내 민족운동단체로서 1926년 11월 조선공산당과 표리관계에 있던 정우회가 비타협 민족주의자와 사회주의자들의 동맹을 통해 민족 단일당을 건설할 것을 제창한 정우회선언을 발표하면서 급속히 추진되었다. 정우회는 정우회선언 발표 이전에 이미 여러 사상단체의 해체공작을 시도하고 있었으며 이 임무는 재일유학생 사회주의단체인 일월회가 담당했다.

일월회는 사상단체가 파벌을 조장한다는 입장에서 이의 해체에 앞장서 왔다. 그리고 정우회선언이 발표된 직후인 1926년 11월 28일 스스로 해체했는데 이것이 사상단체 해체의 처음이었다. 일월회 해체에 뒤이어 여러 사상단체들, 예컨대 전진회와 같이 우세한 영향력을 갖고 있던 단체들까지도 정우회선언을 지지하며 해체를 단행했다.

1927년 1월 19일 이상재, 안재홍, 권동진, 신석우, 홍명희 등 27명이 신간회 창립을 발기한 후 서울 청년회 계열과 물산장려운동 세력이 제휴한 조선민흥회 측에서 회원전원이 무조건 신간회에 가입한다는 결정을 했고 신간회측이 이를 받아들여 1927년 2월 15일, 서울 종로에 위치한 기독교청년회관 대강당에서 신간회 창립대회를 열고 당시 조선일보 사장이던 이상재를 회장으로 추대하고 홍명희가 부회장으로 뽑혔다. 그리고 이날 대회에서는 "우리는 정치적 경제적 각성을 촉진한다. 우리는 단결을 견고히 한다, 우리는 기회주의를 일체 부인한다"는 강령을 채택했으며 규약 대강만이 통과되었고 선언발표는 금지되었다.

신간회의 결성을 적극 지원하여 신간회의 대변지 구실을 했던 신문은 조선일보였다. 당시 조선일보는 이미 1925년에 들어서서 "조선인의 정치적 분야—기치를 분명히 하라"는 사설을 통해 정치적 입장을 분명히 하지 않는 회색분자를 경계했으며 1926년 후반 자치단체조직계획의 풍문이 자자하자 사설로서 다시 그 계획에 강력한 비판을 가함으로써 신간회 창립움직임이 자치운동을 반대하고 있는데서 시작되고 있음을 분명히 했다. 동아일보도 "민족주의로 발기된 신간회"라는 제하의 강령과 발기인 명단을 보도했으나 조선일보는 한걸음 더 나아가 이를 사설로서 취급하여 신간회의 대변지라 불리던 명성에 걸맞게 그 역할을 다했다.

신간회는 내부적으로 좌·우익의 갈등은 있었지만, 창립 후 전국적으로 사회 각 계층 및 독립운동 단체들의 폭넓은 지지 속에 급속히 팽창하여 그해 12월 27일에는 지회 100개소 돌파 기념식을 개최하기도 했으며 1930년에는 140여 개의 지회 및 지소와 3만 9,000명의 회원수를 갖게 되었다. 신간회의 각 지회는 그 지역 청년단체들과 민중운동단체들을 중심으로 결성되었고 각 지방 신문기자들도 적극 가담했다. 지회에서는 근검절약운동의 전개, 파벌주의와 족보주의의 배격, 야학운영, 웅변대회 개최 등 대중의 의식 개발에 주력했으며 소작료와 소작권 보호운동, 일본인 이민 반대, 동양척식회사의 반대, 수리조합의 횡포 타파, 노동조건과 임금에서의 민족적 차별 철폐 등 일제의 식민지정책 반대 운동을 전개했다.

지회의 활발한 활동에 비해 신간회 본부는 일제의 거센 탄압과 지도력에 문제가 있어 지회들로부터 강한 요구가 제기되어 단일회장제에서 중앙집행위원장제로의 직제가 개편되면서 허헌許憲이 집행위원장에 선출되었으며 사회주의자들이 대거 본부임원에 진출했다.

신간회 허헌 집행부는 광주학생운동이 일어나자 진상조사단을 파견하고 일제에 대해 학생운동의 탄압을 엄중 항의했다. 또한 1929년 12월 민중대회를 개최하고 대대적 반일시위운동을 전개하려 했으나 일제에 의해 저지됨은 물론, 허헌 등 집행부 44명이 체포되어 그 중 6명은 실형을 받았다. 이로 인해 신간회가 뿌리 채 흔들리게 되었고 신간회 대변지격인 조선일보도 재정적으로 타격을 받아 신문사 주인이 바뀌는 등 수난을 당했다.

이 사건으로 관계간부의 구속 외에도 본부와 지회의 활동가들에 대한 취체取締가 강화되었으나 신간회에 거는 민중들의 기대는 오히려 상승했다. 1930년대 들어 집행부의 온건화는 현저했다. 후임에 선임된 중앙집행위원장 김병로金炳魯는 종래 신간회운동이 관헌과 대립 항쟁하여 그 억압 때문에 조선민족을 위해 하등 기여 한 것이 없음을 거울삼아 한층 더 법이 정한 테두리 안으로 제한해야 하며 자치론을 주장하는 단체까지 받아들여야 한다고 주장했다. 이러한 주장은 이른바 민족진영 일부에 국한한 것이 아니라 주로 서울청년회가 주도하는 조선청년총동맹 내 사회주의자들을 중심으로 한 사회주의 진영에서도 상당한 동조세력을 갖고 있었으나 이러한 온건화 방향은 신간회활동 전반에 걸쳐 불신과 회의를 한층 깊게 만들었고 신간회의 존립근거까지 부정하게 하는 계기를 제공했다. 한편 1920년대 말 세계대공황의 여파로 민중들의 생존권 투쟁이 격렬해지고 이를 기반으로 혁명적 노동조합, 농민 운동이 각 지역에서 전개되면서 사회주의자들의 주장이 점차 확산되어 갔다. 표면적으로 좌 · 우익 세력이 합작하여 만든 단체였지만, 민족주의 진영에게 주도권을 빼앗긴 데 대해 사회주의 진영의 불만이 높았던 터에 신간회의 주요 간부들이 투옥된 사이를 이용하여 해산운동을 벌였으며, 1931년 5월 조선중앙기독교청년회관에서 대의원 77명이 참석한 가운데 해소를 결의함으로써 발족한 지 4년 만에 해산되었다(이균영, 《신간회연구》, 1996, 역사비평사 참고).

## 참고문헌

강만길 · 심지연(2000), 《김규식의 생애와 사상 1권 – 항일독립 투쟁과 좌 · 우합작》, 한울.

정정화(2005), 《장강 일기》, 학민사.

박규원(2003), 《상하이 올드데이스》, 민음사.

아이리스 장, 윤지환 옮김(2006), 《역사는 힘 있는 자가 쓰는가, 난징의 강간 – 그 진실의 기록》, 미다스북스.

몽양전집발간위원회(1991), 《몽양 여운형 전집 1권》, 한울.

이원규(2005), 《약산 김원봉》, 실천문학사.

김성룡(2005), 《불멸의 발자취》, 민족출판사(북경).

고지마 신지(小島晋治) · 마루야마 마쓰유키(丸山松幸), 박원호 번역(2004), 《중국근현대사》, 지식산업사.

존 킹 페어뱅크, 양호민 · 우승용 공역(1983), 《현대 중국의 전개》, 형설출판사.

이종한(2006), 《항일전사 정율성 평전》, 지식산업사.

정병준(2005), 《우남 이승만 연구》, 역사비평사.

# 7 항저우[항주(抗州)] · 쑤저우[소주(蘇州)]

*Hangzhou · Suzhou*

양원석 (전 서울시립대학교 객원교수)

# 항주 · 소주와 김규식의 독립운동

# 두 도시 이야기

## 항주杭州와 서호西湖

우리 일행은 여행 6일째 항주杭州에 도착하여 여정을 풀었다. 항주는 중국 절강성浙江省의 성도로서 전당강錢塘江 하구에 위치하며 서쪽 교외에 서호西湖를 끼고 있어 소주蘇州와 함께 풍광명미한 고장으로 알려져 있다. 7세기 수나라시대에 건설된 강남하대운하大運河의 일부의 종점으로 도시가 열려 남송시대에는 수도가 되었으나, 임시수도라는 뜻에서 행재行在(싱짜이)라고 불리다가 임안臨安이라고 개칭하였다. 10세기 이후에는 외국선박의 출입도 많았고, 원대에는 마르코 폴로, 이븐 바투타 등이 이곳을 방문하였으며, '싱짜이行在' 라는 말이 잘못 전해져 킨자이Khinzai 또는 칸자이Khanzai 등의 이름으로 유럽에 소개되기도 하였다. 19세기 태평천국의 난 당시 도시의 많은 부분이 파손되는 수난을 겪었으며, 남경조약에 의하여 상해가 개항되자 항구로서의 번영을 상해에 빼앗겼으나 오늘날도 성도省都로서 정치, 경제, 문화의 중심 기능을 담당하고 있다.

이 도시는 녹차 중 최고급품으로 알려진 용정차龍井茶의 생산지며, 전통적인 직물공업을 바탕으로 근대적 설비에 의한 비단, 면직포, 염색공업이 발달하였다. 교외의 새로운 공업지대에는 1957년부터 철강공장이 세워져 공작기계, 동력기계, 보일러, 베어링, 전선 등 관련공장이 들어서 있다. 또한 중국 정부는 1978년 등소평鄧小平의 개혁개방정책 결정 이후 5년에 걸쳐 그동안 방치했던 서호에 대한 대대적인 정비사업을 전개하여 현재는 최대의 관광지로 활용하고 있다.

■ 경관이 아름답기로 이름난 서호의 내력있는 버드나무

항주는 습기가 많고 특히 서호는 안개 낀 날이 많다고 한다. 맑은 날의 서호보다 안개 낀 서호가 좋고 안개 낀 서호보다 비 내리는 서호가 좋고 비 내리는 서호보다 눈 내리는 서호가 좋고, 특히 달밤의 서호가 더 좋다고 한다. 서호는 담수호다. 이 호수의 물을 바꾸는 데만 33일이 걸린다고 한다. 복숭아나무, 향장나무, 수양버들이 많아 봄에는 꽃들의 천국이리라, 이 호수의 이름은 춘추시대 이 지역에 있었던 월나라 왕 구천句踐의 아내이며 절세미인이었던 서시西施의 이름을 따서 붙여진 것이다. 둘레 15㎞, 면적 5.6평방㎞의 큰 호수로서, 당나라 시인 백거이가 항주의 자사刺史로 부임해 있으면서 축조했다는 백제와 송나라 시인 소동파蘇東坡가 축조했다는 소제蘇堤를 중심으로 외호外湖, 내호內湖, 서리호西里湖, 남호南湖, 북리호北里湖 5개 구역으로 나뉘어 있다. 걷기에는 북쪽의 백제 산책로가 잘 다듬어져 있다. 관광선 출발지가 있는 소제 쪽으로 들어 간 우리 일행은 40분 동안 관광선을 타고 호수 주위를 한 바퀴 선상유람하면서 고산, 소제, 백제白堤를 바라보니 호수의 아름다운 풍광과 함께 오월동주吳越同舟, 와신상담臥薪嘗膽 등의 고사故事가 파노라마처럼 뇌리를 스치고 간다.

춘추시대 이래 중국의 남과 북에서 많은 군웅이 난립하여 할거하던 BC 3세기부터 BC 1세기에 걸쳐, 오늘날 저장성의 대부분과 강소江蘇장쑤의 남부일대에 항주를 도읍으로 한 월나라와, 인접한 소주를 도읍으로 강소지역의 북부와 남부에 걸쳐 있던 오(초기의 오吳왕국)나라 사이에는 전쟁이 그칠 날이 없었다.

《사기史記》〈월세가越世家〉의 기록에 의하면 오왕吳王 부차(夫差, ?~BC 473)는 아버지 합려闔閭가 BC 496년 월왕越王 구천句踐에게 패하면서 치명상을 입고 복수할 것을 유언하며 죽자, 매일 밤 장작더미 위에 누워臥薪 자면서 복수를 맹세하던 중 마침내 아버지가 죽은 지 2년 만에 회계산

會稽山(후이지산)에서 구천을 대파하여 원수를 갚았다.

구천은 부차의 신하가 되고 그의 처 서시西施를 부차에게 바치면서 목숨을 구걸하였다. 그 때 부차의 장수였던 오자서吳子胥는 구천을 죽일 것을 권했으나 서시의 미모에 넋을 잃은 부차는 그 말을 듣지 않았다. 세력이 커진 부차는 BC 482년 황지에서 중원의 제후들과 동맹을 맺고 진나라의 정공定公과 패권을 다투게 되었다.

한편 회계산에서 부차에게 패하여 목숨을 구걸한 구천은 돌아가 쓰디쓴 쓸개를 핥으며嘗膽 신하 범려와 함께 20여 년 간 강병에 힘을 쏟으면서 기회를 노렸다. 마침내 오나라 부차가 진나라 정공과 패권을 다투느라 자기에 대한 경계가 느슨해진 틈을 이용하여 기습적으로 오나라를 침공하였다. 구천의 기습적인 침공에 대패한 부차는 BC 473년 자살하고 오나라는 멸망하였다.

■ 오 · 월이 한배를 탔을 때는 잘 지내다 강을 건너고서는 다시 다투더라는 고사가 있는 오 · 월 동주의 전당강

서호의 동쪽지역은 도시와 연결되어 많이 개발되었으나 산으로 둘러 싸여 있는 서남북은 개발을 미루면서 옛날의 자연경관을 그대로 유지하고 있다. 수양버들이란 이름도 수의 양제가 경항운하를 완공한 후 그 기념으로 서호에서 뱃놀이를 하다가 이곳을 지나면서 양옆에 버드나무를 심은 것이 유래가 되어 붙어진 이름이라 한다. 백제白堤 제방에는 장교長橋와 단교斷橋 2개의 다리가 있는데 장교에는 양산박과 추영제의 사랑이야기가 전해진다.

부잣집 딸인 추영제는 남장을 하고 학당에 다녔다. 학당에서 절친하게 지내던 양산박과 어느 날 유숙하게 되었고, 한 침대에서 자던 양산박은 추영제가 여자임을 알게 되고 둘은 사랑에 빠졌다. 그러나 추영제 부모는 가난한 집 아들인 양산박과의 관계를 몹시 반대했다. 둘은 헤어지기로 결심하고 장교에서 만났다. 18번을 건너도 집에 도착하지 못할 정도로 둘의 사랑은 깊고 애틋하여 헤어지지 못했다. 양산박은 추영제가 부모의 강요로 다른 남자와 결혼한다는 소식을 듣고 상사병에 걸려 죽고 말았다.

추영제는 부모가 권하는 마馬 씨라는 남자에게 시집을 가는 대신에 부모에게 3가지 조건을 요구하였다. 7월 7석 날 결혼식을 하고, 소복을 입고 시집가고, 양산박 무덤 앞을 지나간다는 것이었다. 부모는 딸의 소원을 들어주었다. 추영제가 소복을 입고 무덤 앞을 지나자 갑자기 하늘에서 벼락이 치면서 소나기가 쏟아졌고 양산박의 무덤 속에서 통곡소리가 나면서 무덤이 반으로 쩍하고 갈라지고 추영제가 순식간에 무덤 속으로 휙 하고 빨려 들어가고 말았다. 그런 후 무덤 속에서 한 쌍의 나비가 나왔다 한다.

장교는 장수長壽의 의미를 지닌다. 장교를 평생에 걸쳐 3번 정도는 다녀와야 장수한다는 믿음 때문이다. 그 때는 첫돌, 결혼, 환갑을 맞이했

■ 서호에 있는 석등, 5개의 구멍으로 호수에 5개의 달이 10개로 비친다. 서호에 석등이 3개라 총 30개의 달이 비친다고 함.

을 때다. 단교는 단교잔설斷橋殘雪이란 말이 생겨날 정도로 겨울이 되면 눈에 덮인 보숙탑, 미인탑 등과 함께 몹시 아름답다 한다.

시인 소동파가 축조한 소제는 '미인교' 라고도 하며, 길이가 2.8㎞ 나 된다. 서호 10경의 하나인 달구경 탑인 삼담인월三潭印月은 그 높이가 2m정도 되는 3층 탑인데 각 층마다 5개의 구멍이 있다. 8월 추석이 되면 삼담인월에서 달을 구경하기 위해 이곳 서호를 찾게 되는데 탑 중앙에 촛불 하나를 켜면 탑 하나에 달이 15개가 뜬다고 한다. 거기에다 그림자로 뜬 달 15개, 하늘에 뜬 달 1개, 물속에 뜬 달 1개, 연인들의 술잔에 뜬 달 2개, 애인의 눈동자에 뜬 달 2개, 마음에 뜬 달 1개, 달구경 나온 영은사 스님들의 무리달 1개, 내 눈동자에 담긴 달 2개 등 도합 40개의 달이 삼담인월에 뜬다.

호수중앙의 고산에는 장제스蔣介石의 별장이 있고 저장성折江省 박물관도 있다. 서호에서 하지 말아야 할 3가지 금기사항은 수영금지, 낚시

■ 서호의 아름다운 섬풍경

금지, 소변금지다. 평균수심이 3m인 서호에서는 3가지 양식을 하고 있다. 민물초어양식, 민물진주양식, 연꽃재배가 그것이다. 북경 이화원에도 서태후가 그토록 욕심을 냈던 서호의 모습과 같은 호수가 있다. 후세 사람들은 서태후가 빼어난 경관을 가진 서호의 풍광을 탐냈기 보다는 서호에서 나는 진주양식을 탐낸 것이 아니냐는 믿거나 말거나 추측들을 한다. 해질 무렵 서호 주변의 찻집에 앉아 용정차를 마시면서 다과를 즐기고 싶던 나의 작은 소망은 일정에 쫓겨 이루지 못한 채 서호를 떠날 수밖에 없었다.

소주蘇州의 부잣집에서 태어나 산 좋고 물 좋은 항주에서 살면서 음식은 광동廣東음식을 먹고 죽을 때는 목관에 사용할 나무가 좋은 류주柳州에서 죽겠다던 중국인의 소망처럼 항주는 편안하고 아름다운 도시다.

## 풍교야박의 도시 소주蘇州

다음날 우리는 소주로 차를 몰았다. 이 도시는 중국 강소성江蘇省 남동부 태호太湖 동쪽에 위치해 있으며, 인구 100만의 오랜 역사를 지닌 도시이다. 기원전 514년에 도시가 성립하여 현재까지 2,500여 년의 역사를 자랑한다.

일찍이 춘추시대에 오의 국도로 발전하였고, 서한 초기에는 동남부의 최대 도시로 번영하여 사주지부絲綢之府(비단의 도시), 어미지향魚米之鄕(바다가 가깝고 농산물이 풍부하여 살기 좋은 곳), 원림지도園林之都(정원의 도시) 등으로 불리었다. 수나라 시에 북경으로부터 소주 · 항주로 이어지는 대운하가 개통되자 장강 이남의 곡창지대에서 생산되는 쌀을 북경으로 수송하기 위한 물류중심지로 크게 활기를 띠면서 항주와 더불어 "상유천당 하유

소항上有天堂 下有蘇杭" 이라고 일컬어질 정도로 번영하였다. 송나라 시대에 이르러 더욱 더 번성하여 비단의 생산지로서도 명성을 날렸다. 이때에 소주에 세워진 탑들이 많아서 지금도 송대의 탑이 가장 많이 남아 있다. 상해가 개항되기 전까지는 오송강吳淞江의 수운을 이용한 외국무역도 활발하였고, 전통적으로 견직물, 자수제품이 유명하며 명대 이후부터 면포도 대량생산하고 있다. 2차 세계대전 이후에는 방적, 기계, 제강, 화학, 시멘트 등 근대공업도 일어나고 있으며, 또 주변지역의 풍부한 농업생산과 대운하, 오송吳淞강 및 호녕滬寧철도(상해~남경) 등 편리한 수륙교통에 힘입어 전통적인 상업 활동도 여전히 활발하다.

소주는 평야지대에 위치한다. 제일 높은 산이 호구산이며 그 산에는 소주의 상징으로 2,500년의 역사를 가진 호구탑虎口塔이 있다. 이 탑은 1,000년의 역사와 높이가 47.2m의 벽돌탑으로 7층 8각탑이다. 400여 년 전부터 지반 침하로 기울어지기 시작하여 비바람, 벼락, 풍화작용 등으로 여러 번 넘어질 뻔했지만 무너지지 않고 오른쪽으로 15도 정도 기울어져 있어 동방의 사탑으로 불린다. 이 탑은 오나라 왕 합려의 묘역이며 현존하는 중국 최고의 벽돌탑으로 961년(宋의 건륭 2년)에 완공되었다. 호구라는 이름은 오왕 합려의 장례식 3일째 되는 날 마을 사람들이 보니 하얀 호랑이가 웅크리고 앉아서 왕의 무덤을 지켰다는 전설에서 유래 되었다 한다. 이 밖에도 호구산 안에는 감감천, 시검석, 석침돌베개, 천인석, 제삼천, 검지, 칠상팔하 등이 있다. 시가지는 주위 23㎞의 성벽으로 둘러싸인 구성내舊城內를 포함한 신도시로 발달하고 있으며, 시내에는 수로로 이어지는 크리크망이 발달되어 '물의 도시' 로 일컬어지고 있다. '정원의 도시' 답게 정원도 많아 "천하의 원림園林은 강남에 있고 그 중 소주의 정원이 으뜸이다" 라는 말이 생겨났다. 이곳의 정원은 정교함이 특징으로 중국 남방 고전원림古典園林 건축예술의 정화라 할 수 있다. 송대부터 이어진 정원은 200가구에 이르고 지금은 10군데 정도가 복원되어 외부에 개방되고 있는데 그 중 4대 명원으로 꼽히는 송대의 창양정滄良亭, 원대의 사자림獅子林, 명대의 졸정원拙政園과 류안원留安園이 강남의 원림園林 작품으로 꼽힌다.

소주의 또 다른 명소는 '풍교야박' 이란 시로 유명해진 한산사寒山寺이다. 한산사는 서향으로 대문이 나 있고 절 앞의 운하는 북경까지 이

■ 장계의 시 풍교야박으로 유명한 '한산사'

어진다. 경부고속도로 길이의 3배나 되는 경항대운하는 수나라 양제가 이룩한 업적으로 200만 명이 3년 간 작업하여 40여 개의 대 · 소도시를 거치는 대역사였고, 운송에 종사한 뱃사공도 8만 명이나 되었다. 한산사는 그 규모가 크지 않은 작은 사찰이지만 1,500년의 역사를 가진 고찰로서 당 태종 연간AD 627~649에 시승詩僧인 한산寒山 스님과 습득拾得 스님이 여기에 석장錫杖을 세우고 머물렀고, 이곳에 온 희천 선사가 가람을 짓고 '한산사'라고 불렀다. 이 절은 수차에 걸쳐 화재로 소실되었지만 그 때마다 복원되었다.

■ 한산사 경내

짙은 향냄새를 온 몸으로 느끼며 중국 특유의 검은 기와를 얹은 황색 담장을 끼고 돌아 들어가는 길에 그 유명한 〈풍교야박風敎夜泊〉의 시비詩碑가 눈길을 끌었다. 이 시는 1,500년 전 장계라는 사람이 안록산의 난을 피하여 배를 타고 운하를 따라 내려오다가 소주를 지나면서 밤중의 한산사 종소리와 배가 운하를 왕래하는 밤 풍경을 〈풍교야박楓橋夜泊〉이라는 시로 표현함으로써 한산사의 이름이 온 세상에 알려지게 되었다는 설과 장계 시인이 과거시험에 네 차례나 낙방하고 실의에 젖어 한산사에 머물면서 지었다는 설이 있다. 그는 이 시를 쓰고 힘을 얻어 다시 과거에 도전하여 합격하였다고 한다. 입시생을 둔 가족들이 와서 한산사의 종을 치고 있다고 하니 시 한 수 때문에 한산사의 종소리가 유명해진 것이다. 지금도 섣달 그믐날 밤에는 주지住持가 108번의 종을 친다고 한다. 풍교야박의 정야종正夜鍾은 이 사찰만의 독특한 풍속이라 한다. 시계가 없었던 아주 옛날, 한산사에서 알리는 범종소리에 이 곳 풍교 마을은 새벽이 열리고 고깃배가 바다로 나가며 하루가 시작되었다고 전해진다.

<楓橋 夜泊>
月落烏啼霜滿天 江楓漁水對愁眠
姑蘇城外寒山寺 夜半鐘聲到客船

달은 지고 까마귀 우는 하늘에 서리 가득 내리고
풍교의 고깃배 시름 속에 자는데
고소성 밖 한산사의 한 밤중 종소리 지나가는 객선에 이르네

한산스님과 습득스님이 아주 절친하게 지낸 것이 유래가 되어 대웅전 뒤편에 한습전寒拾殿이 세워졌는데 한산과 습득의 대형 전신상이 조

금은 익살스럽게 표현되어 있다. 한산스님은 손으로 꽃병을 받쳐 올리는 듯, 습득스님은 한산 스님이 든 꽃병에 연꽃을 꽂으려는 듯한 동적인 모습을 목상으로 묘사하였다. 이것은 평화와 화목을 상징하는 것으로 한산스님의 꽃병은 평화를, 습득스님의 연꽃은 화목을 의미한다 하여 결혼을 앞둔 예비부부나 신혼부부들이 와서 가정의 화목과 평화를

■ 한산사 앞의 운하 주위

빌고 간다고 한다. 그 뒤편에는 7층 8각탑인 '보명보탑' 이 있다. 특히 보명보탑은 2층으로 올라가 맞은편에 동전을 던지고 소원을 빌면 소원이 성취된다고 한다.

한산사를 둘러본 우리 일행은 인공정원으로 유명한 졸정원으로 이동했다. 졸정원拙政園은 유안원留安園, 베이징北京의 이화원頤和園, 승덕의 피서산장과 더불어 중국의 4대 정원庭園으로 꼽힌다. 졸정원은 문자 그대로 어리석은 자가 정치를 한다는 역설적인 의미가 있다. 명나라 정덕 연간1502~1521에 왕헌신이란 사람이 관직에서 추방되어 고향으로 돌아온 후 이 정원을 꾸미면서 진나라 시대의 시 구절 "졸자위지정拙者爲之政" 에서 이름을 따왔다고 한다.

졸정원은 규모가 크기로 이름난 곳으로 농사짓는 동부, 경치를 보는 중부, 손님을 초대하는 서부로 나누어 가꾸었고, 1/3이 연못이다. 또한 이 정원에는 36개의 절경絶景이 있고 돌조각 바닥의 모자이크 길이 인상적이다. 소설 홍루몽의 배경 모델이 된 원향각이 연못 속에 잠긴 듯 떠 있고, 비파원, 해당춘오, 소창랑수원, 옥란정원 등 아름다운 누각 정자들이 보는 이들의 감탄을 자아낸다. 특히 18쌍의 부부가 즐겼다는 원향각은 경치를 구경하기에 적당한 장소였다. 앞에는 연못, 옆에는 목단꽃이 피어 바람이 불면 그 향기를 즐기고, 수작업으로 만든 의자 조각과 등받이 대리석 무의는 한 폭의 그림이었다. 원향각에서는 봄, 여름, 가을, 겨울 정자 4개가 다 보여 주인과 손님들이 4계절의 경치를 유감없이 구경할 수 있을 것 같았다.

부자의 상징인 가산假山이 있고 연잎이 물 위에 뜨고 비단잉어가 역동적으로 움직이며 연잎과 대조를 이룬다. 물에 비친 나무와 바위 그림자와 여러가지 모양의 창살무늬도 구경하면서 회랑식 복도를 돌아 나

■ 졸정원의 원향각 주위

오니 정원 밖으로 보이는 봉은사탑이 마치 정원 안에 있는 것처럼 시선을 끈다. 삼국시대의 오나라 손권孫權이 자기 이모姨母에게 지어 바친 보은탑이다. 정원이 지어진 지는 500년, 탑은 1,500년이 된다고 한다. 중국 정부는 탑과 졸정원 사이에 건축을 금지하여 정원에서 바라보는 탑의 전망을 아끼고 있다. 길바닥에는 박쥐 5마리가 돌로 모자이크 되어 있다. 5복을 가지고 오래 산다고 하여 박쥐를 밟고 지나갔다. 원향각 창

문에는 파란유리를 끼워 그 유리를 통해 건너편 돌로 된 경치를 보면, 겨울철 달빛이 비치는 설경을 보는 듯한 효과가 나도록 하였고 천정도 구불구불한 곡선으로 지어 음향효과까지 생각하였다고 한다.

소주와 항주시를 상징하는 나무는 상록수과의 향장나무다. 모기를 예방한다고 하는데 실제로 여름철에는 향장나무 아래서 잔다고 한다. 졸정원 앞에는 유난히 큰 향장나무가 많았다.

# 루쉰魯迅과 소흥紹興

## 루쉰의 고향

우리가 소흥紹興을 찾은 것은 중국 근대화의 정신적 지도자 루쉰의 체취에 젖어보기 위함이었다. 항주에서 소흥까지는 관광버스로 대략 한 시간 남짓되는 거리이다. 루쉰의 고향인 소흥의 중심도로는 일직선으로 길게 되어 있고 가로수는 낮으나 정원이 넓게 조성되

■ 소흥의 노신 고향입구 광장(하)

어 조경이 뛰어나게 예쁜 도시다. 인구 10만의 소도시로 전체 면적의 10%가 운하이다. 소주가 오吳나라 수도인데 비하여 이곳은 월越나라 수도였다. 소홍에서는 옛날부터 인물이 많이 나왔다고 하는데 물을 다스린 중국 하夏나라의 첫 임금 대우大于, 월나라 왕 구천句踐, 서예가 왕쉬에지王羲之, 정치가 주은라이周恩來, 문학가 루쉰魯迅등이다. 소홍에는 소홍주紹興酒가 유명하며 그 중에서도 특히 여아주女兒酒가 맛이 특이하며 관광객에게 추천 상품이 되고 있다.

루쉰의 본명은 저우수런周樹人, 1881. 925~1936. 10. 19이고 자字는 위차이豫才이다. 큰 돌조각으로 '루쉰꾸어리魯迅故里' 라고 조각된 광장입구부터 루쉰기념관, 루쉰의 할아버지 집, 루쉰의 고거故居등이 붙어 있다. 이곳은 샤오싱의 중심지요, 루쉰이 청소년시절을 보낸 곳이다. 이곳에는 옛날풍의 어른과 아이들의 모습을 재현한 동상이 오는 이들을 맞이한다. 광

■ 루쉰의 할아버지 때부터 살았던 루쉰의 고향 집

장 부근에는 찻집을 비롯하여 상가가 많다. 노신의 할아버지가 살던 집은 소흥 건물의 특색처럼 입구는 좁다가 들어갈수록 점점 넓어지도록 하였다. 대문 3개를 통과하니 객실과 결혼식, 상례, 제사 때 사용하던 '덕수당德壽堂'이 있다. 건물의 전체적인 모습은 검고 작은 기와에 흰 벽으로 이루어져 있다.

■ 규수(閨秀)들의 거처공간

건물 깊숙이 규수閨秀들의 거처공간이 있었다. 부잣집 딸이 친구와 더불어 식사하던 반쪽 식탁, 침실, 자수 놓던 곳, 목욕탕 등이 벽돌로 지어져 있어 노신의 할아버지 집안이 매우 부유하였음을 보여준다. 주씨네 가문의 남자들이 공부하던 서재, 서고, 그림을 보관하는 함, 유모침실과 어린이용 식탁 의자도 있다. 할아버지가 가훈家訓으로 쓴 6개의 현판이 각각 좌우로 걸려 있는데 글씨체는 루쉰이 19살 때 쓴 글자를 집자하여 루쉰의 친필임을 자랑하고 있다.

옆으로 이어져 있는 백초원百草園을 지나니 루쉰 생가에 닿는다. 할아버지 집보다 규모는 작았지만 당대의 부잣집임은 틀림없다. 루쉰이 12~17세까지 공부하던 삼미서옥三味書屋은 루쉰의 생가에서 5분 거리의 운하건너편에 있다. 8~9명이 앉아 공부하던 교실에 옛날 그대로 책상과 의자가 있고 그 왼쪽 구석에 루쉰의 자리가 있다. 삼미서옥으로 가기 전에 루쉰의 선생님 집부터 구경을 하도록 되어 있다.

## 루쉰의 생애와 활동

루쉰의 생애는 중국근대사의 한복판을 걸어간 삶이었다. 루쉰의 고뇌와 애증은 바로 근대 중국의 고뇌와 애증이었으며, 루쉰이 남긴 수많은 글들은 당시의 중국을 정직하게 증거하고 있다. 루쉰은 50여 년의 결코 길지 않은 생애를 통하여 초인적인 업적을 남겼다. 개략적인 통계에 의하면 소설 3권, 회고록 1권, 수필집 1권, 산문시 1권 등 도합 35만 자에 이르고, 잡문 16권이 약 650여 편에 135만 자에 이른다. 중국 고전문학을 연구한 저작으로 이미 출판된 것이 약 60만 자이고 일부는 아직 정리 되지 않았다. 이 외에도 러시아, 프랑스, 독일, 일본 등의 고전작가들의 작품, 러시아, 불가리아, 루마니아, 체코슬로바키아, 헝가리, 핀란드, 네덜란드, 에스파냐 등 10여 개국의 현대 작가들

■ 루쉰의 거처 방

의 작품을 번역, 소개한 것으로 장편, 중편 소설과 동화가 모두 9권, 그 외에 단편 소설과 동화가 78편 희곡이 2권, 문예이론 저서가 8권, 단편 논문 50편 전체 약 310만 자에 이른다.

루쉰은 지주계층으로서 글을 좋아하는 부잣집 아들로 태어났으나, 조부의 투옥, 아버지의 병사 등 잇따른 불행으로 '도련님'에서 '밥 빌어먹는 아이'로 전락하여 어려서부터 고생하며 자랐다. 1898년 난징南京의 강남수사학당江南水師學堂에 입학하여 당시 계몽적 신학문의 영향을 크게 받았다. 1902년 졸업 후 일본으로 유학할 때에 그는 혁명아였다. "중국은 물질을 숭상하고 천재를 멸시해 왔다. 개인의 개성조차 모조리 박탈된 이 병이 몰락을 부채질 하고 있다"고 갈파했다. 일본의 홍문고분학원을 거쳐 1904년 센다이仙臺의학전문학교에 입학하였으나 수업 중 중국인을 비하하는 일본인 선생의 발언에 자극받은 후 중국인들의 의식을 개조하기 위해서는 의학보다는 문학을 통하는 것이 실용적이며 효율적임을 통감하여 의학을 단념하고, 국민성 개조를 위한 문학을 지향하였다.

그 무렵 유럽의 피압박민족 및 슬라브계의 작품에 공감하여 동생 주작인周作人과 소설집《역외域外》를 공역하는 한편, 망명 중인 장병린章炳麟에게 사사하였다. 1909년 귀국하여 고향에서 교편을 잡은 그는 수업할 때에 책을 펴는 법이 없었고, 말도 많이 하지 않았다. "학생은 인간이지 수동적 기계가 아니므로 생각할 기회를 많이 주어 창조성을 키워야 한다"고 역설했다. 1911년 신해혁명辛亥革命이 일어나자, 신정부의 교육부에 참여해 일하면서 틈틈이 금석고문탁본을 수집하여 고서연구에 심취하기도 하였다.

1918년 문학혁명이라 불리는 신문화 운동의 거센 파도 속에서 '루쉰' 이란 필명으로 '신청년新青年' 지에 단편소설 〈광인일기狂人日記〉를 발표하여 가족제도와 유교의 폐해를 폭로하였다. 그는 수천 년 동안 개인이라는 나약한 존재가 세상의 잔혹함과 허위 속에 쓰러지는 것을 '식인' 에 비유하였다. 이어서 〈공을기〉, 〈고향〉, 〈축복〉 등의 단편 및 산문시집 《야초》를 발표하여 중국 근대문학을 확립하였다. 특히 1921년에 발표한 《아Q정전》은 2만 자 분량으로, 무수한 은유들로 구성된 세계적 수준의 문학작품이다. 이 작품의 반향은 엄청났고 소심한 정객들과 관료들은 이 작품이 자신을 풍자한 것이라고 여겼다. 창작 외에도 많은 외국 작가의 작품을 번역하였고 1920년 이후에는 북경대학, 북경여자사범대학 등에서 교수로 재직하였다. 1924년 주작인周作人과 어사사語絲社를 조직하고 1925년에는 청년문학자와 미명사未名社를 조직하였으나 북양군벌의 문화탄압과 격돌한 학생운동인 3 · 18사건으로 베이징을 탈출하여 하문廈門대학, 광동중산대학에서 교편을 잡았다.

1927년 상하이에서 허광평許廣平과 동거하면서 문필생활에 몰두하는 한편, 창조사, 태양사 등 혁명문학을 주창하는 급진적 그룹 및 신월사 등 우익적 그룹에 대한 논쟁을 전개하였고 그것을 계기로 매우 전투적인 사회 단평의 문체를 확립하였다. 또한 소비에트 문학작품을 번역하여 프롤레타리아 문학을 흡수 · 소개하기도 하였다.

1930년 좌익작가연맹이 성립되자 지도적 입장에 서서 활약하고 1931년 만주사변 뒤에 대두된 민족주의 문학, 예술지상주의 및 소품문학 에 대하여 날카로운 비판을 가하였다. 또 그 해부터 판화版畵운동도 지도하여 중국 신판화의 기틀을 다졌다. 죽기 직전에는 항일투쟁전선을 둘러싸고 주양周揚 등과 논쟁을 벌이기도 하였으나 그가 죽은 뒤 문학계에는 대체로 그의 주장에 따른 형태의 통일전선이 형성되었다.

## 루쉰魯迅의 사상

루쉰의 사상은 그 업적과 면모가 다양하였던 만큼 한 마디로 규정하기 어렵다. 단지 암울한 근대 중국의 격동 속에서 적과 동지에 대하여 스스로 모범이 된 루쉰의 확고한 삶의 모습은 '위대한 전투적 지식인의 초상' 이라고 집약될 수 있을 것이다. 그의 전투적 면모는 그의 뛰어난 시와 소설에서도 탁월하게 나타나지만 특히 그가 '잡문' 이라고 부른 수필 형식의 단문에서 가장 선명하게 나타난다. 루쉰은 지식인 가정에서 태어나 지식인으로 살다가 지식인으로 죽었다. 그는 일하는 민중이 아니었고 글을 쓰는 지식인이었지만 세상에 초연한 문필가는 아니었다.

그는 처음부터 끝까지 민중을 비판했다. 루쉰은 우유부단한 태도로 방관자적인 미몽상태에서 깨어나지 못한 민중을 향하여 '비수와 같은 평론' 으로 그들의 혼을 일깨워 살아 있는 인간이 되게 만들었다. 그는 펜에 뜨거운 피를 묻혀 잠자는 중국인의 혼을 일깨우고 인간의 존엄성을 되찾게 해 주었다. 민중을 옹호한다는 명분하에 특정한 이데올로기에 얽매이지도 않았다. 오히려 그는 민중을 사랑했기에 끝없이 민중을 비판했다. 그는 자신을 포함한 지식인은 물론 권력이나 지배자에 대해서도 끝없이 비판했다. 전통사상은 물론 그것을 부활시키고자 하는 민족주의, 그리고 민중을 미화하고 민중에 아부하는 사회주의도 비판의 범주를 벗어나지 못했다. 그의 비판에서 자유로운 중국이나 중국인은 아무도 없었다.

루쉰이 청년기에는 민족주의에, 장년기에는 민중주의에, 말년에는 사회주의에 관심을 가진 것은 사실이다. 그렇다면 루쉰이 민족주의자인가? 민족주의가 중국전통주의자를 말하는 것이라면 그를 민족주의자로 볼 수 없다. 그는 중국전통 특히 유교전통을 철저히 부정했기 때문이다. 나아가 민족문학가를 비롯한 국수주의자國粹主義者를 참으로 경멸했다. 심지어 그는 국가라는 관념도 부정하고 중국이 멸망한다 해도 역시 인류 진보의 경험이 된다고 주장했다. 그 국민이 생존할 수 없다는 어떤 역사적 가르침이 인류가 진보하는 데 밑거름이 될 것이기 때문이었다.

그는 사회주의자인가? 그는 혁명 후 이렇게 말했다. "혁명 이전에 나는 노예 짓을 하였다. 그런데 혁명이 발생한 얼마 뒤에 노예들의 속임수에 당하여 그들의 노예로 탈바꿈하였다". 급진적 혁명문학 그룹인 창조사 · 태양사 등이 그를 '천박한 인도주의자'라고 공격하자, 루쉰은 "혁명은 혁명가가 마음대로 힘을 휘두르는 게 아니라 혁명에 참여하지 않은 모든 사람을 다 살리는 것"이라고 맞섰다. 그는 모택동毛澤東식 사회주의자가 아니다. 그렇다고 반서양주의자 또는 동양주의자도 아니다. 그를 어떤 '주의자主義者'로 보는 것은 옳지 않다. 그는 국민당 독재에 반대하기 위해 중국좌익작가연맹에 참여하면서도 연맹내부의 독선을 비판했다. 그는 권위에 복종하지 않았고 어떤 대세와도 타협하지 않았으며, 언제나 자유롭게 회의하고 비판했다. 그래서 그는 언제나 소수파였다. 소수파로서 다수파와 싸웠다. 사후 공산당에 의해 공인되기는 했지만 그는 공산주의를 승인하는 어떤 글도 쓰지 않았다. 그 자신도 당원이 아니었고 공산주의자로 자처한 적도 없다. 오히려 그는 공산당에 의한 노동조합의 관제데모를 비판했다. 그는 생전에 공산당에게 비난도 받았다. 사후에도 그의 작품은 사회주의적이지 않다는 이유로 비판을 받았다. 심지어 우리나라에서도 그와 같이 교조적인 비판이 있었다.

루쉰은 우리식의 선비가 아니다. 그는 어떤 전통도 거부했다. 그는 민족도 국가도 거부했다. 어떤 이념과 대의도 거부했다. 그는 끝없이 인간을 추구하면서도 인간을 회의했다. 그는 '영원한 비판자' 인 동시에 '영원한 회의주의자' 였고 동시에 '영원한 자유인' 이었다.

루쉰의 삶 전체를 일관하고 있는 의지는 곧 '양심' 이었으며 그의 삶 전체를 나누어 준 의지는 다름 아닌 그 양심의 응결체였고 이웃에 대한 관심과 애정이었다. 1936년 그의 죽음이 알려졌을 때 학생과 시민 조문객이 10,000명이나 모여들었다. 당시 그의 관을 덮은 것은 '민족혼' 이라는 검정 글씨가 쓰인 흰 천으로 상해시민대표들이 헌증한 것이었다. 모택동도 루쉰이야 말로 "공자보다, 모택동 자기보다 더 위대한 사상가"라고 말했다고 한다.

우리나라 시인 이육사李陸史는 작가 루쉰이 타계했다는 소식을 듣고 조선일보에 추도사를 실었다. "아! 그가 벌써 56세를 일기로 ……영서하였다는 부보訃報를 받을 때에 암연 한줄기 눈물을 지우니 어찌 조선의 한 사람 후배로서 이 붓을 잡는 나뿐이랴." 1926년에 북경사관학교에 입학한 이육사는 이듬해 귀국하였으나 장진홍張鎭弘의 조선은행 대구지점 폭파사건에 연루되어 대구형무소에서 3년 간의 옥고를 치른 후 다시 북경 대학 사회학과에 입학, 수학 중 루쉰 등과 사귀면서 독립운동을 계속하였고, 1933년 귀국 후 시 〈황혼黃昏〉을 《신조선》에 발표하여 시단에 데뷔한 후 논문 · 시나리오까지 저술하면서 루쉰의 소설 〈고향故鄕〉을 번역 · 소개하였다. 우리나라에서도 루쉰이 저항적 지식인의 표상과 같은 존재임은 두말할 것 없다. 국내에서도 1990년 이후 100여 종의 관련 서적이 출간될 정도로 그에 대한 관심은 뜨겁다.

루쉰에 대한 중국인들의 사랑은 아직도 열렬하다. 최근 중국의 포털 사이트 시나망china.net이 44,000여 명의 네티즌을 대상으로 인터넷 투표를 통해 '현대 중국 독자들에게 가장 사랑받는 100명의 중국작가'를 선정한 결과 루쉰이 2.03%의 득표로 중국의 최고작가로 뽑혔다고 홍공의 빈과일보가 2007년 5월 10일자로 보도했다.

일반적으로 루쉰의 기념관은 북경, 상해, 소홍, 하문 등 네 곳에 있는 것으로 알려져 있으나 우리에게 의미 있는 역사적 기념관은 연안延安에 있는 루쉰 기념관이다. 이곳은《김산金山의 아리랑》의 저자인 미국 여류작가 님 웨일즈가 1937년에 김산을 만나 인터뷰한 곳이다.

## 항주와 김규식

### 윤봉길의 의거와 상해 임시정부의 이동

1932년 4월 29일 윤봉길尹奉吉의 의거는 상해시를 벌집 쑤셔 놓은 듯하였다. 당시 아시아의 패권을 추구하며 승승장구하는 일본은 자신의 세력팽창을 세계만방에 과시하기 위하여 일본 천황 히로히토裕仁의 생일, 즉 천장절天長節을 맞아 일대시위를 획책하고, 생일축하 겸 승전기념 행사를 크게 벌였다. 마치 1871년 프러시아 군대가 파리를 점령하고 베르사유 궁전에서 독일황제 빌헬름1세가 대관식을 연 것을 흉내라도 내듯이 남의 나라에서 '만세 일본萬歲日本'이라는 현수막을 붙이고 오만한 행사를 펼친 것이다. 여기에 한국 청년 윤봉길이 감행한 폭탄투척 사건은 일본군국주의 지도부의 간담을 서늘하게 하였음은 말할 것도 없고, 일본의 야욕에 신음하는 한국과 중국 국민에게는 오랜 체증이 내려가는 시원한 쾌거였다.

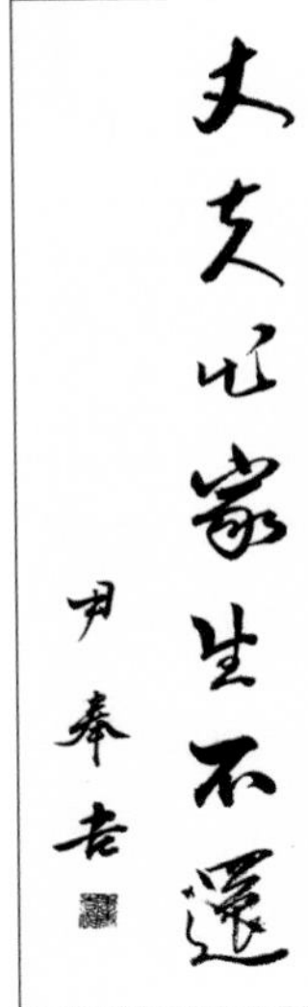

■ 거사 전의 윤봉길 의사

윤봉길 의사1908~1932는 호號가 매헌梅軒으로 충남 예산에서 출생하였다. 소학교에 입학했으나 3.1운동의 불길을 보고 식민지 노예교육은 받지 않겠다고 자퇴하고 독학으로 공부하다 1930년 상하이로 망명하였다. 윤 의사는 김구선생의 지도를 받아 1931년 한인애국단에 가입하였고 1932년 4월 29일 홍구공원에서 의거를 감행한 것이다.

일본군은 오전 10시부터 분열식과 사열식을 마치고 소위 천장절 기념식을 시작하였다. 높은 단위에 상해파견군사령관 시라카와白川儀則 대장을 비롯한 고관이 도열하고, 그 오른쪽에 도모노友野거류민단 서기장이 사회를 보았다. 식이 시작되어 오전 11시쯤 되었을 시각에 윤봉길은 성난 사자처럼 튀어나가 차고 있던 물통을 던졌다. 중국군 병공창兵工廠에 근무하던 김홍일金弘一(당시의 이름 왕웅王雄)이 만든 폭탄은 천지를 진동하는 폭음을 내며 작렬하였다.

■ 노신공원(옛 홍구공원)의 노신동상. 바로 이 동상 자리가 윤봉길 의사의 폭탄투척 현장임

단상에서 기고만장하게 서 있던 원흉들이 엎어지며 연단 아래로 쓰러졌다. 이때 시라카와 대장은 목숨을 잃었고 노무라野村, 우에다植田, 도모노友野 등 나머지 사람도 눈과 다리를 잃었다. 당시 주중공사駐中公使였던 시게미쯔重光葵는 왼쪽다리를 잃은 채 13년 뒤인 1945년 9월 3일 패전 일본의 외무대신으로 미국 군함 미주리호 함상에서 항복문서에 조인하는 장본인이 되었다.

윤 의사는 사건 직후 현장에서 체포되어 일본으로 압송되어 가나자와 형무소에서 12월 19일 사형 당함으로써 24세의 생을 마감하였다. 조국이 얼어붙은 엄동설한의 처지에 있을 때 나라와 민족을 위해 윤봉길 의사의 젊음은 한 송이 매화꽃이 되어 아름답게 순국한 것이었다. 그의 유해는 13년 만에 발굴되어 1946년 우리나라 효창공원에 봉안되어 있다.

상하이의 루쉰공원옛 홍구공원 안에 있는 윤 의사의 의거현장 옆의 공원 숲 가운데는 바위로 된 기념비가 서 있고 윤 의사의 기념관은 그곳에서 뒤쪽으로 떨어진 곳에 아담한 한옥 2층으로 지어져 있다. 윤 의사의 활동내용이 시대 순으로 전시되어 있고 폭탄투척 장면도 잘 전시되어 있었다. 윤 의사는 집을 떠날 때 '장부출가생불환丈夫出家生不還' 이라는 글귀를 남김으로써 조국을 향한 자신의 열정과 굳은 의지를 표현하였다.

윤봉길의 의거가 있은 직후 일본 경찰은 국제법도 무시한 채 조선인이 많이 거주하고 있는 프랑스 조계에 성난 벌떼처럼 들어와 조선 사람을 모조리 잡아갔다. 그때 미처 피신하지 못한 안창호 같은 이는 체포

■ 상해 루쉰공원(옛 홍구공원) 안에 있는 바위로 된 기념비

되고 말았지만 임시 정부도 상해를 떠나지 않을 수 없을 만큼 위급한 상황에 몰리게 되었다.

1919년 4월부터 시작된 13년 동안의 상해시대를 접고, 1940년 9월 중경重京에 정착할 때까지 임시정부는 항주抗州, 1932. 5, 가흥嘉興, 1935. 11, 진강鎭江, 1937. 4, 장사長沙, 1937. 11, 광주廣州, 1938. 7, 유주柳州, 1938. 10, 기강綦江, 1939. 3으로 3만 리 먼 길을 옮겨 다녀야 했다. 중일전쟁의 소용돌이 속에서 전세에 따라 이동하지 않을 수 없는 처지가 된 것이다.

## 항주 임정시대를 전후한 김규식의 독립운동 발자취

항주에서의 임시정부는 처음에 호변촌湖邊村 23호에 있었고, 1934년 11월부터 1년 동안은 판교로板橋路 오복리吳福里 2가 2호에 있었지만 중국의 정권변동 속에서 번지가 뒤바뀌어 지금은 부정확하다. 호변촌은 이름 그대로 호수의 변두리 마을이었다. 그 유명한 서호 근방인데, 오복리 청사도 서호 주변 600m 이내에 있었다. 중국인들이 하늘에는 천당이 있고, 땅위에는 서호가 있다고 할 정도로 아름다운 곳이지만, 그 때가 임시정부로서는 가장 어려운 때였으므로 임정 요인들에게는 오히려 처량한 풍경으로 보였을 것이다.

임시정부의 형편이 어려워 의정원은 가흥嘉興이나 남경南京에서 열릴 때가 많았고, 그러다가 1932년 11월에는 국무위원의 임기를 착각하여 개각하는 소동까지 빚었다. 그리고 1933년에는 각료들 간의 분쟁으로 인한 항주사건杭州事件이 있었고, 그 끝에 이동녕李東寧, 김구金九가 임시정부를 떠나고 말았다.

일본은 1931년 9월 18일 봉천奉天철도를 폭파하여 동북지방의 중국군벌 장작림張作霖을 폭사爆死시키고 이를 빌미로 중국군을 공격한 만주사변을 통하여 본격적으로 만주지방으로 진출하는 과정에서 1차 상해사변을 일으켜 국제적 관심을 상해 쪽으로 이끌면서 이듬해 3월 만주국滿洲國이란 괴뢰국을 세웠다.

이 무렵 김규식은 조선혁명당 최동오崔東旿와 상해로 가서 한국독립당 이유필李裕弼을 만나 조선독립의 완성과 중국의 실지회복을 위한 '중한연합회中韓聯合會' 조직을 꾀하는 한편 1932년 10월에는 대일전선통일동맹對日戰線統一同盟 주비위원회籌備委員會를 결성하고 11월에는 한국 대일전선통일동맹 결성대회를 주도하였다. 이때 한국광복동지회 대표로 참가한 김규식金奎植은 상해 한국독립단 대표 이유필 · 김두봉 · 송병조, 동북지역 조선혁명당 대표 최동오 · 유동열, 조선의열단 대표 한일래 · 박건웅, 상하이 한국혁명당 대표 윤기섭 · 신익희 등과 함께 이 조직을 결성하였다. 뿐만 아니라 한국의 통일동맹과 중국의 자위대동맹이 결합한 중 · 한민중대동맹을 성립시켰다.

한국대일전선통일동맹의 성립은 1930년대 좌 · 우익 통일전선운동의 효시가 된 것이다. 이 동맹의 성립을 주도한 김규식은 우선 우리 민족해방운동 내부의 통일전선을 이루고 다음으로 중국민중과의 통일전선을 이루어야 한다고 생각했고, 그 결과 한국대일전선통일동맹을 성립시키고 중 · 한민중대동맹을 발족시켰다.

김규식은 한국대일전선통일동맹을 끌고 나가기 위한 자금모집을 위해 1933년 1월 대일전선통일동맹과 중한민중대동맹의 대표로 5개 월간 미국의 각도시를 순회하면서 미국인, 각 대학, 단체모임, 민간협회 등을 상대로 극동의 상황을 설명하고 통일된 투쟁노선을 역설하면서 중 · 한민중대동맹 미주지부의 결성이라는 결실을 얻게 되었다.

한국대일전선통일동맹韓國對日戰線統一同盟이 성립된 후 김규식은 최동오, 김두봉, 신익희 등과 함께 상무위원이 되었고 1934년 3월 1일 제2차 대회에서는 미국국민총회 대리대표로 집행위원을 맡았다. 이 때 기존 5개 단체 이외에 재미대한독립당, 재뉴욕대한인교민단, 재하와이대한인국민회, 재하와이대한인동지회, 재미대한인국민회총회 등 미국에 있는 교포단체들이 김규식의 활동으로 인하여 동맹에 추가로 가입하였다.

중국 남경에서 3일간 열린 제2차 대표대회에서는 "강력한 대동단결의 조직실현" 을 주요강령으로 채택하고 이 동맹이 어디까지나 '대동단결 결성의 가교' 임을 명백히 하였다. 개별 단체의 연합체적 성격만으로는 전선통일 본래의 목적달성이 불가능하기 때문에 중국지역 민족운동전선이 '개별적 분산운동' 과 각 단체의 '고립적 운동의 오류' 를 청산하고 이 동맹을 가교로 삼아 전선을 완전히 통일시킬 필요가 있음을 확인하였다.

김규식을 비롯한 각 가맹단체대표 12명은 '대동단결체 조성방침안' 을 의논한 결과 "본 동맹의 목적인 조선혁명 역량을 총집중하여 진실로 대일전선의 통일 확대 강화를 도모하기 위해서는 현재와 같은 각 혁명단체의 연대제휴만으로는 도저히 소기의 목적을 달성할 수 없다" 는 결론을 내리고 전선강화책으로 세 가지 방안을 결정했다.

첫째, 종래와 같은 중앙간부만의 기관으로 하지 않고 가맹단체로부터 다수의 투사가 집결하여 대동단결 아래 열심히 적극적으로 공작하는 방안.

둘째, 가맹단체를 포함한 모든 단체를 전부 해소하고 그 단원을 통일동맹에 합류시켜 하나로 뭉쳐 단일 대동맹을 조직하는 방안.

셋째, 이를 위해서 혁명단 밖에 있는 한국임시정부도 해체하는 방안.

3가지 방안 중 첫째 방안은 동맹자체와 가입단체들을 그냥 둔 채 그 활동을 더 강화하자는 안이지만, 둘째와 셋째 안은 동맹가입단체는 물론 임시정부까지도 해체하여 하나의 새로운 단체를 결성하자는 안이었다. 즉, 전체 민족해방운동전선을 하나의 통일전선체로 새롭게 조직하자는 안이었던 것이다. 이때, 대일전선통일동맹을 실제로 움직인 중앙집행위원회 상무위원은 김규식을 비롯하여 송병조, 김두봉, 최동오, 윤기섭, 윤세주 등이었고, 기타 간부는 김원봉, 이청천, 이광제, 김학규 등이었다.

김구를 중심으로 하는 임시정부 고수파를 제외하고는 당시 중국지역에서 활동하던 대표적 민족해방운동세력이 모두 모인 것이었다. 이들은 결국 좌 · 우익통일전선을 강화하기 위해 한국대일전선통일동맹을 발전적으로 해체하고 통일전선정당으로서 민족혁명당을 조직하게 된다.

1935년 6월 20일부터 7월 3일까지 신당창당대회를 남경 금릉대학 내 대례당에서 열고 민족혁명당이 결성될 때 김규식이 임시정부 내, 같은 각료인 양기탁梁起鐸, 조소앙趙素昂, 유동열柳東說, 최동오崔東旿 등과 함께 각료를 사임하고 민족혁명당 결성에 참여하기 위해 임정을 떠나게 되자 임시정부는 송병조 , 차이석만 남아 문을 닫아야 할 위기를 맞게 된다.

이 때 김구는 자파 청년들을 난징에서 가흥嘉興의 징광사로 보내고 이동녕과 함께 임시정부에 복귀하였다. 진강에서 선상 의정원회의를 열었다는 것이 이때의 이야기다. 그리고 한국국민당을 결성하니 이때부터 임시정부는 김구 체제로 움직이게 된다.

한편 1935년 민족혁명당이 창당될 무렵 남경에 있었던 김규식은 곧 성도로 가게 되었고, 1942년 다시 임시정부에 합류할 때까지 사천대학 영문학 교수로 있으면서 외국어 문학과 과장까지 역임함으로써 이후 민족혁명당의 활동, 즉 조선의용대 창립과 일본군과의 전투 활동 등에는 참여하지 않게 된다.

그 시점에서 김규식이 사천대학으로 옮겨간 이유나 동기는 분명하지 않다.

그러나 김규식이 남경南京의 중앙정치학원으로 갈 때에도 중국국민당으로부터 신분을 보장받고 있었고 그의 차남 진세의 증언을 종합하면, 중국에서의 일본세력이 점점 강해짐에 따라 일제 형사나 밀정의 활동이 활발해졌고, 동시에 한국민족운동가들을 비호하고 있던 국민당 정부도 한국 독립운동가들에게 피신할 것을 권고하면서 중앙정치학원에 있던 김규식을 좀 더 안전한 성도의 사천대학으로 알선해 준 것이 아닌가 판단된다.

## 민족혁명당의 성격

김규식은 통일전선체로서의 한국대일전선통일동맹 성립에 주도적 역할을 했고 그 후신인 민족혁명당의 창당에도 적극적으로 참가했다. 민족혁명당의 성격은 어떠했는가?

민족혁명당이 조직된 시기는 1935년 7월이었고 코민테른이 인민전선전략을 채택한 제7차 당대회는 동년 8월임을 감안한다면, 우리민족의 해방운동전선에서 성립된 좌 · 우익 통일전선정당으로서의 민족혁명당이 코민테른 제7차 대회의 직접적인 영향을 받았다고 볼 수는 없고, 우리 민족해방운동전선 내부의 필요에 의해 이루어진 것으로 보는 것이 타당하다.

정강政綱과 정책政策을 통해 본 민족혁명정당民族革命政黨의 성격은 과거의 우익운동과 좌익운동, 그리고 통일전선운동이 가진 한계를 초월하여, 세계사에서 파쇼체제의 횡포가 극성을 더해가던 1930년대의 우리 민족 독립운동의 주도세력과 해방운동전선이 추구해야 할 방향을 제시하는 정당으로 태어났음을 보여준다.

김규식은 어린 시절 중병으로 인하여 죽음의 문턱을 헤매다가 미국 선교사 언더우드의 도움으로 생명을 되찾게 된 것을 계기로 기독교 신자가 되었고, 서울의 새문안교회에서 장로로 봉사하였다. 그는 서재필徐載弼의 도움으로 미국에 유학하면서 어문학, 사회과학, 국제정세 등에 관해 충분한 지식을 흡수했다. 그는 미국 버지니아주 르녹대학Roanoke College에 유학 중이던 1903년 5월 대학학술지에 발표한 〈러시아와 한국문제〉라는 논문에서, 한반도에서 서로 간의 배타적 이익을 위한 러·일 간의 무력충돌이 필연적이라 보았고, 일본이 승리할 것이며 그 영향이 한국에도 미치게 될 것임을 예견하였다.

김규식이 유학을 마치고 귀국한 1904년, 한반도를 둘러싸고 각축전을 벌이던 러시아와 일본은 김규식의 예견대로 동년 2월 8일 마침내 전쟁에 돌입했다. 전쟁 중 일본은 한반도내에 군사기지 확보와 외교 및 내정간섭을 위한 한일의정서1904. 2. 23를 체결하여 을사보호조약1905. 11. 7을 위한 발판을 다졌으며, 일본의 승리로 끝난 러·일 전쟁은 미국의 묵인 하에 한반도 내에서 일본의 우월권을 러시아가 승인하는 포츠머스조약1905. 9. 5의 체결로 귀결되었다. 청년 김규식은 1905년 8월 포츠머스회의에 참석하여 '조선문제'를 변론할 목적으로 상해로 가서 자금과 황제의 밀서를 가지고 뒤따라 올 다른 밀사들을 기다렸으나 그들은 오지 않았고 9월 5일 동 조약의 체결이 발표됨으로써 11월 7일 귀국할 수밖에 없었다.

김규식은 일찍이 영·불·독의 식민지 쟁탈전을 통한 제국주의적 팽창정책帝國主義的 膨脹政策이 지배하던 국제정치의 냉혹한 현실을 목격하였으며, 당시 러시아의 남진정책과 이를 저지하려는 영·일동맹 등 극동정세와 관련하여 미·서 전쟁1898년 및 미·일 간 태프트·카쓰라Taft-桂太郎, 1905년비밀협약을 통해 동북아 지역에 대한 일본의 팽창정책을 방조 내지 권장하는 미국의 동아시아 정책의 기조를 간파하게 된 것으로 보인다.

김규식이 모스크바 극동민족대회에 참가하고 국민대표대회에서는 창조파에 참가하였으며, 민족유일당운동에 참가하고 나아가 한국대일전선통일동맹 조직을 주도하고 통일전선정당 민족혁명당 창당과정에 참여 하여 활동한 것은 오직 피압박민족의 순수한 민족주의 이념에 입각하여 언제나 극좌도 극우도 아닌 민족의 대동단결 내지 좌·우익통일전선 노선에서 오로지 우리 민족의 독립을 위해 헌신한 것으로 평가된다.

# 8 상하이[상해(上海)]

*Shanghai*

**박태균** (서울대학교 국제대학원 교수)

# 상해 복단대학의 우사 김규식

■ 상해 프랑스조계 마랑도 보강리 소재 '대한민국 임시정부' 청사. 이 청사는 1919년 6월 안창호(安昌浩)가 가져온 미국 '국민회' 독립의연금 2만 5천 달러 중에서 전세를 얻은 것이다.

출처: 사진으로 보는 독립운동 하, 이규헌 해설, 서운당

한국인들에게 상해는 독립운동의 고장으로 기억된다. 1919년 한국 역사상 처음으로 공화정을 제도로 하는 대한민국 임시정부가 수립되었던 곳이며, 1920년대를 통해 외교활동을 중심으로 독립을 이루고자 했던 수 많은 우파 민족주의자들이 활동하거나 거쳐 갔던 곳이 상해다. 김구와 이봉창 의사, 그리고 윤봉길 의사가 거사를 모의했던 곳이기도 하다. 지금도 상해를 찾는 한국인들이 방문 목적에 관계없이 반드시 들리는 곳이 임시정부의 청사가 있었던 자리이며, 윤봉길 의사가 거사를 치룬 루쉰공원옛 홍구공원이다.

■ 상해 대한민국 임시정부 자리 표지

상해는 지리적으로 동북 3성 지역으로부터 멀리 떨어져 있었고, 서양의 영사관이 위치하고, 치외법권이 적용되는 조차지가 있었기 때문에 중일전쟁이 본격화되기 이전의 상해는 일본의 탄압을 피하기 용이했다. 물론 일본은 외교적 교섭을 통해 다른 나라의 조차지에서 활동했던 조선인 독립운동가들을 체포하기도 했다.

그러나 다른 한편으로 상해에서는 수많은 공산주의자들이 활동했었다. 해방 직후 조선공산당의 책임비서를 역임했던 박헌영이나 좌파 민족주의의 대표적 인물이었던 여운형이 처음으로 공산주의·사회주의 사상을 접했던 곳이 상해였으며, 고려공산청년회를 비롯해 초기 사회주의운동을 주도했던 곳이었다. 상해에서 활동하던 공산주의자들은 주로 화요회 계열이 주류를 형성하였고, 이들은 1925년 국내에서 조선공산당을 조직할 때 주도적인 역할을 수행했다.

1930년대 이후에도 공산주의자들은 상해를 근거지로 활약하였다. 조봉암과 같은 당대의 공산주의자들은 모스크바와 연락을 취하기 위해 상해에서 활동하였으며, 감옥에서 병보석으로 가출옥한 뒤 모스크바로 탈출했던 박헌영이 1년 여의 수학을 마치고 돌아왔던 곳이 상해였다. 일본이 상해사변을 일으키고 남경학살을 저지르기 이전까지 상해는 공산주의자들에게도 제2의 고향과 같은 곳이었다.

어쩌면 김규식 선생의 좌익과 우익을 넘어서는 좌·우합작 사상이 잉태될 수 있었던 것은 그가 처음으로 독립운동에 투신한 곳이 상해였다는 사실과도 관련될 수 있다. 수많은 좌·우파 민족주의자들과 사회주의·공산주의자들이 활동했던 상해에서 독립운동을 하면서, 좌·우파 또는 같은 이념의 정치인들 사이의 파벌적 갈등과 대립을 목격했을 것이며, 이 과정에서 진정한 독립운동을 위해서는 이념과 노선을 뛰어

넘어야 한다는 것을 체득했을 가능성이 크다.

김규식 선생이 상해에 처음으로 갔던 것은 1905년이었다. 르녹대학에서의 유학에서 돌아와 국내에서 활동하다가 러일전쟁 직후 미국의 포츠머스에서 개최된 강화회의에 참석하고자 상해에 갔었지만, 포츠머스 회담이 끝나는 바람에 가지 못한 채 다시 돌아올 수밖에 없었다. 1907년에는 윤치호, 김필순 등과 함께 만국기독교 청년회의 대표로 상해에서 열리는 동양연합회에 파견되기도 했었다.[1]

이렇듯 상해와 적지 않은 인연을 갖고 있었던 김규식 선생은 1913년 독립운동을 위한 첫 망명지로 상해를 택했다. 그는 동제사同濟社를 통해 박은식, 신채호, 조소앙, 문일평, 박찬익 등과 함께 독립운동을 본격적으로 시작했다. 그는 김두봉과 함께 청소년의 계몽과 민족의식을 고취하고자 동제사 안에 인성仁成학교와 박달博達학원을 운영하였다.[2]

그러나 상해에서의 초기 생활은 결코 풍족한 것이 아니었다. 이광수는 당시의 상황에 대해서 아래와 같이 회고하였다.

> 가끔 양식이 떨어져서 이제는 고인이 된 신정申檉 씨한테 얻어먹은 일도 있다고 기억된다. 그 때 신정 씨는 우리가 있던 집보다 좀 큰 집을 얻어 가지고 7, 8명의 학생을 묵도록 하였고, 또 영어강습소도 경영하였다. 신채호와 김규식 씨도 이 집에 기거하였다. 이를테면 1913년 경에는 상해뿐만 아니라 강남 일대 조선인 망명객의 본거지였다. 동제사라는 결사에도 신정 씨가 지도자였던 것이다.

그러나 조선 사람이 가는 곳에는 곤궁함이 따른다. 프랑스 조계 한켠에 모여 있던 조선인 망명객들에게는 가끔 식량이 끊어지는 위기가 있었다. 우리는 하루 종일 즐기는 담배를 피우지 못하

1
《대한매일신보》 광무 11년 3월 19일자

2
《중국조선민족발자취총서 1 - 개척》, 민족출판사, 1999, pp.431~432.

다가 밥을 지어주는 중국인 하인의 호의로 자전차표自轉車票 한 각을 얻어 갱생의 기쁨을 찬양한 것이든지 조용은趙鏞殷 군이 모자와 구두가 없어서 맨머리, 슬리퍼 바람으로 프랑스공원에 볕을 쪼이러 다닌 것밖에 출입을 못한 것이라는 이야기는 모두 그 때의 생활을 대표하는 사례들이다.[3]

■ 상해의 옛 거리. 조계지 외탄의 화려한 야경

이광수는 배고픔과 독립운동의 고단함을 참지 못하고 일본 총독부에 투항하였지만, 당시 곤궁했던 상해 시절을 회상하면서도 김규식 선생에 대한 언급을 잊지 않았다. 김규식 선생의 이야기를 빼놓지 않았던 것은 아마도 그의 인품 때문이었으리라. 《삼천리》 제4권 4호1932년 4월 1일 발간에 실린 〈나의 8인관〉황석우에 김규식에 대해서 다음과 같이 평가하였다.

3
이광수, 〈인생의 향기〉, 《삼천리》 제7호, 1930년 7월 1일자.

김규식 씨는 재외거물의 한사람—그는 온후한 학자풍의 인물! 그러나 그는 정치가로는 외교가, 그이의 외국어 실력으로는 영어, 불어, 러시아어, 중국어, 몽골어, 일본어 6개 국어다. 이만하면 조선의 외교정치가로는 넉넉한 자격이 있다. 외국어만 안다고 호텔에서 외국인을 안내하는 통역자도 외교가가 될 수 있다는 것은 아니다.

그이에게 외교가의 소질이 있다. 신 · 구新舊는 문제가 아니고 그이의 평민적이면서 털더름한 성격에는 존경하지 않을 수 없다. 그이의 용모부터 부잣집 마나님 같이 푹신푹신한 것이, 외교가로의 느낌이 좋은 사람이었다.

그러나 그이에게 일종의 퉁명스러운 고집이 있었다. 그것이 김규식 씨에게 또한 다소의 시비가 따르는 결점의 하나였다. 재외 인물 가운데 필자의 가장 존경하고 의존하는 인물은 안창호 씨와 이 김규식 씨 두 사람밖에 없었다.

어쩌면 이러한 김규식 선생에 대한 평가는 그가 항상 후학을 위해 힘쓰려고 했던 모습에서 우러나온 것인지도 모른다. 그는 동제사에 몸을 담고 있으면서도 후학을 위해 영어 강습소를 열었다. 김규식 선생은 이미 상해에 오기 전부터 청년들에 대한 강연에 적극적이었다.[4]

한편 김규식은 상해에서 활동하면서 여유 있게 생활할 수 없었음에도, 독립운동을 위한 지사들이 합류하는 과정에서 돈을 아끼지 않았다. 조소앙이 상해로 건너가는 과정에 대한 아래의 진술은 이 점을 잘 보여준다.

조소앙趙素昂은 원래 일본 유학생으로서 그 후 중국 광동廣東으로 건너갔고 그로부터 구미를 순회하고 있던 중 강화회

4
대한매일신보 광무 11年 2月 21日, 하오 7시 반에 청년회관에서 김규식이 〈개시양필유인이지의 인불필대시자지의(盖時樣必由人而至矣 人不必待時自至矣)〉라는 제목의 연설을 하다.

의와 평화회의에 파견된 김규식과 알게 되었고, 학생 때부터 혁명운동에 투신하고 있는 조소앙은 김규식으로부터 여비를 얻어 1921년경 나보다 조금 늦게 상해에 와서 그리 좋은 지위는 아니었지만 상해임시정부에 관계하고 있었던 모양이었다.[5]

김규식은 당시 상해에서도 후학들을 양성하는 데 적극적이었지만, 그의 생활은 매우 어려웠던 것 같다. 결국 그는 돈을 벌기 위해 다른 지역으로 떠날 수밖에 없었고, 1차 세계대전이 끝날 때까지 외국계 회사의 직원으로 일했다.

김규식 선생은 1차 세계대전이 끝나면서 파리에서 개최된 강화회의에 참여했다가 1921년 1월 상해로 돌아왔다.[6] 그가 돌아왔을 때는 대한민국 임시정부가 조직되었을 때였다. 그가 외교활동과 함께 후학을 기르는 일에 적극적이었기에 학무총장을 맡았고 임시정부 내의 분열을 해결하는데 노력하였다. 그의 부인이었던 김순애 씨도 상해에서 한인애국부인회를 조직하여 활동하였다.

그러나 임시정부는 분열되었다. 당시 임시정부 내의 분열은 이데올로기적인 것이 아니라 임시정부의 운영을 둘러싼 것이었으며, 김규식 선생과 미국에서 구미위원회 활동을 함께 했던 이승만을 둘러싼 문제 때문에 발생했다. 통합을 위한 김규식의 노력은 그가 대표로 나섰던 국민대표회의 경고문1923년 4월 8일자에 잘 드러난다.

중국에서 활동하고 있는 김규식 이하 34명이 연서하여 국민대표회에 경고문을 발한다. 그 요지는 다음과 같다.

오등은 국민대표회 의원 제군에게 경고한다. 제군은 어느 가족 대표도, 부락 대표도 아니다. 따라서 다수 가족으로 일 부락을 창립하려 하고 혹

5
〈한국독립당원 박경순사건, 경찰신문조서〉, 《한민족독립운동사자료집》 46(중국지역 독립운동 재판기록 4).

6
《朝鮮獨立運動 第2卷 民族主義運動篇》

■ 초기 임시정부 요인들
출처:《사진으로 보는 독립운동 下》(이규헌 해설, 서운당, p.13)

이승만(李承晩)
초대 대통령

박은식(朴殷植)
2대 대통령

안창호(安昌浩)
노동국총판 · 내무총장

이동휘(李東輝)
초대 국무총리

이시영(李始榮)
재무총장 · 법무총장

신규식(申圭植)
법무총장 · 외무총장

이동녕(李東寧)
내무총장 · 국무총리

김규식(金奎植)
파리강화회의 대표

홍진(洪震)
의정원 의장

김구(金九)
경무국장 · 내무총장

유동열(柳東說)
참모총장 · 군무총장

이상룡(李相龍)
국무령

은 다수 부락으로 일 국가를 건설하려 하는 회의가 아님을 경고한다.[7]

김규식의 노력이 결국 결실을 맺지 못하고 임시정부는 분열되었으며, 그는 상해를 떠나 블라디보스토크로 갔다. 그러나 1925년 일본과 소련 사이에 밀약이 체결되면서 다시 상해로 돌아올 수밖에 없었다. 그리고 이후 1927년 천진天津의 북양대학北洋大學으로 가기 전까지 상해에 머물렀다.

그는 상해에 머물면서 한국에서 온 유학생들을 보살폈으며, 이들이 보다 나은 교육을 경험할 수 있게 하려 노력했다. 당시 상해는 조선인 청년들 가운데 구미 유학을 가려는 학생들이 거쳐가는 경유지였다. 돈 많은 이들은 집안을 배경으로 일본이나 구미에 유학을 떠날 수 있었지만, 집안의 후원이 없는 이들은 상해에 와서 중국인 국적을 얻은 뒤 유학을 떠나곤 했다. 여운형과 박헌영이 상해에 갔던 이유도 유학을 위한 것이었다.

김규식 선생은 유학을 목적으로 상해를 찾는 학생들에게 커다란 둥지가 되어 주었다. 1923년 9월에는 상해에 남화南華학원을 설립하였으며,[8] 동제사 시절 설립한 인성학교 내에 유학생들을 위한 예비강습소를 설치하기도 했다. 식민지 조선의 교육이 충분하지 않은 상태여서 바로 외국의 학교에 입학하는 것이 어려웠기 때문에 어학을 비롯한 주요 과목들을 진학 전에 준비시키기 위함이었다.

이 때 김규식과 함께 여운형 · 현진건이 영어, 최창식 · 서병호가 수학, 김문숙이 중국어, 김두봉이 국어와 국사를 가르쳤다고 한다.[9] 임시정부가 분열된 이후에도 유학생들을 위하여 활동하였고, 1925년 2월에는 한국유학생회에서 주요한과 함께 강연회

7
《조선민족운동년감》

8
《동아일보》, 1923년 9월 22일, 10월 6일자

9
《동아일보》 1924년 6월 6일자

를 개최하였다.[10] 1930년대 초 삼일공학三一公學이라는 학교를 열기도 했다.[11]

그가 이 시기 독립운동과 후학들을 위하여 얼마나 열심히 일했는가는 그가 병이 나서 혹이 생겼다는 소문이 국내까지 퍼졌다는 데에서도 잘 드러난다. 《개벽》 62호1925년 8월에 '밧게 잇는밖에 있는 이 생각, 이역풍상異域風霜에 기체안녕氣體安寧하신가' 라는 글이 실렸는데, 여기에서 김규식 선생을 당시의 호인 만호晩湖로 지칭하면서 '기이한 병을 얻어서 혹이 하나 더 생겼다는데, 해외에 있는 우리 사람들이 독립혹이라는 이름 지었다' 고 적고 있다. 그가 상해에서 북양대학으로 옮긴 것 역시 건강이 하나의 원인이었다고 하니, 상해에 머무는 동안의 적극적인 활동은 그의 건강에 해를 끼쳤던 것이다.

이후 김규식 선생은 북경과 천진에 머물렀고, 만주사변이 일어나자 중한민중대동맹의 수석전권대사로 임명되어 미국을 다녀오면서 상해에서의 근거지를 청산했다.[12] 1930년대 중반 이후 조선민족혁명당과 대한민국 임시정부에서 활동하면서 남경과 항주 등에서 가까운 상해에 들렀을 것으로 추정되지만, 때마침 일어난 제1차 상해사변 이후 상해는 더 이상 안전한 거처가 될 수 없었다.

그렇다면 당시 상해는 어떤 곳이었을까? 후에 부일협력자 중 하나가 된 유광열柳光烈은 상해에 대해 《동광》 31호1932년 3월 5일 발간에 실린 '상해와 조선인' 이라는 글을 통해 다음과 같이 적고 있다.

〈상해라는 곳〉

상해는 지금으로부터 100여 년 전에 영국인 모씨가 발견하였다

10
《동아일보》 1925년 2월 17일자

11
《신민보》 창간호

12
김규식은 미국에 가서도 병으로 인해 일정 기간 치료를 받았다고 한다.

■ 1920년대 초 대한민국임시정부수립 당시의 상해전경
출처: 독립기념관 전시품도록, p.167

는 곳으로 지금에는 동양의 런던으로 유명한 개항장이다. 인구는 100만으로 아름답고 기인한 건물들이 하늘을 찌르는 듯한 황포강에 출입하는 선박들이 많다.

상해는 본래 화정현華亭縣 동북오향지東北五鄉地요, 위치는 황포강과 오송강吳淞江이 만나는 곳이다. 청나라 시기 주산舟山조약난징조약으로 상해가 5개 통상항의 한 곳이 된 것이다. 공공公共조계, 프랑스 조계, 중국시가 있고 고적으로 전국시대 초나라의 춘신군春申君의 사당이 있다. 황룡사, 안정사의 사찰도 있으며, 프랑스공원, 황포탄공원, 63화원, 중국인공원 등이 있다. 이곳은 개항장인 만큼 많은 나라의 군함이 모두 자국의 국기를 꽂고 상품을 실어다가 풀어놓는 곳이다.

〈홍삼으로 인연 맺어〉

그러므로 열국의 이해관계가 복잡하여 항상 국제적인 풍운이 도는 곳이다. 이 국제도시 상해와 조선인과의 관계는 어찌 되었는가. 이에 대한 문헌이 별로 없으므로 자세히 말할 수 없지만, 중국인이 기사회생하는 신비의 약으로 하는 홍삼紅蔘으로 인연을 맺은 듯하다. 대한제국의 고종황제가 개성 홍삼은 황실에서 관리하여 친청파요, 수구당인 민영익閔泳翊 씨가 어명으로 30여 년 전에 상해에 가서 홍삼판매에 힘썼으니 조선인이 드러나게 상해와 인연을 맺기는 이 때부터인 듯하다. 후에 조선인으로 외국 유학가는 사람이 조선에서 여행권을 받지 못하면 상해로 가서 중국인으로 국적을 바꾸어 구미유학을 가는 일이 종종 있어 상해는 우리에게 퍽 친한 이름이 되었고 또 현재 유학하는 청년도 많다.

〈김옥균 씨의 살해당한 곳〉

상해가 조선사람에게 한없이 애수로써 들리는 것은 길지 않은 인생을 산 조선의 지사 김옥균 씨가 자객 홍종우의 손에 선혈을 뿌리고 살해당했던 것이다.

누구나 아는 바와 같이 김옥균 씨는 조선에 부르주와 자유주의를 가장 먼저 수입하려던 인물이다. (중략)

〈1919년 이래의 일〉

상해에는 각국 조계가 있기 때문에 각국의 혁명가가 많이 모인다. 중국의 신해혁명이 일어난 이후에 조선의 지사들이 많이 상해로 가서 있었지만, 이렇다 할 일이 없었고 다만 1919년 많은 상해에서 많은 인연을 맺게 되었다. 1919년 봄에 미국인 모씨를 칼톤 카페에서 만난 이래로 조선인 간에 많은 경륜이 있었고 미국령 하와이에서 박용만, 북경에서 남형우, 미주에서 안창호, 러시아에서 이동휘, 이동녕, 간도에서 이시영 씨 등이 모여서 그 기관을 조직하여 처음에는 어양리漁陽里에서 인도인 순사를 세우고 있은 바 있었고, 조금 지나 신민리新民里로 이전하였으며, 같은 해 겨울에 여운형 씨가 일본인 목사 와타나베 씨의 소개로 일본에 건너가 조야

정객을 만난 일이 있었고, 1921년에는 모스크바에서 국제공산대회가 열림에 김규식, 여운형, 김원경 씨 등이 상해로부터 출석한 일이 있었고, 1923년에는 횡령사건으로 국민대표 회의를 열어 창조파, 개조파의 싸움이 있다가 결국 국민위원회가 되어 러시아령으로 갔으나 일 · 로조약으로 모두 내몰렸고, 그 후로 계속하여 조선인의 회합이 종종 있었으며, 신규식, 노백린, 박은식, 김가진 씨 등이 불행하게 별세하였다.

〈현재 동포의 상황〉

상해에 있는 기관으로는 동포가 경영하는 인성仁成소학교가 있어 김두봉 씨가 총괄 경영한다. 동포 수는 대략 6, 7백 명인데 모두 직업을 가지어 이전과 같이 생활이 곤란하지 않으며, 옥관빈 씨는 50여만 원의 돈을 모았고, 김모씨도 수만 원을 모았다고 한다. 이번 상해 사변으로 직접 영향은 별로 없으나 홍삼을 일본인 미쓰이三井가 취급했으니 만큼 배일排日의 여파로 팔리지 않게 되었고, 송고직松高織도 연 3만 원으로 팔리던 것이 타격을 받았다고 하며, 통신은 일본을 거치어가는 우편이니 만큼 지연될 것이요, 프랑스 조계에 체류하는 조선인들이 일본 법률에 저촉되는 사람들이 있으나 조계 내에 있는 만큼 일본 군대의 손이 미치지 못할 터이니 만주에 있는 사람들보다는 안심일 것이다.

(내용 중 일부 용어를 현재의 용어로 변경하였음: 필자주)

이 글은 김규식 선생을 비롯한 민족운동가들이 활동했던 당시 상해의 모습을 잘 보여준다. 상해에서 수많은 한국의 독립운동가들이 활동했다. 그러나 다른 한편으로 상해는 중국에서 가장 번화한 곳이었으며, 서구와의 통상을 통해서 근대의 물결이 물밀듯이 밀려들어온 곳이었다.

■ 상해의 번화한 옛 건물 시장거리(상), 상해의 옛 시가지 시장통 건물(하)

외국제 자동차들이 굴러다니고 있었을 뿐만 아니라 서양식 카페와 문화가 넘쳐흐르고 있었다. 서양식 영화와 춤과 음악이 넘쳐나는 곳, 한국인들에게 상해는 대한민국임시정부가 처음으로 자리를 잡았던 독립운동의 향수가 있는 곳이었지만, 중국인들과 외국인들에게 상해는 중국의 문호개방을 상징하는 곳이었다. 상해는 1920년대 한국의 영화감독 정기탁이 안중근 의사를 주제로 해서 영화 '애국혼'을 만든 곳이며,[13] 1930년대 중국을 주름잡던 최고의 영화배우 한국인 김염이 활동했던 도시였다. 한 해 5편 내외의 영화가 만들어지고 있었던 식민지 조선과 달리 상해에서는 매년 450편이 넘는 외화가 수입되었고, 500여 편의 영화가 자체 제작되고 있었다고 한다.[14]

또한 위의 글에서 나타나는 바와 같이 많은 조선인들이 장사를 통해 돈을 벌었던 곳도 상해였으며, 외국에 유학을 가기 위해 반드시 들리던 곳도 상해였다. 이렇듯 상해는 한편으로는 독립운동의 성지면서, 다른 한편으로는 조선인들이 근대의 물결을 느끼면서 상대적으로 자유롭게 생활할 수 있었던 지역이었다.

지금의 상해 역시 이러한 이미지와 크게 다르지 않다. 외탄에서 바라본 새롭게 조성된 푸동 지역은 김규식 선생이 활동할 때에는 없었던 새로 조성된 지역이지만, 중국 근현대사에서 상해가 가지는 의미를 함축적으로 보여주는 곳이다.

13
편집부, 《한국영화사연구》, 2장 참조.

14
〈국민일보〉 2006년 11월 16일자

■ 구시가지 외탄 맞은편의 신시가지 푸동의 야경

중국 근대화의 출발점이자 중국의 오늘을 대표하는 지역인 상해. 푸동 지역의 맞은편에는 과거 제국주의 열강들에 의해 세워진 오래된 은행 건물들이 길게 늘어서 있어서 근대와 현대 중국을 동시에 느낄 수 있다.

그러나 상해는 한국뿐만 아니라 중국의 많은 독립운동가들이 활동하던 곳이기도 했다. 중국의 군벌과 장개석의 국민당에 의해 수많은 중국 공산주의자들이 탄압받은 곳이면서, 동시에 1960년대 초 대약진에서 실패한 마오쩌뚱이 문화혁명을 앞두고 절치부심하던 곳이기도 했다. 지금은 그 자취를 찾기 힘들지만, 상상할 수 없을 정도로 발전한 상해의 시내를 밟으면서, 그리고 지금은 윤봉길 의사의 기념관이 들어서 있는 홍구공원을 밟으면서 일제강점기 김규식 선생을 포함한 지사들이 활동했던 자취를 느낄 수 있는 곳이기도 했다.

■ 우사가 교수로 있었던 상해 복단대학 정문

필자에게 무엇보다도 감격스러웠던 것은 그가 교육활동에 전념하면서 상해에 머물 때 영어 강의를 했던 복단대학에 들를 수 있었다는 사실이었다. 비록 김규식 선생이 강의를 했던 곳을 찾지는 못했지만, 중국에서 3위 안에 든다는 명문 복단대학에서 김규식 선생이 강의하면서 무엇을 생각하고 무엇을 느꼈을까를 생각하면서 다시 한 번 상해를 밟는 감흥을 느낄 수 있었다. 현재 복단대학은 한국학 연구의 진흥을 위해 힘쓰고 있으며, 일본학연구소와 함께 한국학연구소를 설립하였다.

아쉬움 또한 적지 않았다. 인성학원, 박달학원, 남화학원, 삼일공학 등이 모두 조그마한 배움터에 지나지 않았겠지만, 위의 이광수의 글에 나오는 신정 씨의 집과 함께 이들 학원들이 있었던 김규식 선생의 발자취를 조금이나마 느낄 수 있는 자취를 찾을 수 없었다.

또한 임시정부청사에 들러 김규식 선생을 포함한 독립운동가들이 활동했던 방들을 둘러보았지만, 찾는 이의 마음을 결코 편하게 하지는 못했다. 지극히 형식적이고 기계적으로 설명하는 안내원들의 모습도 그러했지만, 자기가 다녀간 것을 기념하기 위해 여기저기 남겨놓은 한국인들의 흔적이 마음을 씁쓸하게 했다.

# 9 옌안[연안(延安)]

*Yanan*

**우승용** (전 문화일보 편집국장)

# 중국을 일으켜 세운 연안과 연안정신

# 이해를 위한 편집자 주

당초 우사연구회에서 '우사 김규식의 독립운동길을 따라가다'의 답사계획을 세울 때의 의도가 흔히 '발자취 따라가다' 라고 하는 발자국 짚어가는 길이 아니었다.

보다 넓게 생각과 견문이 연관되는 사물을 포괄한 머리로 가는 길, 눈으로 보는 길, 견문-현지 사물의 관찰과 자료 독파 등-을 아우르는 기행으로서 독립운동 선열의 얼이 배인 길을 간다는 뜻을 살려서 역사의 교훈을 터득하는 것을 목적으로 했다.

이와 같은 답사길을 함께 갔어야 할 우승용 선생의 활동이 여의치 못해 이경일 선생에게 권유하여 이 선생이 답사여행에는 일행으로 동참하였으나 부득이한 사정으로 이 선생을 대신하여 우 선생이 글을 쓰게 되었다. 이 선생과 우 선생은 이심전심의 동감으로 뜻이 상통할 것이라고 믿어서이다.

우 선생의 '연안과 연안정신' 은 우사와 관련이 없다고 생각할 수 있겠으나, 본래의 취지를 앞에 언급하였듯이 우사의 독립운동 정신과 연안 정신은 맥이 통하는 역사적인 철리哲理에서 무관치 않다고 생각한다.

우사가 염원한 독립운동 정신의 일부가 실현되었다고 할 수 있는 오늘의 중국이 역사상으로 세계에 뚜렷한 국력을 드러내게 된 과정으로 이해할 수 있는데, 사실상 우리 겨레는 우사가 목적으로 했던 통일 · 독립 · 민주의 자주국가를 성취하지 못한 채 아직도 미완의 역사를 살고 있는 안타까움을 반성하면서 자신을 비쳐보는 거울로 삼을 수 있는 글이라 생각하며, 이 문집에 특별 기고문으로 게재함을 기쁘게 생각한다. 또한 독자들도 이를 이해해 주었으면 하는 바람이다.

특히 필자가 심혈을 쏟아 부은 투병기와 같은 귀한 글로, 이 글을 쓴 신념으로 필자가 조속히 쾌유되기를 기원한다.

장은기

## "풀리지 않는 의문들"

현대 중국에 관한 명저를 들라면 지금도 여전히 미국 저널리스트 에드가 스노우Edgar Snow가 쓴 『중국의 붉은 별Red Star Over China』[1]을 가장 먼저 손꼽게 된다. 여기서 '현대 중국' 이란 시대 구분에 대해서는, 전문가들의 견해 차이와 그 논거를 별도로 하면,[2] 신해혁명 이후 지금까지 대략 한 세기 동안을 가리킨다고 보아 무난하겠다. 그 결과는 결국 중국 공산당의 탄생 및 집권 과정과 대략 맞먹는 기간을 말한다.

스노우의 이 명저[3]는 첫 머리에 1930년대 중국 서북부의 공산당 근거지를 비롯한 당시의 상황을 두고 이렇게 설명하고 있다.

1
Edgar Snow, Red Star Over China, Victor Gollancz Ltd., 1937. 이 책의 런던 초판은 벽돌색과 오랜지 색을 짙게 배합한 전통적 '중국 색' 을 바탕에 깔고 앞뒤 표지에 아무 그림이나 사진도 없이 고딕체로 다음과 같이 간결하게 쓰고 있다.

RED STAR OVER CHINA
BY
EDGAR SNOW

LEFT BOOK CLUB EDITION
NOT FOR SALE TO THE PUBLIC

필자는 1994년 영국 웨일즈의 카디프에 언론 연수차 갔던 길에 우연히 그곳 중고 서점에서 이 초간본을 사게 되었다. 처음에는 초간본인지 아닌지 판단이 서지 않아 구입을 망설이다가 일단 사 가지고 귀국해 조사해보니 초간본임에 틀림이 없었다. 다만 앞 표지 하단에 "좌파 책 클럽 판/일반 판매용 아님" 이란 문구가 있고, 가격 표시가 없는 것으로 보아 우리에게 알려져 있듯이 시판용은 아니었던 것 같다. 따라서 본격적인 시판용인 뉴욕판보다 한 해 앞서 나온 이 초간본은 페이비언 소사이어티 등 '좌파' 를 위해 당초에는 한정 부수만 발행되었던 것 같다. 수소문 과정에서 알게 되었지만 어쩌면 필자가 갖고 있는 책이 런던 초간본으로서는 국내 유일한 소장본일 것 같다.

2
중국에서의 '근대' 는 대체로 1840년 아편전쟁을 기점으로 시작되었다고 본다. 그러나 언제를 현대 중국의 기점으로 보아야 하는가에 대해 국민당 계열의 학자들은 1911년 신해혁명을 중요한 분기점으로 잡는 데 반해, 공산당 계열의 학자들은 모택동이 '신민주주의론' 에서 제시한 것처럼 1919년의 5·4운동을 기준으로 구별하기도 한다. 서진영, 『중국혁명사』, 한울, 1992, pp.45~50.

3
Edgar Snow, Red Star Over China, Random House, 1971, 홍수완·안양로·신홍범 역. 『중국의 붉은 별』(상), (하), 두레, 1985, p.48. 이하 이 책은 '신홍범 외 역(상)(하)' 로 표기함. 중국에서는『紅星照中國』이라는 제목으로 번역 출판되었음.

■ 연안의 상징인 보탑산 위의 탑

나는 7년 간 중국에 체류하면서 홍군과 소비에트[4] 지구들, 그리고 공산주의운동에 대해 많은 의문들이 제기되는 것을 보았다. ……

4
인민이 선출한 대표들로 구성된 자치적인 대의조직으로서 피라미드 형태를 갖추며 인민회의 또는 인민대표회의로 불린다. 중국 내의 공산당 장악지역에는 조그만 촌락 단위부터 이러한 소비에트가 빠짐없이 조직 운영되고 있었다. 신홍범 외 역(상), p.48. 모택동(毛澤東)은 '소비에트'를 비슷한 중국어로 음역한 뒤 의인화해 적은 '소유아(蘇維埃) 선생'이라는 말로 농담을 던지기도 했다. 신홍범 외 역(상), p.231.

지구 위에서 가장 인구가 많은 나라의 바로 중심부에서 투쟁을 벌여온 중국 공산주의자들은 철옹성처럼 빈틈없는 뉴스의 봉쇄망에 갇혀 외부와 단절되어 있었다. 수천 명의 적군부대들이 성벽처럼 어둠을 계속 에워싸고 있는 홍구는 티베트보다도 더 접근하기가 어려웠다. 1927년 11월 호남성 동남 지역에 중국 최초의 소비에트가 수립된 이래 자발적으로 포위벽을 뚫고 들어갔다가 다시 돌아나와 자신의 체험들을 기록해낸 사람은 아무도 없었다. ……

지극히 단순한 요점들조차도 서로 의견이 엇갈렸다. 어떤 사람들은 홍군 같은 존재는 없다고 주장했다. 그저 수천 명의 굶주린 비적들이 있을 뿐이라는 것이었다. 어떤 사람들은 소비에트의 존재마저 부인했다. 그런 조직은 공산당이 선전활동을 통해 날조한 것이라는 주장이었다. 그러나 공산당에 동조하는 사람들은 홍군과 소비에트 조직이 중국의 온갖 악폐를 떨쳐버릴 유일한 구제 수단이라 찬사를 아끼지 않았다. 이처럼 선전과 역선전이 엇갈리고 있었지만…….5

그는 이런 인식을 바탕으로 중국 공산주의운동에 관해 요지 다음과 같은 '풀리지 않는 의문'을 잇달아 제기하는 데 책의 맨 앞 5~6쪽을 과감히 할애하고 있다.

홍군은 …… 마르크스주의 혁명가 집단인가, 아닌가? 만일 그렇다면 그 강령은 어떤 내용인가? ……

그 해(1927년-필자주) 4월에는 대규모적인 '숙청작업'이 시작되었다 …… 그럼에도 …… 수천 명의 농민, 노동자, 학생, 군인들이 남경 정부의 군사독재에 무력항쟁을 벌이고 있던 홍군에게 가담했다. 그 이유는 무엇이었나? …… 국민당과 공산당 간에 대립을 자아내는 근본적인 원인은 무엇이었나? ……

중국 공산주의자들은 어떤 특성을 지녔는가? 한가로운 관광객들은 이들이 수염이 긴지, 국물을 마실 때 요란스런 소리를 내는지, 또 보따리에 사제 폭탄을 넣고 다니는지를 물었다 ……

5
신홍범 외 역(상), pp.48~49.

그토록 장기간, 그토록 맹렬하고 용감하게 …… 대체로 그토록 불패의 싸움을 벌였던 이 전사戰士들은 어떤 사람들인가? …… 이들의 운동을 뒷받침한 혁명적 기반은 무엇인가? 이들을 믿을 수 없으리만큼 완강한 전사 …… 로 만들어, 수백 회의 전투와 봉쇄, 소금난, 기근, 질병, 전염병, 그리고 마지막에는 중국 12개 성省을 횡단하고 수천 명의 국민당 군대를 돌파하면서 마침내 서북 지역의 새로운 근거지로 의기양양하게 들어선 6천 마일(9천6백km-필자주)의 대장정大長征을 이겨내게 했던 그들의 목표와 꿈은 어떤 것이었나?

이들의 지도자들은 어떤 사람들인가? …… 남경 정부 측이 노리는 '공비共匪 명단' 제1호에 올라 있고 …… 죽이거나 생포한 사람에게 준다는 은화 25만원元의 상금이 목에 걸린 모택동毛澤東은 어떤 사람인가? …… 홍군 총사령관으로서 남경 정부 측에서는 그 목숨이 모택동만큼이나 값진 주덕朱德은 어떤 사람인가? …… 몇 차례나 거듭 사망설이 떠돌다가도 결국은 상처 하나 없이 새로운 부대를 이끌고 뉴스에 다시 등장하는 그 밖의 많은 홍군 지도자들은 어떤 사람들인가? ……

엄청난 우세를 보인 군사적 결합체에 9년 간 대항하면서 홍군이 눈부신 전과를 올렸던 것을 어떻게 설명해야 좋을까? …… 처음에는 폰 젝트von Seeckt 장군이, 나중에는 폰 팔켄하우젠von Falkenhausen 장군이 단장이었던 장개석의 사치스런 대규모 독일고문단의 군사적 계략까지도 무찔러 버린 홍군 지도자는 누구였는가? ……

중국의 소비에트는 어떤 형태를 하고 있나? 농민들은 소비에트를 지지했는가? 지지하지 않았다면 소비에트를 결속시킨 것은 무엇이었나? …… 홍군이 대도시를 장악하지 않은 이유는 무엇인가? ……

국민당 선전요원들의 단정적인 주장처럼 그들은 여자들까지도 '공유화'하고 있는가? 중국식의 '붉은 공장'은 어떤 모습을 하고 있나? …… 보건과 오락, 교육, 그리고 '붉은 문화'는 어떤가?

> 홍군 세력은 어느 정도였는가? …… 홍군은 무기와 탄약을 어디서 입수했는가? 홍군은 규율 잡힌 군대인가? 사기는 어떤가? 장교와 사병이 똑같은 생활조건 아래서 지낸다는 것은 사실인가?
>
> 중국 공산주의운동의 정치적, 군사적 전망은 어떠한가? …… 성공한다면 그런 사태는 우리 모두에게 어떤 의미를 지니게 되는 것인가? …… 공산당에게 도대체 '외교정책'이란 것이 과연 있는 것인가?
>
> 끝으로 중국에 '민족통일전선'을 만들고 내전을 중지하자는 공산당의 제의에는 어떤 의도가 담겨 있는가?[6]

간추리고 간추린 의문들이지만 지극히 저널리스트다운 내용으로 가득 차 있다. 아니 오히려 '의문' 하나하나가 마치 무슨 학술적 연구 과제이거나, 아니면 전체가 연구 과제를 수행하기 위한 설문이나 세부 과제를 열거해 놓은 것 같기도 하다. 아무도 가본 적이 없는, 기본 자료조차 부실하거나 없는 곳에 대한 취재 내지 연구계획서 치고 이렇게 치밀할 수가 없는 것이다.

물론 사람에 따라서는 이 책을 그리 대단하게 여길 정도는 아니라고 할 지 모른다. 그러나 70여 년 전에 한 저널리스트가 '잠자는 사자의 나라' 에 대해 이 정도의 인식과 이해를 가졌다면 놀랄 일임에 틀림없다. 솔직히 오늘날에 조차도 중국 공산당에 관해 이 정도 눈높이의 지적 판단과 안목을 갖기란 쉬운 일이 아니기 때문이다. 더구나 이념 문제가 끼어 있는 경우에는 사정이 다르다. 여기에는 편견과 아집과 흑백논리마저 작용해 문제를 객관적이고 합리적으로 바라 볼 수 없도록 만드는 것이다.

바로 우리 선조들의 독립운동 문제를 다루는 방식이 바로 그

6
신홍범 외 역(상), pp.49~53.

런 식이다. 이 때문에 여기엔 아직도 '풀리지 않는 의문들'이 짙게 깔려 있다. 이 때문에 여기에는 문제를 바라보는 시각, 따라서 그 해법의 갈등이 얽혀 있다. 그리고 그것은 끝내 남·북 간의 전쟁으로까지 번지고 말았다. 그러한 갈등 요인은 그로부터 반세기가 지난 오늘날까지도 우리 사회의 분열적 요인으로 깊게 작용하고 있는 것이다.[7]

## 황토고원의 황량함과 잠재력

현대 중국을 말하면서 연안延安을 언급하지 않을 수 없다. 연안은 중국 서북부지역 섬서성陝西省에 자리 잡은 작은 마을이다. 높고 험하기 짝이 없는 황토고원으로 둘러싸인 조그마한 분지 속에 들어앉은 성시城市였다. 만리장성에서 남쪽으로 약 4백리 남짓 떨어져 있다. 이곳의 주곡은 조, 밀, 옥수수였지만 옛날부터 아편 산지로도 유명한 곳이었다. 스노우가 처음 방문한 1930년대 연안의 전형적인 모습은 이러했다.

> 도처에 들판과 논밭이 보였지만 사람 사는 집은 거의 눈에 띄지 않았다. 농민들도 이 황토 구릉 속에 살고 있었다. 서북에서는 수백년 간 이어져 내려온 관습에 따라 사람들이 엿 색깔의 딱딱한 벼랑을 파서 중국인들이 말하는 요방窯傍, 즉 '굴집'을 만들어 살았다. 그러나 요방은 서양에서 생각하는 동굴과는 달랐다. 요방은 여름엔 시원하고 겨울에는 따뜻하며 짓기도 쉽고 청소하기도 편했다. 굉장히 돈 많은 지주들도 구릉에 요방을 만드는 일이 가끔 있었다. 지주들의 요방 중 일부는 방이 많은 대단한 건축물로서 가구와 실내장식이 화려하고, 실내 바닥이 석판으로 깔려 있고 천장이 높으며

7
이 글의 중요점 내지 상당 부분은 스노우의 저서에 힘입고 있음을 밝혀둔다.

흙벽에 붙은 창문은 창호지를 발라 채광이 잘 되고 또 검은 옻칠을 한 견고한 문이 달려 있었다. ……

연안은 방어하기에 이상적인 지형을 갖추고 있었다. 높은 암석 구릉들로 둘러싸인 분지 속에 들어 앉은 연안은 견고한 성벽이 구릉 꼭대기까지 쌓여 있었다. 지금은 이 성벽 외에도 장수말벌집처럼 생긴 요새를 새로이 만들고 그 요새에 기관총좌를 빽빽하게 설치해서 멀지않은 곳에 대치하고 있는 홍군들을 겨누고 있었다. 그 당시 도로와 길가 인근 지역은 동북군이 장악하고 있었으나 최근까지도 연안은 완전히 차단되어 있었다.[8]

연안이라는 지명은 기원 607년 수隨 나라가 이곳에 연안군郡을 설치하면서 얻게 된 이름이다. 이곳에서 황하의 지류인 연하延河와 남천하南川河가 합치고, 보탑산 · 봉황산 · 청량산 등이 둘러 있어 예로부터 전략적 요새였다. 수백 년 전 북쪽의 유목민들이 쳐내려온 것도 이곳을 통해서였고, 칭기즈칸 의 몽고족 대기병대가 서안부 정복을 위해 휩쓸고 내려간 것도 이곳을 통해서였다. 1천4백 년 간 섬북의 정치, 경제, 문화 및 군사의 중심이었던 연안은 중화민족의 발상지의 하나다.[9]

그렇긴 해도 발전 가능성은 낮아 인구가 고작 수천 명에 머물렀다. 오지 속의 오지임을 벗어나지 못한 것이다. 이곳을 두고 또 다른 미국의 저널리스트 해리슨 E. 솔즈베리Harrison E. Salisbury는 그의 저서 《대장정*The Long March*》에서 이렇게 묘사하였다.

섬서성 북부, 그 누가 이곳을 혁명의 기지로 선택하려 생각이나 했겠는가? 폐허, 고립, 끝없이 펼쳐진 황토의 언덕들, 나무 한 그루, 풀 한 포기는 고사하고 물 한 방울 조차 찾아볼 수 없는 땅이

8
신홍범 외 역(상), pp.72~74.

9
김성룡, 《불멸의 발자취》, 民族出版社(北京), 2005, pp.524~525.

었다. 잔인한 바람이 유산탄처럼 모래를 얼굴 위에 뿌리는, 가난하고 병들고 무식한 농민들이 사는 땅이었다. 한때 중국의 옛 수도로서 장안長安이라는 이름으로 불렸던 서안西安은 산과 사막을 건너 한 주일쯤 걸어가면 되는 거리에 있었다. 수 세대를 거치는 동안 무장한 반도들이 그 산들을 소굴로 만들었고, 그 지역을 무정부상태의 비밀 사회와 봉건 씨족사회로 만들었다.10

중국 서북부는 농업과 목축업을 주업으로 하고 있었다. 그때까지 농촌지역에서 중국 공산당의 활동은 주로 농민들의 직접적인 문제, 즉 토지와 조세 문제의 해결에 집중되어 있었다. 그래서 이렇다 할 만큼 중요한 공업이 존재하지 않았다. 공업이라야 몇 가지 한정된 기초적인 수공업과 약간의 지하자원을 가공하는 정도의 극히 초보적인 수준에 머물렀다. 그러나 모두들 황토고원의 황량함에 잠겨 있을 때 스노우는 좀 더 깊이 이 서북부 지역의 잠재력을 보고 있었다.

내가 붉은 중국을 방문했을 당시, 소비에트 공업은 전부가 수공업이었다. 전력도 거의 없었다. 감숙성의 보안과 하련만에는 봉재, 군복, 제지공장들이 있었고, 만리장성 밑의 정변에는 융단공장들이 있었다. 영평의 공장들은 중국에서 가장 값싼 석탄을 생산했고, 7개 현의 양모방직공장과 면방직공장은 섬서 · 감숙 소비에트 지구의 4백 개 협동조합에 충분한 상품을 공급할 수 있는 생산능력을 갖추고 있었다. ……

가장 중요한 소비에트 국영기업으로는 만리장성을 따라 영하寧夏의 국경지대에 자리 잡고 있으며 염지塩地라고 불리우는 염호들 주변의 정염공장, 그리고 가솔린과 파라핀, 왁스와 양초 및 그 밖의 부산물들을 조금씩 생산하고 있던 영평과 연장의 유정油井들을 꼽을 수 있다. ……

10
Harrison E. Salisbury, *The Long March : The Untold Story*, 정성호 역, 《대장정》, 범우사, 1985, pp.372~373.

하지만 서북방은 경제적으로 절대 절망적인 지역은 아니었다. 그 지역은 대부분의 토지가 아주 비옥한 데다가 인구도 과밀하지 않았다. 따라서 토지로부터 생산된 것을 사람이 미처 다 소비할 수 없었고, 개선된 관개시설만 있으면 이 지역은 '중국의 우크라이나'가 될 수도 있었다. 섬서성과 감숙성에는 석탄의 매장량도 풍부했다. 섬서성에는 석유까지 매장되어 있었다. 스탬파A. Stampar[11] 박사는 "섬서, 특히 서안과 인접해 있는 평원이-그 중요성에 서-양자강 계곡 다음 가는 공업중심지가 될 것이며, 에너지원으로 자체의 탄광을 활용할 것"이라고 예언했다. 감숙, 청해, 신강의 지하자원 매장량은 막대했지만, 거의 손도 대지 않은 상태였다. 스탬파 박사는 금만으로도 "이 지역은 제2의 크론다이크가 될지 모른다"고 말했다.[12]

11
국제연맹이 당시 남경 정부에 고문으로 파견한 보건전문가.

12
신홍범 외 역(상), p.250, p.282

■ 연안기념관의 중국항일군정대학 정문사진

이런 폐쇄사회의 중심이 오늘날에는 인구 32만 명의 대도시로 발전했다. 즐비하게 늘어선 고층 건물과 널찍한 거리는 도시의 현대적인 분위기를 짙게 보여준다. 최근 수년 간 연안시는 혁명유적지들을 보수하고 기념관을 세워 혁명전통 관광업을 적극 추진하였다. 이곳은 오늘날 홍군의 근거지들을 찾아가는 일종의 테마관광 여행인 '홍색여유紅色旅遊'홍씨뤼요우의 명소 중에서도 손꼽히는 명소의 하나가 되었다.[13]

이곳은 오늘날 당연히 '혁명의 성지' '중국 공산당 집권의 중요 근거지' 로 불리고 있다. 이곳을 명소로 만든 계기는 두말할 것도 없이 '대장정' 이었다. 그 70주년을 맞는 2006년 음력설에는 중국 국가주석 후진타오胡錦濤가 연안을 찾았다. 후진타오 주석은 현지 경제 사회의 발전 상황을 직접 살피면서 이곳 주민들에게 중국 서부의 개발계획을 연안 발전의 기회로 삼을 것을 권고하기도 했다.

## '대장정' 인가, '대도주' 인가

연안은 대장정의 산물이다. 그래서 연안을 말할 때 대장정을 말하지 않을 수 없다. 그러나 표현이 그럴듯해서 '대장정' 이지 보기에 따라 그것은 일대 '패주작전' 이었다. 무엇보다도 홍군은 작전계획에 따라 2만5천리1만2천km를 행군한 게 아니었다. 홍군은 처음부터 목표를 정한 것도 아니었다. 다만 국민정부군과 지방 군벌들의 추격을 받으면서 이리저리 피해 다니는 도주자의 행로일 뿐이었다. 그래서 그때그때 행진의 목표가 되었던 것은 큰 적군이 없는 홍군이 건설한 소비에트 지구였다.[14]

13
김성룡, pp.524~525.

14
서울대 국제문제연구소 편, 《중국정치경제사전(中國政治經濟事典)》, 민음사, 1990, p.110.

모택동은 1927~28년 겨울 군사령관 주덕과 함께 무장한 약 2천 명을 비롯한 1만 명 가량의 세력을 규합해 호남성과 강서성의 경계에 있는 정강산 지대로 피신했다.[15] 이들은 이곳을 중심으로 중앙 소비에트 지역의 농촌혁명근거지 건설에 주력, 1930년대 초에는 중국 각지에 약 15개의 크고 작은 혁명근거지를 마련하기에 이르렀다.[16] 이에 대해 장개석蔣介石의 국민당군은 1930년 11월부터 1933년 3월까지 모두 4차에 걸쳐 '소공掃共작전'[17]을 폈다. 그러나 이 작전들은 번번히 모택동과 주덕의 유격전술에 의해 실패로 돌아갔다.

마침내 장개석은 제5차 소공작전으로 홍군의 소비에트 근거지를 싹쓸이해버릴 채비를 갖추었다. 장개석은 1933년부터 시작된 제5차 작전을 위해 구미 열강의 원조로 항공기를 비롯한 다량의 최신 무기를 구입했다. 특히 항공기 4백 대로 구성된 막강한 공군력을 구축했다. 나치 독일에서 군사고문을 초빙해 유격전술에 대항하는 이른바 '토치카보루 작전'을 개발했다. 이번 작전에는 90만 대군을 동원했고, 이들이 구축한 토치카만 2천9백 개를 넘었다.

이에 반해 홍군 정규군은 예비사단을 포함해 총병력이 18만 명이었다. 동원 가능한 화력은 전부해야 소총 10만 정에도 못 미쳤으며, 중화기는 전연 없었다. 홍군은 장개석군의 비행기 몇 대를 노획했고 조종사도 서너 명 있었지만, 꼼짝없이 국민당군에 완전 포위되어 박살날 판이었다.[18] 홍군 내에서는 격렬한 논쟁을 벌인 끝에 포위망을 뚫고 도주하는 길밖에 방법이 없다는 결론에 이르렀다.

대장정은 1934년 10월 16일 중앙강서 소비에트의 서금을 탈출하여, 그 이듬해 1935년 10월 20일 섬서성 연안 북쪽

15
John King Fairbank, *The United States and China*, Fourth and Enlarged Ed, Harvard Univ. Press, 1971, 양호민 · 우승용 역,《현대 중국의 전개》, 동서문화원, 1972, p.293.

16
서진영, p.144.

17
서울대 국제문제연구소 편, p.109.

18
신홍범 외 역(상), p.214.

오기진吳起鎭에 도착하기까지 1년이 걸렸다. 참여 인원은 주력군인 홍군 제1방면군 8만6천8백59명과 민간인 3만5천 명 등 모두 12만1천8백59명이었다. 여자는 35명이었다. 사령관은 주덕, 정치위원은 모택동과 주은래周恩來였다. 이들은 생존조건 이하에서 중국 대륙의 11개 성을 거치고 24개의 강, 1천 개의 산을 넘는 강행군을 벌였다. 천신만고 끝에 오기진에 도착했을 때 생존자는 주력군 4천 명에 민간인 2만5천 명 등 모두 3만 명 정도였다.[19]

서금을 탈출한 홍군 주력부대 제1방면군의 첫 번째 목표는 호남성 상식桑植에 집결해 있던 하룡賀龍의 제2방면군과 합류하려는 것이었다. 그러나 이 '대서천大西遷'을 간파한 국민당군의 집중공격에 홍군은 초반부터 병력의 거의 3분의 2를 잃는 치명타를 입었다.[20] 홍군은 목적지를 바꾸어 1935년 1월 귀주성 준의遵義를 점령하고, 이곳에서 2주간 휴식을 취하면서 중앙정치국 확대회의를 열었다. 이것이 유명한 '준의회의'였다. 이 무렵 실권은 이덕·진방헌·주은래 등 소련에서 유학하고 돌아온 28명, 이른바 '유소파留蘇派'볼셰비키 28들이 모두 장악하고 있었다. 모택동은 당내 권력층에서 제외되었으며 아무 권력도 없이 중화소비에트공화국 임시주석 자리만 차지하고 있었다. 1934년의 대장정 계획조차 모택동이 제외된 가운데 결정되었다.[21] 심지어 그는 중앙위원회에서 축출되어 서금에서 서쪽으로 80㎞ 떨어진 우도雩都에 사실상 연금되어 있을 정도였다.[22]

준의회의의 가장 중요한 의제는 당 중앙의 군사노선과 장정의 목적지였다. 모택동은 이 회의에서 정규적인 진지전으로 맞서다가 대패한 제5차 소공 작전의 대응 결과를 두고 당 지도부를 신랄하게 비판했고, 대부분의 홍군 지도자들은 모택동의 입

19 서울대학교 국제문제연구소 편, pp.109~114.

20 서진영, pp.173~175.

21 서울대 국제문제연구소 편, p.112.

22 Stuart R. Schram(1966), *Mao Tse-tung*, Simon and Schuster, 1966; 김동식 역,《毛澤東》, 두레, 1979, p.182.

■ 연안의 모택동 토굴집(상), 연안의 주은래 토굴집(하)

■ 연안 토굴집 안의 모택동 거실

장을 지지했다. 장정의 목적지에 대해서도 모택동은 일찍이 서북부를 점찍었고, 역시 많은 군 지도자들이 지지했던 것으로 알려지고 있다.

과거에는 이 회의 결과 모택동이 당 중앙위와 군사위 주석직을 모두 차지함으로써 명실상부하게 당과 군을 장악하게 되었다는 것이 일반적인 통설이었다. 그러나 모택동이 준의회의에서 정치국 상임위원으로 복귀하고 군사위원회의 일원으로 등장하여 당과 군의 주요 지도자로 부상한 것은 틀림없지만, 당시 군사위원회의 주석은 여전히 주은래가 담당하고 있었던 것으로 확인되었다. 사실 모택동은 1943년에서야 공식적으로 중앙정치국과 중앙서기국의 주석으로 취임했다. 따라서 종전의 주장은 얼마간 과장되었거나 잘못되었으리라는 것이 최근의 논의이다.[23]

1981년 중국 공산당 제11기 6중전회의에서 통과된 '역사결의'에 따르면 준의회의는 "모택동 동지로 하여금 홍군과 당 중앙의 영도적 지위를 확립케 했으며, 위급한 상황에서 당 중앙과

23
서진영, pp.175~176; 서울대학교 국제문제연구소 편, p.342.

홍군을 보존할 수 있게 함으로써 …… 마침내 장정을 성공적으로 완수하고 중국 혁명의 새로운 국면을 타개"하는 계기가 되었다고 한다. 즉 이 회의는 첫째로 당과 군에 대한 모택동의 지도권 확립, 둘째로 강서 시대의 좌경적 노선에 대한 비판과 모택동의 혁명노선의 정착, 셋째로 항일북상抗日北上으로 표현되는 장정의 방향과 목표가 결정됨으로써 중국혁명을 승리로 이끄는 전환점이 되었다는 것이다.[24]

물론 주은래는 이 회의에서 모택동을 지지함으로써, 모택동이 실질적 지도자로서 부상하도록 하는 데 결정적인 몫을 했다. 이로부터 40여 년 간 주은래의 모택동에 대한 충성은 한결같이 변함이 없었다.[25] 그런 의미에서 준의회의는 모택동이 당과 홍군을 장악하고 또 당과 군의 장단기적인 노선을 결정하는 데 결정적으로 중요한 계기가 되었다. 뿐만 아니라 모택동에게 이 회의는 주은래라는 훌륭한 인재이자 동지를 얻는 더 없이 중요한 기회이기도 했다.[26]

준의회의 이후 모택동과 주덕이 이끄는 홍군 제1방면군은 준의를 떠나 또다시 막대한 군사적 손실을 입고 천신만고 끝에 1935년 6월 사천성四川省 서북지방에서 장국도張國燾의 제4방면군과 합류했다. 그러나 군의 사기가 올라간 것도 잠시, 지도부 내에서는 당의 지도권과 장정의 진로문제를 놓고 내분이 벌어졌다. 1935년 6월 양하구兩河口 정치국 회의와 같은 해 8월 모아개毛兒蓋 회의에서 모택동 측과 장국도 측이 벌인 대결이 그것이었다.

장국도 측은 준의회의에 모든 정치국원이 참여할 수 없었고, 게다가 중요한 인사문제와 조직개편

24
서울대 국제문제연구소 편, p.342.

25
이경일, 《周恩來, 다시 보는 저우언라이》, 우석, 2004, p.155.

27
주은래가 준의회의에서 모택동 진영으로 돌아서면서 그가 살아있는 한 끝까지 모택동을 지지하겠다는 서약서를 모택동에게 주었다는 주장이 있다. 이러한 주장은 일부 지식인 사회에 상당히 널리 퍼져 있으나 그런 문서가 실제로 있었다는 증거는 제시된 적이 없다. Harrison E. Salisbury, *The New Emperors : China in the era of Mao and Deng*, Curtis Brown Ltd, 1992; 박월라 · 박병덕 역, 《새로운 황제들, 모택동(毛澤東)과 등소평(鄧小平) 시대의 중국》, p.451, 주16.

■ 연안의 유소기 토굴집 외 여러 사람의 거처

과 같은 사항은 중앙위원회 전체회의에서만 결정될 수 있다고 주장하면서 준의회의의 결정을 승복할 수 없다는 입장이었다. 또 장정의 진로에 관해서도 사천성 서북지방에 소비에트를 건설하는 것이 더욱 유리하다고 주장하면서 모택동의 북상항일 정책에 반대했다. 이에 대해 모택동은 준의회의의 적법성을 옹호하고, 북상항일을 계속 주장했다.[27] 이 대결에서 모택동은 당 지도부의 지지를 얻음으로써 당 지도자로서의 지위를 확고히 굳히기 시작했다.

그러나 회의 결과 북상 여부를 둘러싸고 홍군은 모택동 등의 동군과 장국도 등의 서군으로 갈라섰다. 모택동과 당 중앙의 주요 지도자들은 국민당군의 추격을 받아가며 북으로 강행군했다. 그 결과 모택동 등 동군이 1년만인 1935년 10월 20일 섬서성 북부에 도착했다. 당 중앙은 이곳에서 1931년부터 농촌근거지를 건설 중이던 황포군관학교 출신 서해동徐海東 및 유지단劉志丹의 군대와 합류했다.

반면 장국도와 주덕 등 서군은 군사적으로 유리하다고 여겨지는 사천성 쪽으로 남하했지만, 국민당군과 지방군벌의 집중 공격을 받아 궤멸 상태에 빠졌다. 생존자들은 모택동보다 1년 늦은 1936년 10월에야 어렵사리 섬서성에 합류했다. 섬서성 북부지방은 드디어 강서 소비에트 붕괴 이후 지리멸렬했던 중국 공산당과 홍군의 새로운 중심지로, 마침내는 중국 대륙의 역사의 축을 움직이는 새로운 중심으로 떠오르게 되었다.

27
서진영, pp.177~178.

모택동은 훗날 대장정의 의미를 이렇게 설명했다.

> 장정은 진실로 선언서이며 선전대이며 파종기였다. …… 12개월 동안 공중에서는 매일같이 수십 대의 비행기가 우리를 정찰 폭격하고, 지상에서는 수십만의 대군이 우리를 포위 · 추격 · 차단하였다. 우리는 장정의 과정에서 말로는 형용할 수 없는 고난과 장애를 겪었다. 그러나 우리는 두 개의 다리만으로 2만여 리가 되는 거리를 걸어 11개의 성을 종횡단하였다. ……
>
> 장정은 진실로 선언서였다. 전 세계를 향하여 홍군이야말로 영웅적 군대이며, 제국주의와 제국주의자들의 주구인 장개석의 무리들은 아무 것도 아니라는 사실을 선언하는 것이었다. 장정은 제국주의자들과 장개석이 시도하려했던 포위 · 추격 · 차단의 파산을 선고하는 것이었다.
>
> 장정은 또한 선전대였다. 그것은 11개 성에 사는 약 2억의 대중들에게 홍군이 가는 길만이 그들이 해방되는 길이란 것을 선전하는 것이었다. 만일 장정이 없었더라면, 어떻게 광범위한 대중이 홍군이 구현하고 있는 대진리를 그렇게 빨리 알 수 있었겠는가.
>
> 장정은 또한 파종기였다. 장정의 과정에서 우리는 많은 종자를 11개의 성에 뿌렸다. 그것이 언젠가는 싹이 트고 잎이 나고 꽃이 피고 열매를 맺어서 추수할 때가 반드시 있을 것이다. 한마디로 장정은 우리에게 승리였고, 적에게는 패배였다.[28]

어떻게 보면 홍군의 일방적인 '대도주' 였지만, 실질적으로는 '대장정' 으로 마무리 지어졌다. 평균 잡아 하루에 한 번씩 전선 어딘가에서 소규모 전투가 있었으며, 모두 15일 밤낮을 대접전으로 보낸 때도 있었다. 총 368일의 여정 중에서 235일이 주간 행군이었고, 18일이 야간행군으로 소비되었다. 주로 소규모 전

28
모택동(毛澤東), 〈논 일본제국주의적 책략(論日本帝國主義的 策略)〉, 《모택동선집(毛澤東選集)》 제1권(第1卷), p.136. 서진영, p.173에서 재인용.

투 때문에 모두 1백일 동안 행군이 정지되었는데, 그 가운데 56일은 사천성 서북지방에서 보냈고, 나머지 44일 동안에 무려 8천㎞의 거리를 이동했다. 달리 말하자면 평균 잡아 182㎞를 행군하고는 한 번씩 쉰 셈이다. 그 빈약한 수송수단으로 그처럼 대규모 군대가 지구상에서 가장 험난한 지형을 그런 평균 속도로 행군했다는 것은 실로 경이로운 일이 아닐 수 없었다.[29]

■ 장정의 처음 도착한 진북에서 모택동

굳이 장정을 말하자면, 아시아에서는 몽고족만이 홍군의 장정을 능가했다. 한니발의 알프스 원정 따위는 그것에 비하면 휴일의 소풍에 지나지 않는다. 모스크바로부터의 나폴레옹군 후퇴와 비교해보면 더 흥미롭겠지만, 당시 나폴레옹의 대군은 큰 타격을 입고 사기가 형편없이 저하되어 있었다고 스노우는 전하고 있다.[30]

중국 공산당은 이 대장정을 통해 훨씬 성숙도를 더했다. 첫째로, 당 지도부에서 신문화시대의 지식인이나 실무경험이 거의 없는 소련유학생파와 같은 이론가들이 퇴진하고, 농촌혁명 현장에서 단련된 지도자들이 당과 군을 장악했다. 둘째로, 당의 혁명 전략이 도시 중심의 대중봉기 전략으로부터 본격적인 농촌혁명 전략으

29
신홍범 외 역(상), pp.234~235.

29
신홍범 외 역(상), p.235.

로 전환되었다. 셋째로, 중국 공산당이 소련이나 코민테른의 직접적 지도에서 벗어나 어느 정도 자율성을 획득해가는 계기가 되었다.[31]

## 홍군의 연안 집결

이들이 1935년 10월 맨 처음 둥지를 튼 곳은 연안이 아니라, 연안 서북쪽에 있는 보안保安이라는 곳이었다. 보안은 금나라와 당나라 때 북쪽 유목민족의 침입을 막는 변방 요새였다. 홍군 주력군이 황토구릉 지대인 이곳에 도착할 무렵엔 보안 출신 홍군 지도자인 유지단이 서해동과 함께 소비에트를 세우고, 섬서성과 감숙성의 22개 현을 지배하고 있었다.[32] 당시 섬서성에서 홍구가 시작되는 기점은 서안부西安府에서 북쪽으로 약 240㎞ 떨어진 곳에

31
서진영, pp.178-179.

32
신홍범 외 역(상), p.242.

■ 연안시 주변 주거지

있는 낙천洛川이었다. 섬서성의 공산당 지배지역은 대체로 낙천을 남단으로, 만리장성을 북단으로, 그리고 동서로는 황하黃河가 경계를 이루고 있었다.

중국 공산당 중앙은 여기서 제4군 등의 합류를 기다리면서 1년 남짓 추슬렀다. 그러다가 서안西安사건[33]이 터지자 곧바로 1937년 1월 1일 새로 점령한 연안으로 그 수도를 옮겼다.[34] 스노우가 서방 기자로서는 처음으로 1936년 6월 손문의 부인인 송경령宋慶齡의 소개장을 갖고 홍구로 찾아가 4개월 간 머물면서, '중화인민 소비에트공화국' 주석 모택동을 비롯한 홍군 지도자들을 만나 인터뷰를 한 곳도 바로 연안이 아니라 보안이었다.[35]

일찍이 중국 역사의 맥을 깊이 짚었던 사학자 페어뱅크John King Fairbank는 저널리스트 스노우가 모택동 등을 만나던 연안의 인상을 장개석이 이끄는 중경重慶과 비교해 이렇게 진단했다.

> 1927년 이후 황량한 처지에서 투쟁과 수난을 겪던 여려 해와 비교해보면, 1936년 이후 통일전선을 형성했던 연안시절의 10여 년은 활기와 성장과 개혁으로 가득 차 있었다. ……
>
> 그(에드가 스노우-필자 주)는 자신만만하고 심지어 쾌활하기까지 한 노련한 혁명운동가들을 발견한 것이었다. 그의 저서 『중국의 붉은 별*Red Star Over China*』에 생생하게 묘사되어 있는 그들의 소박한 토착성과 농민의 큰 목표에 대한 뚜렷한 헌

33
국민당 정부의 최고 지도자 장개석은 대장정 후 보안에 안착한 중국 공산당과 홍군에 대한 포위공격 작전을 독려하기 위해 1936년 12월 12일 동북군 사령관 장학량(張學良)이 있는 서안에 도착했다. 그러나 평서 소극적인 항일노선을 걷던 장개석에 대해 불만이 큰 장학량은 오히려 장개석을 체포 구금하고, 국민당 정부의 개조, 내전 중지, 정치범 석방 등 8개항을 요구했다. 장개석은 주은래의 중재와 부인 송미령의 간청으로 8개항 요구를 받아들이고 토벌군사령부를 해산시키고 감금에서 풀려나게 되었다. 내전 중지와 일치항일(一致抗日)의 명분 아래 제2차 국공합작이 실현되었다. 장개석은 1936년 12월 25일 병간(兵諫)의 주모자인 장학량을 대동하고 남경으로 귀환, 이 사건은 일단 평화적으로 해결되었다. 서진영, pp.188~191; 서울대 국제문제연구소 편, pp.243~247.

34
Agnes Smedley, *The Great Road*, The Life and Times of Chu Teh, The Monthly Review, 1956, 홍수원 역,《위대한 길》, 두레, 1986, p.345. 반면 스노우는 홍군의 본거지를 1936년 12월 말에 연안으로 옮겼다고 밝히고 있다. 신홍범 외 역(상), p.108, 주1; (하), p.123. 스노우는 1936년 10월에 홍구를 나와, 이듬해인 1937년 7월까지는 북경에서《중국의 (떠오르는) 붉은 별》을 탈고했다.

35
신홍범 외 역(상), p.40, p.108. ; Edgar Snow, *Journey To The Beginning*, Vintage Books, 1972, 최재봉 역,《에드거 스노 자서전》, 김영사, 2005, p.293; Kim San & Nym Wales, *Song of Arirang*; The Life Story of A Korean Rebel John Day Co., 1941, 조우화 역,《아리랑》, 동녘, 1984, p.294.

신은 세상 독자들의 관심을 사로잡았다. 제2차 세계대전 중 연안의 감동적인 낙관주의와 밝은 분위기는, 수도 중경의 축축한 안개와 좌절감을 피부로 느끼면서 그곳에 도착한 외국 방문객에게는 감명을 주는 것이었다. 이 시기에 공산주의자들의 선전은 더 이상 소비에트 · 볼셰비키화 · 계급전쟁 · 독재 또는 심지어 존재하지도 않던 프롤레타리아트를 강조하지 않고, (손문의 삼민주의를 다른 말로 바꾼) '민족적 독립 · 민주주의적 자유 · 인민의 복지'를 위해 자유주의적 가락을 구가하고 있었다.[36]

■ 노신예술학교 정문

그 무렵 보안-연안의 상황을 스노우 자신은 이렇게 묘사하고 있다.

이곳의 상황은 분명히 혁명을 기다리며 무르익고 있었다. 이곳에는 분명히 사람들이 반대하여 투쟁해야 할 것들이 있었다. 아니 투쟁하여 성취할 만한 것들이 전혀 없었다고 해도 타도해야 하는 상황은 엄존하고 있었다.

36
양호민 외 역, pp.300~301.

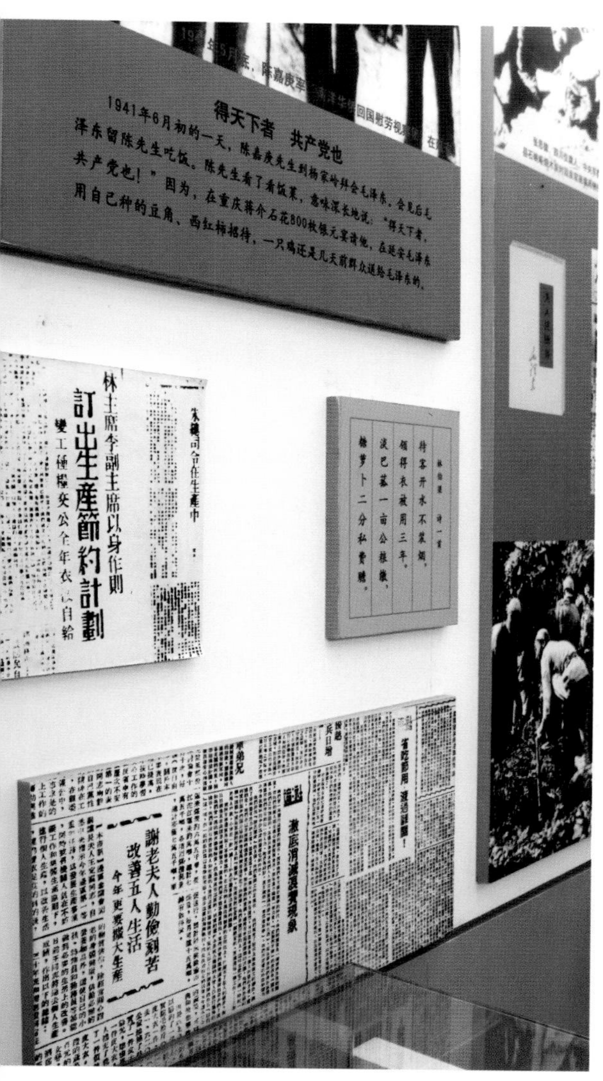
得天下者　共产党也
1941年6月初的一天，陈嘉庚先生到杨家岭拜会毛泽东，会见后毛
泽东留陈先生吃饭。陈先生看了看饭菜，意味深长地说："得天下者，
共产党也！" 因为，在重庆蒋介石花800枚银元宴请他，在延安毛泽东
用自己种的豆角、西红柿招待，一只鸡还是几天前群众送给毛泽东的。
林主席李副主席以身作則
訂出生產節約計劃
朱總司令在生產中
謝老夫人勤儉刻苦
改善五人生活
今年更要擴大生產

毛泽东在纸厂劳动
陝甘寧邊區生產運動
組織生產突擊隊
毛澤東陳紹禹洛甫等參加勞動
爲完成和超過生產計劃而鬥爭
朱德在王家坪种过的菜地，人称"小南泥湾"。

■ 연안혁명기념관 전시실

붉은 빛이 서북방에 나타났을 때 수만 명의 사람들이 들고 일어나 그것을 희망과 자유의 상징으로 환영했음은 물론이다.[37]

상황은 그랬어도, 현실은 그리 쉽게 고쳐지지 않는 법이다. 당 중앙의 지도자들에게도 현실은 마찬가지였다. 스노우는 자신이 보안에 머물고 있을 때 모택동을 비롯한 당과 군 지도자들이 일상생활에서 일반 서민들에 비해 별다른 사치(?)를 누리지 않고 있다는 점이 무척 인상 깊었던 것 같다. 결코 숨길 수 없는 연안과 중경의 차이, 특히 지도자들의 부패 및 무능으로 점철된 중경의 실상은 연안의 그것과는 더욱 대비되었을 것이다. 보안에서는 우선 모택동의 "주거시설이 매우 원시적이었다. 모는 방이 두 개 딸린 요방(토굴집-필자주)에서 아내와 함께 살고 있었는데 벽은 지도로 덮여 있을 뿐, 도배가 되어 있지 않아 초라했다" 고 전했다. 더욱 눈에 띄는 것은 "모택동 부부의 가장 두드러진 사치품은 주은래와 마찬가지로 모기장이었다"[38]는 것이다. 정말로 믿을 수 없을 정도로 검소한 '지도자들의 현실' 은 사병들은 물론 인민들에게도 그 자체가 본보기로서의 설득이고, 웅변이 아닐 수 없었다.

이것(모기장-필자 주)만 빼놓으면 모의 생활은 홍군 병사들과 별로 다를 것이 없었다. 10년 간 홍군을 이끌어 오고 또 지주와 관리, 징세원들의 재산을 수백 차례나 몰수했음에도 불구하고, 그가 지닌 것이라고는 담요 몇 장과 면제 군복 두벌을 포함한 약간의 개인 소지품 뿐이었다. 그는 주석이자 동시에 홍군 사령관이었지만 그가 입은 군복 상의깃에는 홍군 일반 병사의 휘장인 두 개의 붉은 색 가로줄만이 붙어 있었다.[39]

이러한 검소함은 홍군 사무실의 경우도 마찬가지였다. 스노

37
신홍범 외 역(상), p.250.

38
신홍범 외 역(상), p.112.

39
신홍범 외 역(상), p.112.

우는 그 당시 영하성 동남부에 있는 고대 회교의 성곽도시 예왕보豫旺堡에 자리잡고 있던 제1방면군 사령부를 찾은 적이 있다. 당시 사령관은 팽덕회彭德懷였다.

> 이 사령부는 3만 명의 병력을 지휘하는 곳이었음에도 불구하고, 책상 하나에 목제 의자 하나, 철제 문서함 두 개, 홍군에서 제작한 지도 몇 개, 야전 전화, 수건과 세면대, 항(炕)과 그 위에 깔려 있는 팽의 모포가 전부인 간소한 방이었다. 그는 그의 부하들과 마찬가지로 군복을 두 벌밖에 갖고 있지 않았으며, 그 군복에는 계급장이 없었다.40

중국 공산당 중앙은 서안사건 직후인 1937년 벽두 보안으로부터 연안으로 옮겨와, 1938년 11월 20일까지 보탑산에 이웃한 봉황산 기슭에 자리 잡았다. 그 후 폭격을 피해 다시 도심에서 서북쪽으로 3㎞ 떨어진 양가령楊家嶺으로 옮겨 앉아 1947년 3월까지 일을 보았다. 보안 – 연안은 사실상 1935년 10월부터 1947년 3월까지 11년 반 정도 중일전쟁과 태평양전쟁, 그리고 내전에 대처 · 통제 · 지휘하는 중국 공산당의 센터가 되었다. 그런데 중요한 점은 위와 같이 검소한 생활이 보안뿐만 아니라 연안에서도 변함없이 이어졌다는 사실이다. 오늘날 일반 관광객들에게 개방된 양가령 사적지를 둘러본 어느 방송인은 이렇게 쓰고 있다.

> 넓은 정원에는 2층으로 된 건물이 서있었는데 건물에는 중앙대례당中央大礼堂이라고 씌어 있었다. 이곳에서 중국 공산당 제7차 전국대표대회가 소집되었다.
>
> 중앙대례당 오른쪽 돌계단을 따라 산언덕에 오르면 동향으로

40
신홍범 외 역(상), p.299.

된 아담한 움집이 보인다. 세 개의 토굴집으로 된 이 움집이 바로 모택동이 거처하던 곳이다. 가운데 방은 사무실이고 왼편의 방은 침실이었는데 두 방은 서로 통했다. 그리고 다른 한 방은 사무 일군의 거처로 사용되었다. 방에는 간소한 침대와 책상이 있었고 낡은 책장이 있었다. 모택동은 이처럼 검소한 곳에서 항일전쟁의 승리와 중국혁명의 승리를 이끌었던 것이다.41

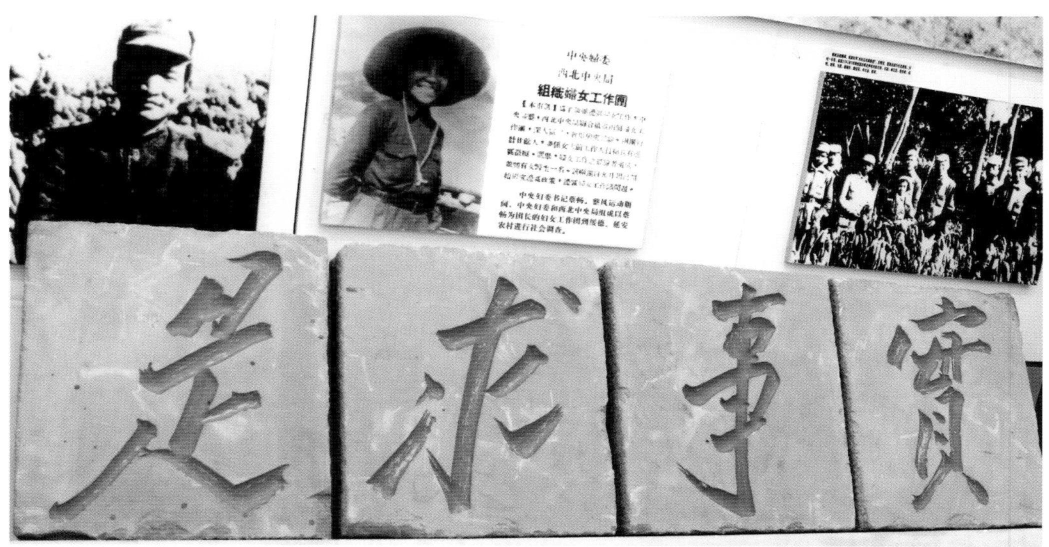


■ 연안혁명기념관 전시실

이러한 '농촌평등주의'는 다른 부문보다도 위계질서가 뚜렷한 군대에서도 지켜졌다. 스노우가 당시 제1방면군 정치주임이던 29세의 양상곤楊尙昆에게서 확인한 바는 다음과 같았다. 양상곤은 1988년 국가주석에 올랐다.

41
김성룡, pp.532~533.

즉 홍군 병사들의 평균 연령은 19세, 장교는 24세였다. 이들 중 상당수가 7~8년 이상의 전투경력을 갖고 있었다. 이들은 58%가 농민 출신이었고, 장인匠人 · 말몰이꾼 · 도제徒弟 · 농장노동자 등 노동계급 출신이 38%였다. 그렇긴 해도 이들의 6할 내지 8할이 읽고 쓸 줄 알았다. 입대하는 바로 그날부터 그들을 위해 특별히 마련된 교과서로 글자를 배웠기 때문이다.

■ 장정의 처음 도착한 전북에서 주은래

홍군 지휘관의 사상자 발생빈도는 아주 높았다. 홍군 장교들은 '진격하라!' 고 말하지 않고, '나를 따르라!' 고 말하곤 한다는 것이었다. 남경 정부의 1, 2차 '초공전' 당시에는 홍군 장교들의 사상율이 50%나 되는 경우가 허다했고, 제5차 초공전에서도 평균 23%에 이르렀다. 홍군은 최고 사령관으로부터 병사에 이르기까지 같이 먹고 같이 입었다. 수박이나 자두 등 별미나 맛있는 음식이 생겼을 때는 공평하게 나누었다.

홍군 병사들과 장교들은 대부분 미혼이었다. 그런데도 이들 '홍군전사' 대부분이 아직도 동정童貞을 지키고 있다는 인상이었다. 병사들은 지휘관과 마찬가지로 정규적인 급료를 받지 않았다. 전선에서 군대와 함께 생활하는 여성 공산당원들이 있기는 했지만, 그 수는 아주 적었고,[42] 그녀들은 거의 전부가 당연히 소비에트의 직원이거나 소비에트 간부의 아내였다. 스노우는 문란한 남녀관계를 전혀 본 일이 없었다고 전한다.

기거하는 숙소에서도 지휘관과 사병 사이에 거의 차이가 없었다. 다만 대대장급 이상이면 말이나 노새를 이용하는 것이 허용되었다. 홍군 총사령관인 주덕 장군이 "장정 당시 피로한 동지들에게 자신의 말을 빌려주고, 피로한 기색 없이 여정의 태반을 걸어" 갔던 사실은 널리 알려진 일이다.[43] 담배를 피우거나 술을 마시는 사람은 거의 없었다. 절제는 홍군의 8대 규칙 중 하나였다.

이러한 군의 기강 또는 규율은 일찍이 정강산 시절부터 전해 내려오는 규칙을 본받은 것이었다. 그것은 세 가지 규율이던 것을 1928년 회의(제2차 모평회의) 이후 여덟 가지 규칙으로 새로 보완해 만들었다.

〈규율〉

1. 명령에 즉각 복종하고
2. 가난한 농민들로부터는 어떤 것이라도 빼앗지 말며
3. 지주들에게서 몰수한 모든 재산은 즉시 소비에트 정부에 직접 전달해서 처분하도록 한다.

〈규칙〉

1. 인가에서 떠날 때는 모든 문짝을 제자리에 걸어 놓는다.
2. 잠잘 때 사용한 짚단은 묶어서 제자리에 갖다 놓는다.
3. 인민에게는 예의바르고 정중하게 대하며, 가능한 경우에는 무슨 일이고 도와준다.
4. 빌려 쓴 물건은 모두 되돌려 준다.
5. 파손된 물건은 모두 바꾸어 준다.

42
연안에는 80:1의 비율로 남자들이 훨씬 많았다. 정성호 역, p.378.

43
신홍범 외 역(상), pp.293~294; (하), p.80.

6. 농민들과의 모든 거래는 정직하게 한다.

7. 구매한 모든 물건은 값을 지불한다.

8. 위생에 신경을 쓰고, 특히 변소는 인가에 피해를 주지 않는, 멀찍이 떨어진 곳에 세운다.[44]

모택동은 "혁명은 다과회가 아니다"라는 사실을 간파했다.[45] 그렇긴 해도 기강과 규율이 이쯤 되면 홍군 지휘관의 자리는 다른 군대 지도자들처럼 부수입(?)을 챙길 수 있는 자리는 결코 아니었다. 앞서 살펴보았듯이 그들은 군 최고사령관부터 병사에 이르기까지 오히려 이러한 자부심으로 뭉쳐져 있었다. 그것은 훗날 제2차 국공합작과 함께 홍군 주력군인 제1방면군이 제8로군第八路軍으로 개편개칭되지만, 여전히 그 군기만은 항일전선을 통틀어 가장 엄격했던 것으로도 널리 알려져 있다.

이에 반해 장개석의 국민당군의 기강은 너무나 대조적이었다. 장개석의 장교들은 병사들에게 식량, 피복, 의료혜택 등을 적절하게 제공하지 못하고 그들 부하에게 배당된 보급품을 착복하기까지 했다. 장개석

44
모택동은 이중 마지막 두 가지 〈규칙〉을 임표(林彪) 장군이 덧붙인 것이라고 밝히고 있다. 신홍범 외 역(상), p.200. 정성호 역, p.148에 소개되는 '준의 입성' 행진곡은 용어와 내용만을 약간 달리하고 있다. 〈원칙〉 -모든 행동에 있어서 명령에 복종하라. -인민들에게서 바늘 한 개, 실 한오라기도 빼앗지 말라. -포획한 것은 무엇이든 돌려주라. 〈주의 사항〉 -공손하게 말하라. -물건 값을 정당하게 지불하라. -빌린 것은 무엇이든지 되돌려주라. -어떠한 손해에 대해서든 배상해 주라. -인민들에게 욕을 하거나 그들을 때리지 말라. -농작물에 피해를 입히지 말라. -여성들을 함부로 대하지 말라. -포로들을 잘 대접해 주라. 아그네스 스메들리는 다음과 같은 8가지 〈규칙〉이 추가되었다고 밝힌다. 1. 인가를 떠날 때는 잠잘 때 이용한 모든 문짝과 짚단을 제자리에 걸어 놓거나 갖다 놓는다. 2. 대중들에게 공손한 말씨로 말하며 가능한 한 그들을 도와준다. 3. 빌어 쓴 모든 물건은 반드시 돌려준다. 4. 파손된 물건은 변상한다. 5. 모든 거래는 정직하게 한다. 6. 위생에 신경을 써서, 특히 변소는 인가에 피해를 주지 않는 멀찍한 곳에 만들고, 이용할 때는 흙으로 덮어 채운다. 7. 부녀자를 절대로 희롱하지 않는다. 8. 포로를 학대하지 않는다. 홍수원 역, pp.238~239; 김동식 역, p.236은 '삼대규율(三大規律)' '팔항주의(八項注意)'라고 전한다.

45
신홍범 외 역(상), p.213.

■ 장정의 처음 도착한 전북에서 장문천

은 장교들이 "병사와 같은 것을 먹고, 같은 것을 입고, 병사들의 병영에서 기거하는 일"이 절실하다고 말했다. 그런데 국민당군의 경우 병사들의 대우로 보아서는 "반란을 일으키거나 도망가지 않는 것만도 다행"이라는 것이었다.[46]

홍군은 마찬가지로 정강산 시절부터 유격전에서 활용하던 전법을 연안 시대에도 활용하고 있었다. 그 구호는 너무나 간단하면서도 유명한 다음의 '사자성구'였다.

1. 敵進我退: 적이 전진하면 우리는 퇴각한다.
2. 敵止我擾: 적이 멈추어서 진을 치면 우리는 그들을 교란시킨다.
3. 敵避我擊: 적이 전투를 피하려 하면 우리는 공격한다.
4. 敵退我進: 적이 퇴각하면 우리는 추격한다.[47]

홍군은 이런 기동전술과 게릴라전을 교묘하게 배합시켜야만 여러 가지 면에서 우세한 입장에서 싸우는 국민당과의 투쟁에서 승리할 가망이 있다는 것이 당시 모택동의 생각이었다. 병력과 장비에서 열세인 홍군으로서는 이러한 게릴라 전법을 잘 활용하

46
Lloyd E. Eastman, 민두기 역, 《장개석은 왜 패하였는가》, 지식산업사, 1986, pp.234~235.

47
신홍범 외 역(상), p.201

는 것만이 물량전으로 밀어붙이는 국민당군을 제압할 수 있는 길이라는 판단이었다. 이러한 전법은 훗날 홍군의 북경 점령 때 가장 드라마틱하게 나타난다.

그러나 이런 저런 취재 뒤에도 "한 가지 사실이 나에게는 수수께끼로 남아 있었다"[48]는 것이 스노우의 솔직한 술회다. 도대체 홍군은 먹고 입는 것과 장비 문제를 어떻게 해결하는 것일까 하는 의문이었다. 대부분의 다른 군대와 마찬가지로 홍군도 먹고 입는 것에 대해서는 전적으로 약탈에 의존하여 살아가고 있을 것이라는 게 스노우의 첫 가정이었다. 그러나 곧 그것이 잘못임을 알게 되었다. 왜냐하면 홍군은 일단 어떤 한 지역을 점령하고 나면 즉시 자급자족 경제체제를 건설하기 시작하는 것을 목격했기 때문이다.[49]

## 연안의 위기극복 리더십

'연안시대' 라고 하는 경우 그 시기를 중국 공산당 중앙이 보안-연안에 머물던 1935년부터 1947년까지 넉넉하게 잡는 방법이 있을 수 있다. 그러나 오히려 중일전쟁 시기인 1937년부터 1945년까지를 클로즈업 시켜 보는 것이 그 시대를 좀 더 압축적으로 판단할 수 있도록 해줄 것 같다. 이 시기 동안 중국 공산당은 온갖 존망의 위기를 맞이했으면서도 이를 극복하고 거대한 혁명세력으로 비약적인 발전을 기록했기 때문이다. 이 시기에 중국 공산당은 연안을 중심으로 하는 섬감녕 근거지를 포함해 모두 19개의 근거지 또는 해방구를 건설했고, 약 1억의 인구를 포괄하고 있었으며, 약 121

48
신홍범 외 역(상), p.294.

49
신홍범 외 역(상), p.294.

만 명의 당원과 91만 명의 정규 홍군, 220만 명의 민병대, 그리고 1천만 명의 자위대를 가진 거대한 정치세력으로 성장한 것이다.[50]

연안을 근거지로 해서 온갖 곤란을 극복하고 결국 북경에 '붉은 별'을 띄어 올리면서 모택동 사상과 모택동 지도력으로 21세기에 급기야 16억 인구를 이끌어갈 바탕을 마련한 연안시대 중국 공산당의 정책과 노선은 다음과 같이 정리될 수 있겠다.

첫째로, 이 시기에 모택동 사상이 성숙하고 모택동의 당내 주도권이 확립되었다. 연안시대 이전까지만 해도 모택동은 이론적 · 철학적 측면에서 소련 유학파인 '볼셰비키 28'

50
서울대 국제문제연구소 편, p.283.

■ 중국의 시원되는 황제능

보다 열세에 있었던 것이 사실이다. 그러나 모택동은 연안시대에 가장 정력적이고도 생산적으로 제반 활동을 벌였다. 그 결과 중국 공산당의 비약적인 성장과정에서 모택동과 모택동 사상은 누구도 도전할 수 없는 당의 최고지도자로서, 그리고 당의 지도이념으로 자리잡게 되었다.

결국 연안시대의 중국 공산당 역사는 모택동과 모택동 사상의 승리의 역사[51]라고도 할 수 있다. 특히 모택동은 연안시대에 집중적으로 저술활동을 벌였다. 중화인민공화국이 수립된 후에 중국 공산당이 편찬한 《모택동선집 5권》 중에서 절반 이상이 이 시기에 씌어졌다는 점을 보더라도 그렇다. 뿐만 아니라 가령 마르크스주의의 철학적 문제를 다룬 대표적인 논문인 '실천론' 과 '모순론' 은 1937년 7~8월에 연안의 항일군정대학抗日軍政大學에서 행한 강연이었다.[52]

모택동은 '실천론' 에서 실천-이론-실천의 변증법적인 관계를 강조하면서 이론이 없는 실천만을 강조하는 경험주의의 오류와, 실천을 통해 검증되지 않는 이론만을 강조하는 교조주의의 오류를 모두 비판했다. 즉 모택동은 계급투쟁만을 강조하고 항일민족통일전선의 중요성을 경시하는 좌파左派노선과, 그와는 반대로 국민당과의 연합을 지나치게 강조한 나머지 중국 사회에 존재하는 계급적 갈등의 중요성을 간과하는 우경右傾노선을 모두 경계하려고 했다.

'모순론' 의 경우에도 모택동은 중국혁명의 내부모순계급관계과 외부모순국제관계을 구별하고, 이에 따라 혁명 전략의 변화도 불가피하다는 논리를 전개하고 있다. 모택동은 또 모순의 보편성과 모순의 특수성을 구별하고, 주요한 모순과 부차적인 모순을 구별하고 있다. 그는 주요한 모순과 부차적인 모순이 무엇이냐에 따라서 모순을 해결하

51
서진영, p.212.

52
모택동의 '실천론' 과 '모순론' 의 저작 연대, 저작자, 이론적인 함의에 관해서는 서구학자들 사이에서 다양한 해석과 논쟁이 있었으나, 현재는 대체로 통설이 지배적인 것으로 자리 잡고 있다. 서진영, p.214.

는 방법도 달라야 한다고 주장했다.

모택동의 이러한 생각은 군사전략 측면에서 발전을 거듭해 당연히 항일전쟁의 전략체계를 수립하는 작업으로 이어졌다. 연안의 홍군대학에서 행한 〈중국 혁명전쟁의 전략문제〉1936년 12월, 〈유격전〉1937, 〈기초전술〉1938년 3월, 〈항일 유격전쟁의 전략문제〉1938년 5월 등 강연, 그리고 연안 항일전쟁연구회에서 행한 〈지구전론持久戰論〉1938년 5월 등 연이은 강연들은 하나의 체계를 이루면서 소련유학생파를 압도하는 마르크스주의 이론가로서의 지위를 확고히 해주는 것이었다.

모택동은 1937년 2월에 소집된 중국 공산당 임시전국대표대회에서 〈항일전쟁 시기의 중국 공산당의 임무〉에 관해 연설했다. 그는 이 연설에서 모순론에 따른 혁명 전략의 변화와 관련, 중국 공산당은 국민당을 중심으로 항일민족통일전선을 강화해야 한다고 주장하면서도, 국민당 정부의 민주적 개조를 계속 요구했고, 항일민족통일전선의 테두리 안에서 공산당의 자율권과 독자성을 견지한다는 점을 명확히 했다.[53] 요컨대 모택동은 이 기간 동안에 자신의 사상을 체계화하고 자신의 공산당 내 리더십을 튼튼히 함으로써 장차 공산당의 주도권을 확고히 하고, 나아가 장개석 및 국민당과의 대결에서 그들을 압도할 수 있는 유연한 능력을 갖추었다.

둘째로, 모택동은 1940년 1월 항일민족통일전선 시기에 당의 기본노선을 체계적으로 정리해 '신민주주의론'을 개진함으로써, 신중국의 청사진을 제시했다. 그것은 1937년의 제2차 국공합작 이후 연안지방을 중심으로 중국 공산당이 장악하고 있던 변구邊區 정부1937년 9월 설립에서 실시되었던 정책을 종합하여 중국 공산당이 지향하는 혁명의 성격과 과제를 제시한 것이었다. 그중 특히 모든 항일 근거

53 서진영, pp.212~219.

지에서 모든 인민대중의 정치적 참여를 지향하는 '민족적 대선거' 와 공산당과 진보파 및 중간파가 각기 3분의 1씩 참여하는 '3 · 3제' 를 실시함으로써 항일투쟁과 민주주의를 동시에 추진하는 정치세력의 역량을 분명히 보여주었다.

우선 모택동은 중국혁명을 민주주의 혁명단계와 사회주의 혁명단계로 구별하고, 중국 혁명의 1차적 과제는 반反봉건 · 반反제투쟁을 전개하여 민족국가의 독립과 민주주의를 쟁취하고, 부르주아 민주혁명을 완수하는 것이라고 주장했다. 그렇긴 해도 그것은 "부르주아 계급에 의해 지도되고 자본주의 사회와 부르주아 독재의 구식 국가를 수립함을 목적으로 하는 구식혁명이 아니라, 프롤레타리아 계급에 의해 지도되며 신민주주의 사회를 건립할 것을 목적으로 하는 신식 혁명"[54]이라는 것이다.

8년에 걸친 중일전쟁 기간 동안 중국의 정권기구는 국민당이 통치하는 대후방大後方지역, 일본군에 점령당한 이른바 윤함구淪陷區, 중국 공산당의 지배하에 있는 해방구解放區 등 3개 지역으로 나뉘어 있었다. 그 중 연안 정부는 비록 형식적으로는 국민당이 지배하는 중앙 정부 산하에 소속된 변구 정부의 형태를 유지하고 있었지만, 해방구에서 독자적으로 신민주주의 정권, 신민주주의 정치, 신민주주의 경제, 신민주주의 문화를 실현함으로써 '신중국'[55]을 건설하겠다는 것이었다.

모택동의 '신민주주의론' 은 자본주의 단계에서 사회주의로 이행하는 과정에 장기간의 '신민주주의 혁명단계' 를 설정하고, 신민주주의 혁명단계에서의 구체적인 정권형태, 사회개혁정책의 방향, 그리고 사회문화의 문제점 등을 제시했다는 점에서 '마르크스-레닌주의의 창조적 발전' 이라는 평가를 받을 수 있었다.

54
서울대 국제문제연구소 편, pp.262~266.; 서진영, pp.236~240.; 양호민 외 역, pp.305~306.

55
서진영, p.236.

그러나 이런 이론적 측면보다도 더욱 중요한 점은 중국 공산당이 '신민주주의'에 입각하여 해방구에서 계급연합에 기초한 신민주주의 정권을 수립하고, 토지개혁을 비롯한 각종 사회경제 개혁을 단행함으로써 해방구의 발전을 실현했다는 점이다. 사실 중국 공산당이 중일전쟁 중에 비약적으로 발전할 수 있었고, 마침내 국민당을 대체할 수 있는 정치세력으로 성장할 수 있었던 것도 중국 공산당이 변구와 해방구에서 실천한 신민주주의 혁명에서 비롯되었다고 할 수 있다.[56]

셋째로, 중국 공산당은 이 시기에 정병간정精兵簡政운동과 하향下向운동을 통해 비상시 군대의 정예화와 위기시 정부기구의 생산적·효율적 배치 등을 모색했다. 1936년 대장정이 마무리되고 홍군의 '연안 입성'이 무난히 끝나면서 유입인구가 부쩍 늘자, 군대의 정예화와 행정의 간소화가 절실해졌고, 당정 간부와 지식인들의 농촌봉사 활동이 필요해졌다. 특히 섬감령 변구지역은 당과 정부 및 군대의 관료조직이 집중되어 있고, 각종 민간단체에 종사하는 학생과 지식인 등 비생산인구가 다른 지역보다 더 많았으므로 그 재정적 부담이 만만치 않았다.[57]

연안은 영원한 청춘의 도시[58]로서 당시 젊은이들 사이에 '연안 러시'를 불러 일으켰다. 알다시피 연안은 인구가 고작 수천 명을 넘지 않는 성채나 다름없는 소도읍이었다. 연안은 중국 공산당의 중심지로 인구가 갑자기 불어나기 시작했다. 그런데 변구의 수비병력 4만 명과 각종 고위간부 8천 명을 포함해 약 5만 명을 비생산 인구로 잡으면, 변구 전체 인구 140만 명 중 비생산 인구가 차지하는 비율도 만만치 않게 되는 셈이었다.

중국 공산당은 1941년 정병간정 운동을 시작하면서 간부 20%를 감축할 계획이었지만, 1943년 초에 확인한 결과로는 오히려

56
서진영, pp.236~247.

57
서진영, p.250.

58
이종한, 《항일전사 정율성 평전》, 지식산업사, 2006, p.104.

증가했다. 하향운동 역시 농번기에 당정간부, 지식인, 학생들을 농촌에 보내어 일손을 돕겠다는 취지였으나, 이는 경제적인 의미보다는 정치적·사상적 의미가 더욱 중요시 된 조치였다. 요컨대 이들 운동은 당초 기대에는 미치지 못했지만, 1942년 시작된 정풍운동과 맞물려 관료주의의 병폐를 극복하고 농촌의 하급 단위까지 당과 정부의 행정력을 침투시킬 수 있게 되었다는 점에서 더욱 중요한 의미가 있다고 하겠다.[59]

넷째로, 중국 공산당은 서북지역에 여러 가지 교육시설을 설립함으로써 대중적 문화활동을 확충하고 신민주주의 문화를 창출하려고 노력하였다. 앞서 설명했듯이 섬감령 지구는 그토록 썰렁하고 황량한 황토구릉으로 개발의 여지가 없다시피 했다. 그러나 이제 항일운동의 중심지는 서안에서 연안으로 옮겨졌다. 뒤이어 노동자·학생·교수·교사·문화계 인사들이 섬서성 북부의 연안으로 물밀듯이 쏟아져 들어오기 시작했다.[60] 중국 공산당으로서는 당을 바라보고 연안으로 찾아드는 젊은이들을 위해 최소한의 필요한 교육시설을 세우지 않을 수 없었다. 그러한 교육기관들로서 마르크스·레닌학원, 연안자연과학원, 섬북공학, 노신魯迅예술학원, 홍군대학, 항일군정대학 등을 꼽을 수 있겠다.

그중에도 일명 홍대紅大로 불리는 홍군대학은 당시 '가장 무서운 부대'의 지휘관이라는 28세의 군사령관 임표林彪가 학장을 맡고 있었다. 홍대에는 4개 과科에 8백 명 이상의 생도가 공부하고 있었다. 1과 생도의 대부분은 실제로 홍군의 대대, 연대, 사단의 지휘관이거나 정치위원들로서 군사 및 정치에 관한 고급 교육을 받고 있었다. 2과와 3과 생도 중에는 전투경험이 많은 홍군 전사들인 중대장, 소대장, 분대장과 '중등학교 졸업자' 및 동등 이상의 학력자들이 포함되어 있었다. 2과와 3과의 교육과정은 6개월이었다. 4과는 주로

59
서진영, p.251.

60
홍수원 역, p.350.

'기술자와 기병대 기간요원, 포병대를 양성' 하는 데 주력했다. 임표는 당시 중국 각지에서 2천 명 이상의 지망자들이 홍대 입학을 대기하고 있다고 밝혔다.[61]

후에 노신예술문학원으로 확대 개칭하게 된 노신예술학원약칭 '노예魯藝'[62]은 1938년 2월 연안에서 모택동과 주은래의 지도를 받아 설립되었다. 물론 노신 자신은 공산주의자가 아니었다. 그러나 중국 공산당은 당대 중국을 대표하는 문학가 노신을 기념하기 위해 그의 이름을 따서 학교 이름을 지었다. 설치된 학과는 처음에는 음악, 미술, 연극 등 세 분야였으나 후에 문학이 추가되었고 학습기간도 6개월에서 3년으로 늘었다.

'노예魯藝' 부설 노신기념도서관은 개관 때 전국 소비에트에서 보내온 신간 등으로 5천 권 이상의 장서를 갖추었고,[63] 양서도 상당수 갖춘 것으로 전해지고 있다.[64] '노예' 본원은 1943년 연안자연과학원 등과 함께 연안대학에 합병해 연안대학 문예학원으로 되었다. 다시 1947년 연안이 함락된 후 1949년 문예공작단 일단은 섬북공학 등과 함께 연합해 화북연합대학이 되었다.[65]

다섯째로, 8년 간 계속된 중일전쟁으로 인한 경제 위기 앞에서 해방구로서는 이를 극복하기 위해 총동원체제를 갖추지 않을 수 없었다. 바로 '자력갱생'과 '생산투쟁' 은 연안시대를 상징하는 슬로건[66]이나 다름없었다. 특히 중일전쟁이 대치국면으로 전환되면서 섬감령 변구지역과 화북의 해방구 각 지역은 천재지변마저 겹쳐 병사들이나 백성들 모두 초근목피로 근근히 연명할 정도로[67] 위기가 심각했다.

61
신홍범 외 역(상), pp.139~140.

62
서울대 국제문제연구소 편b, 《중국사회문화사전》, 서울대 출판부, 1991, pp.35~41.

63
이원규, 《김산 평전》, 실천문학사, 2006, p.522.

64
좌익 혁명가로 연안에서 중공당에 의해 '특무' 혐의를 벗지 못하고 비운에 간 김산, 1905~1938과 스노우의 부인이었으며 역시 문필가였던 님 웨일즈가 만나게 된 것도 바로 이곳 도서관의 양서대출을 매개로 해서 이루어졌음은 너무나 잘 알려진 얘기다. 김산의 본명은 장지락(張志樂)이다. 조우화 역, p.23.

65
서울대 국제문제연구소 편(1991), pp.38~40.

66
서진영, p.253.

67
서진영, p.247.

1940년 홍군의 모처럼의 일본군에 대한 대공격인 '백단대전百團大戰', 이에 대한 보복인 일본군의 '삼광三光 작전',[68] 그리고 국민당 군에 의한 '신4군 사건'[69] 등으로 변구와 해방구는 더할 수 없이 심각한 경제적 위기에 놓이게 되었다. 변구와 해방구는 국민당군의 봉쇄와 일본군의 압박이라는 2중적 곤란에 직면하게 된 것이었다. 특히 섬감령지역은 다른 지역보다도 문화적으로나 경제적으로 낙후되어 있는 데다, 중국 공산당과 홍군의 지휘부도 이곳에 있었기 때문에 그 경제적 위기는 더욱 심했다.

이런 위기를 극복하기 위해 모든 간부·관료·지식인·당원들이 생산투쟁에 동원되었고, 각급 기관과 학교는 물론 군대까지도 자력갱신의 정신에 입각하여 황무지 개간 등에 나섰다. 심지어 모택동도 자신이 즐겨 피우던 담배를 조달하기 위해 자기 동굴집 앞에 있는 텃밭에서 직접 담배를 재배했다고 한다. 이른바 '남니만南泥灣의 신화'[70]가 창조된 것도 이런 분위기에서였다. 이러한 조직적인 생산운동의 결과 변구와 해방구는 1943년 이후 점점 경제적 위기에서 벗어나 자립적인 경제발전을 달성할 수 있게 되었고, 아울러 인민들의 조세부담도 줄어들게 되었다.

68
• 백단대전 : 1940년 8월-12월에 화북 5개 성에서 중공군사령관 팽덕회의 지휘 아래 홍군 115개 연대 40만 병력이 일시에 일본군을 공격, 철로와 통신, 탄광과 요새들을 심각하게 파괴했다.
• 삼광작전 : 홍군의 대일 공격 재발을 막기 위해 일본군은 1941년 7월 중국 북부에서 ① 모조리 태운다(燒光) ② 모조리 죽인다(殺光) ③ 모조리 약탈한다(搶光)는 세 가지 전멸정책(三光)을 펴 대량학살로 나왔다. 그 결과 팔로군은 40만 명에서 30만 명으로, 북부 공산지역의 인구는 4천4백만 명에서 2천5백만 명으로 줄어들었다. John King Fairbank, *China: A New History*, Harvard Univ. Press, 1992, 중국사연구회 역, 《신중국사(新中國史)》, 까치, 1994, pp.416-417; 양호민 외 역, p.302; 김동식 역, pp.216~217.

69
신4군은 원래 강서 소비에트가 붕괴되고 주력부대가 대장정에 합류한 뒤 화남과 화중지역에서 게릴라전을 계속했던 홍군 잔류 병력이다. 이들은 국공합작에 따라 중국 공산당 신4군으로 개편되어 양자강 이남의 화중지역에서 활동하고 있었으며, 항일전이 시작될 때에는 1만2천 명이던 병력이 1940년 말에는 10만 명의 대병력으로 비약적인 성장을 했다., 국민당 정부는 1940년 10월 신4군에게 앞으로 1개월 이내에 양자강 이북으로 철수하라고 명령했다. 그 집행 과정에서 신4군이 몇 차례에 걸쳐 철수를 지체하자 국민당군이 1941년 1월 갑자기 이동 중이던 신4군을 포위, 공격해 괴멸적인 타격을 입혔다. 이 공격으로 신4군 사령관 섭정(葉挺) 은 포로가 되었고, 부사령관 항영(項英)은 전사했다. 이 사건은 국공합작의 실질적인 종식을 가져왔다. 서진영, p.203.

70
왕진(王震)이 이끄는 홍군의 주력부대 359부대가 연안 서남쪽에 있는 남니만으로 파견되어 외부의 지원을 조금도 받지 않고 황폐한 토지를 개간해 농사를 짓고 목축을 하며, 필요한 양식과 부식 등을 완전히 자급자족한 자력갱생의 사례. 서진영, p.253; 서울대 국제문제연구소 편, p.286.

여섯째로, 중국 공산당은 1940년대 초 변구와 해방구에서 안팎으로 온갖 위기를 넘기면서 이제는 모택동 사상을 당의 지도 이념으로 든든히 하고, 모택동을 중심으로 한 지도체제를 강화하기 위해 당의 질서와 규율을 추스르는 정풍整風운동에 나섰다. 특히 이러한 움직임은 1942년 2월 1일 연안의 당교黨校 개교식에서 1천여 명의 당 간부들이 모인 가운데 모택동이 "당의 작풍을 정돈하자"는 제목의 연설을 함으로써 시작되었다.[71]

정풍운동은 1942년부터 1944년 사이에 수는 늘어났지만 대장정 세대와 같은 결집력이 없었던 당원들을 대상으로 했다. 특히 1942년에서 1943년 사이에는 당의 고급 및 중급 단위의 실무책임자, 약 3만 명 이상의 당 간부들을 대상으로 해 모택동의 저작물을 비롯하여 당 중앙이 선정한 문건을 중심으로 학습과 훈련을 실시했다. 운동의 공격목표는 주관주의, 종파주의宗派主義, 당팔고주의黨八股主義였다. '주관주의'란 이론과 실천을 결합시키지 못한 교조주의를 말했다. '종파주의'란 최근의 파벌주의 및 군인과 민간인, 당원과 비당원, 고참 당원과 신참 당원 등 사이의 피할 수 없는 간격을 가리켰다. '당팔고주의'란 실제 문제의 해결 대신 상투적인 어구만을 사용하는 것을 말했다.[72]

정풍운동은 대체로 학습문건의 발표와 문제의 제기에서 출발하여 학습운동의 전개를 통해 문제점에 대한 대중적인 인식의 확산을 시도하고, 끝으로 단결-비판-단결의 정신에서 각각 자신들의 문제점에 대하여 토의하고 자아비판을 하는 수순을 밟게 된다. 이런 과정에서 중대한 과오가 있다고 판단된 조직이나 인물들에 대한 정리가 행해지며, 자연히 조직정비와 인사재편이 이루어진다는 것이다. 따라서 정풍운동의 결과 대규모 숙청으로 발전하는 경우는 예외

71 서진영, p.233.

72 중국사연구회 역, pp.421~423.

적이며, 1960년대 중반 문화대혁명은 바로 그같은 예외적인 정풍운동이라고 할 수 있다는 것이다.[73]

사실 정풍운동이 전개되면서 소련유학생파들의 당내 영향력은 일소되었고, 당내에서 모택동의 권위에 도전할 수 있는 세력은 거의 찾아볼 수 없게 되었다. 모택동은 명실상부한 최고지도자가 되었고, '모택동 사상' 은 당의 지도이념으로 떠올랐다. 모택동에 대한 개인숭배사상 마저 등장했다. 태평양전쟁 종전을 앞두고 1945년 4월에 열린 중국 공산당 제7차 당대회에서 통과된 당헌은 모택동 사상을 마르크스-레닌주의와 함께 중국 공산당의 지도이념이라고 공식화했고, 모택동은 당군정黨軍政의 최고지도자로서 선임되었다.[74]

요컨대 연안시대에 중국 공산당은 기존의 체제와 사상을 철저히 재편성하고 대중적 에너지를 동원하고 조직하는 데 성공함으로써, 변구와 해방구가 직면한 위기를 극복할 수 있었다. 그것은 다시 대중과 간부들의 희생정신과 봉사정신을 강조하는 '연안 경험' 과 혁명적 이상주의와 평등주의 등으로 특징되는 '연안공산주의' 를 낳았다고 할 수 있다. 그리고 그것은 바로 이 연안시대에 모택동과 중국 공산당이 결코 인민 대중의 혁명적 적극성, 창조성, 자발성, 주관적 능동성에 대한 믿음을 버리지 않은 결과[75]였음은 두말할 나위 없다.

## 홍군, 미군 지프로 북경 입성

스노우는 1936년 10월 넉달에 걸쳐 이런 저런 취재를 한 뒤에도 "한 가지 사실이 나에게는 수수께끼로 남아 있

73
서울대 국제문제연구소 편, pp.329~330.

74
서진영, pp.234~235.

75
서진영, pp.256~257; 서울대 국제문제연구소 편, pp.283~287; 정성호 역, p.373.

었다"[76]고 털어 놓았다. 도대체 홍군은 먹고 입는 것과 장비 문제를 어떻게 해결하는가에 대한 의문이 남았다는 것이었다. 그러나 스노우의 수수께끼는 사실상 두 가지 질문을 동시에 던진 것이었다. 그 한 가지는 홍군이 먹고 입는 것으로 앞(본고 '4. 홍군의 연안 집결' 끝부분 참조)에서 이른바 홍군의 '자력갱생' 노력에 대한 설명으로 그 해답을 찾았었다. 그러나 두 번째 질문, 즉 군 장비 문제를 어떻게 해결하였는가에 대한 해답은 이제부터 찾아보려는 중이다.

그런데 필자에게도 중국 관련 글들을 읽으면서 풀리지 않는 나름의 몇 가지 '의문'이 있었다. 1945년 8월 태평양전쟁에서 일본이 패망한 뒤, 모택동 · 장개석 회담을 포함해 수차에 걸친 국민당 측과 공산당 측 간의 평화협상이 결렬되자 양측은 1946년 7월 전면적인 내전에 들어갔다. 병력과 장비 등 여러 면에서 우세한 국민당군은 내전 초기에 여러 곳에서 홍군을 압박해 들어갔고 막아낼 수가 없는 듯이 보였다.[77] 그렇게 열세이던 홍군이 1949년 1월 22일 북경을 함락시킬 정도로 그렇게 신속하게, 그리고 그렇게 간단(?)하게 승리를

76 신홍범 외 역(상), p.294.

77 민두기 역, p.187.

■ 솔즈베리와 함께

거두리라고는 아무도 예상치 못할 정도였다.

그러나 필자의 의문은 그보다도, 1947년 3월 국민당군이 그 깊숙한 연안으로 쳐들어올 때, 과연 모택동과 홍군이 변변한 저항도 없이 국민당군 측에 '수도' 연안을 그리 쉽게 내주었겠는가 하는 점이다. 비교적 텍스트의 성격에 가까운 책에서는 '국민당의 연안 장악'[78]이나 '연안 점령'[79], 또는 '모택동 본거지 점령' 같이 국민당군의 공세적 움직임을 강조하고 있다. 이에 반해 저널리스트가 쓴 책에서는 홍군이 연안을 '포기'[80]했다는 표현을 쓰고 있다. 어느 경우나 그 표현은 지극히 간단했지만, 그 함의는 엄청나게 다른 것이 사실이다.

여기서는 편의상 우선 필자의 의문부터 풀어보자. 중일전쟁은 만 8년만인 1945년 일본의 패망과 중국의 승리로 끝났다. 그러나 그것은 중국군 전사자 103만 명, 일반시민 희생자 1천만 명 이상에, 물적 피해가 5백억 달러를 넘는 참승慘勝[81]이었다. 그렇긴 해도 1949년 중국 공산당의 승리는 군사적인 승리였을 뿐만 아니라 정치적인 승리였다. 그러나 중국 공산당으로서는 승리감에 젖어있을 겨를이 없었다. 막강한 국민당군과의 대결이란 내전을 눈앞에 두고 있기 때문이었다.

1945년 당시 양측의 군사력을 비교하면 국민당군이 엄청나게 압도적이었다. 병력 면에서는 국민당군이 약 250만 명에, 홍군이 약 1백만 명으로 국민당군이 2.5배의 우세를 보였다. 무기체계 측면에서는 미국의 군사원조를 받던 국민당군이 재래식 무기로 무장한 홍군에 비해 약 5대 1의 우세를 유지했다. 정치적 차원에서도 국민당 정부의 장개석은 여전히 국내외적으로 중국을 대표하는 정통적인 정부로 인정을 받고 있었다.[82]

그렇기 때문에 국민당의 '연안 장악', '연안 점령' 이란 표현

78
중국사연구회 역, p.431.

79
서진영, p.271; 서울대 국제문제연구소 편, p.63.

80
박월라 외 역, p.28.

81
서진영, p.260.

82
서진영, pp.260~261.

은 일단 자연스럽게 받아 들여질 수는 있겠지만, 반대로 그 표현이 홍군의 '연안 포기' 까지 자연스런 일로 함축할 수는 없는 것이다. 홍군의 '연안 포기' 라는 표현에는 홍군의 자발적인 의사결정이 전제가 되는데, 과연 홍군이 자발적으로 그랬는지 여부가 확실하지 않기 때문이다. 오히려 솔즈베리는 '포기' 라는 용어에 전략적 의미마저 부여하였다.

> 모택동은 자신이 10년을 지낸 섬서성의 연안 요새를 포기(밑줄은 필자)했다. 그의 군대들은 모든 곳에서 싸우고 있는 것 같았으나, 그는 장개석과의 전쟁이 다시 일어났던 1946년 이래로 거의 모습을 보이지 않고 있었다. 그러나 이것은 착각이었다. 모택동을 액면가치로 평가하는 것보다 더 위험한 일은 없었다. 만약 그가 후퇴하면, 그것은 적을 함정에 유인하기 위한 것이었다. 그의 친구나 적이 쓰라린 경험을 통해 알았듯이, 그가 미소를 지으면 경계해야 한다. 모택동이 자신의 후계자로 지명한 사람보다 더 큰 위험 속에 살았던 사람은 아무도 없었다. ……
>
> 그의 군대로 하여금 1947년 연안의 요새를 포기(밑줄은 필자)하고 시골 깊숙이 자취를 감추라고 명령한 것은 바로 모택동이었다. 모든 곳에 있으면서 아무 곳에도 없는 것처럼 보이게 한 기만 전술을 창안한 것도 모택동이었다. 여러 곳에 전선을 배치하고 그 배후에 장개석을 쳐부술 군대들을 함께 집결하는 기동전機動戰은 모택동이 주덕과 함께 창안한 것이었다.[83]

요컨대 모택동이 연안을 포기하고, 따라서 보이지 않는다고 해서, 그것이 곧 국민당군의 '연안 점령' 내지는 '연안 장악' 을 의미하는 것은 아니었다. 오히려 "연안의 요새를 포기하고 시골 깊숙이 자취를 감추라고 명령한 것은" 모택동이었다는 것이다. 그러나 그는 연안을 '포기' 한 지 2년도 채 안되어 '성역' 연안 대신 역대 중국을 상징하는 수도 북경에 모습을 드러낸 것이다.

83
박월라 외 역, p.28.

1947년 3월 공산당의 성역인 연안을 포기(밑줄은 필자)하고 홍군부대를 이끄는 백마에 탄 모택동의 유명한 사진이 한 장 있다. 장개석은 모택동을 그의 근거지에서 궤멸시키기 위해 막강한 군사력을 집결시켰었다. 모택동은 궤멸 당하는 대신, 짐을 꾸려 사령부를 떠났다. 그리고 부대를 모아 전투 한 번 하지 않고, 섬서성의 끝없이 펼쳐지는 황토의 산악지역으로 몰래 빠져 나갔다. 이것은 급격히 퇴각했다가 재빨리 진격하는 교묘한 기동전을 펼치기 위해서였다. 이러한 기동전의 결과 2년이 채 지나기 전에 장개석 군대는 완전히 패배했다.84

모택동은 연안을 '포기' 하면서 "소비에트 영토 '깊숙히 적을 유인하여유적심입誘敵深入'" 장개석군의 발을 묶은 셈이었다. 그것은 단순한 '포기' 라기보다는, 적을 유인하는 방편으로서 '후퇴' 를 의미했다. 말하자면 상대에게 비교적 큰 고기를 물게 해주고, 그 대신 더 큰 고기를 취한 것이었다. '연안 포기' 에 대한 필자의 의문은 이것으로 답을 얻은 셈이다.

솔즈베리는, 스노우에 이어, 계속 모택동의 행방을 쫓고 있었다. 1948년 5월 말경 모택동은 '연안 포기' 로부터 1년 2개월 만에 북경에서 서남쪽으로 약 280㎞ 떨어진 관문인 서백파西栢坡에 비밀사령부를 설치했다. 모택동은 1948년 말까지는 화북산구華北山區에 있는 먼지투성이의 은신처에서 나와, 중국의 모습과 세계의 정치경제 지도를 바꾸어 놓을 20세기의 가장 위대한 군사작전에 참가했다.

사악하지만 재주있는 임표 장군은 동북지역을 소탕하고 북경을 포위 공격하고 천진을 손아귀에 넣었다. 팽덕회와 하룡은 중국의 나머지 지역과 북경의 연결을 차단했다. 유백승劉伯承, 등소평鄧小平,

84
박월라 외 역, p.108.

그리고 진의陳毅는 회해淮海특수작전을 개시했다. 이 작전은 결국 장개석으로 하여금 1백만 명의 병사를 희생시키도록 함으로써 그의 운명을 결정지었다.[85]

1948년 12월 12일, 북경에 있던 미국 풀브라이트 학자 더크 보데Derk Bodde는 일기에 "거의 알아차릴 수 없을 정도로 아주 조용하고 부드럽게, 그러나 가차 없이 '붉은 조수潮水'가 가까이 오고 있다"고 썼다. 바로 이날 임표가 이끄는 홍군 동북야전군은 북경을 향해 진격을 시작했다. 홍군은 향산香山을 빼앗고 공항을 폭격한데 이어, 12월 17일 북경을 포위 공격을 하고 있었다. 북경에 대한 포위 공격은 6주간 계속되었다. 포성이 북경을 뒤흔드는 가운데, 항복을 위한 막후협상이 벌어지고 있었다. 모택동은 임표에게 서둘지 말라고 지시했다. 마침내 1949년 1월 21일 국민당군 측은 북경 인도에 동의했으며, 1월 22일 오후 6시에는 그 효력이 발생했다.[86]

1949년 1월 31일 오후 4시경, 공산군 최초의 분견대들이 붉은 깃발과 모택동의 초상화들, 그리고 그의 위대한 휘하 군사령관인 주덕의 초상화들을 높이 들고 북경에 입성했다. 많은 사람들은 혁명의 지도자가 '주모朱毛'라는 성, 또는 이름을 가진 한 사람이라고 생각했다. 아직도 모택동의 모습은 대중들의 시야에 들어오지 않은 것이었다.

모택동은 1936년 연안을 찾아온 스노우에게 인터뷰에서 홍군의 군장비에 관해 이렇게 설명한 적이 있다.

85
박월라 외 역, p.29.

86
박월라 외 역, pp. 29~30.

군수품에 대해 언급한다면, 일본군은 여러 해 동안 중국군을 무장시키기에 충분한, 오지에 있는 우리의 군수품 공장들을 장악할 수 없을 뿐만 아니라, 우리가 그들의 손에서 병기와 탄약을 대량 탈취하는 일도 막을 수 없을 것입니다. 홍군은 국민당군으로부터 병기와 탄약을 빼앗아 현재의 병력을 무장시켰지요. 지난 9년 동안 국민당군은 우리 홍군에게 '군수품 공급자' 구실을 해온 셈이었습니다. 중국 전체 인민이 대동단결하여 항일에 나선다면, 우리처럼 필요한 병기를 빼앗아 사용하는 전술을 활용할 가능성은 거의 무한하게 열리지 않겠습니까! 87

1949년 2월 3일 북경에서 개선 시가행진이 벌어졌다. 모택동의 설명 그대로 군장비를 갖춘 이 시가행진의 모습을 솔즈베리는 이렇게 전했다.

먼지바람이 너무 심해서 시가행진을 하는 부대들의 모습조차 제대로 볼 수 없었다. 그들은 미제 트럭, 미제 소총, 미제 대포, 미제탱크, 미제 장갑차를 가지고 있었고, 심지어는 미제 군복을 입었는데, 이것들은 모두 국민당군들로부터 포획한 것이었다. 마오는 언젠가 "장개석은 우리의 보급장교였다"라고 말한 적이 있다.88

연안을 떠난 모택동의 모습은 여전히 보이지 않고, 근교 향산香山에 머물고 있는 것으로 알려졌다. 북경시의 사령관으로 임명된 엽검영葉劍英 원수를 비롯해 6명의 장군들이 천안문 성루에서 경례를 받고 있었다. 레바논계 미국인 의사로서 중국에 귀화한 조지 하템George Hatem은 "우리는 머리끝에서 발끝까지 미군이었습니다"고 말했다. 마치 미군들이 북경 시내에서 시가행진을 벌이는 것으로 착각할 정도였다는 것이었다. 결국 홍군은 "투항한 장개석의 군대로부터 노획한 미국 공급 무기와 소련의 용인 아래 만주에서 확보한 일본군의 무기를 이용하여 전쟁에서 승리했다".89

87
신홍범 외 역(상), p.130.

88
박월라 외 역, p.31.

89
중국사연구회 역, p.434

홍군은 무기생산량이 극히 제한되어 있었기 때문에 적을 주요한 무기 공급원으로 삼았다. 몇 년 동안 홍군은 국민당 군대를 그들의 '탄약 운반대' 라고 불렀을 정도다. 홍군의 주장에 따르면, 그들이 보유하고 있는 총의 80%, 탄약의 70%가 적군으로부터 노획한 것이라는 것이다. 홍군의 군 장비 및 그 공급에 대한 설명은 이것으로 충분할 것 같다. 다만 마치 국민당군의 장교들의 도덕적 해이 때문에만 장비가 홍군에 넘어가는 것 같지만, 모든 일의 흐름은 구조적으로 홍군에게 유리하게 돌아가고 있었다.

1947년 중반 이후 반격에 나선 홍군은 곧 산동을 지배하게 되었을 뿐 아니라, 황하와 양자강 사이의 근거지를 되찾음으로써 양자강 유역 전체를 위협할 수 있는 전략적 위치를 차지했다. 전략적 균형이 바뀌면서 홍군은 훨씬 쉽게 국민당군이 보유한 미군 장비를 탈취하거나 투항한 국민당군을 새로운 홍군의 전사로 충원할 수 있었다.

> 장개석은 여전히 도시에서 부대를 철수시키는 것을 거부하고 있었다. 결과적으로 그의 정예부 대들은 포위되어 고립된 다음 모든 장비를 지닌 채 투항하게 되었다. 홍군은 이런 뛰어난 전략과 전술로 국민당군 방어자들을 압도했을 뿐만 아니라 그들의 사기를 떨어뜨려 놓았다. 마침내 1949년 1월, 홍군이 북경을 포위하자, 이곳 국민당군 사령관은 모든 부대를 이끌고 항복하기로 결정했으며, 나중에 새 정권에서 신뢰받는 지위를 확보할 수 있었다.[90]

1949년 3월 25일 이른 새벽, 모택동은 마치 유령처럼 슬며시 북경의 여명을 뚫고 들어왔다. 아무도 그가 오고 가는 것을 보지 못했다. 신문에도 한마디 언급조차 없었다. 이날 낮 모택동은 청

90
중국사연구회 역, p.434.

■ 1949년 3월 25일, 베이징을 점령한 후 국민당으로부터 노획한 미군지프를 타고 북경 군사공항에서 사열받는 모택동
출처:《새로운황제들》, 다섯수레

화역에서 기차를 내려, 방탄 닷지 리무진을 타고 하궁으로 갔다. 이 차는 1930년대에 장개석을 위해 미국 디트로이트에서 특수 제작한 차였다. 오후 5시, 모택동은 포획한 담록갈색의 미군 지프로 갈아타고 북경 군사공항으로 달려가 보병 · 포병 · 장갑부대와 기갑부대로부터 사열을 받고, 5백발의 예광탄 경례를 받았다.[91]

1947년 3월 중국 공산당의 수도 연안의 황토고원을 '포기' 하고 남몰래 빠져나온 모택동과 당군 지도부는, 꼭 2년 만인 1949년

91
박월라 외 역, p.35.

3월 중국의 오랜 수도 북경으로 조용히 들어왔다. 이날 모택동이 노획한 미군 지프를 타고 홍군의 사열을 받고 있는 한 장의 사진은 스노우와 필자의 의문에 대한 동시해답이 되고도 남았다. 모택동은 그해 10월 1일 천안문 광장에 모인 30만 군중 앞에서 중화인민공화국의 성립을 선포했다.

권력은 노획한 미군 지프를 타고 북경에 입성한 홍군의 총구에서 나온 것이다.

## 참고문헌


김성룡(2005), 《불멸의 발자취》, 民族出版社(北京) .

서울대 국제문제연구소 편(1990), 《中國政治經濟事典》, 민음사.

서울대 국제문제연구소 편(1991), 《中國社會文化事典》, 서울대 출판부 .

서진영(1992), 《중국혁명사》, 한울.

이경일(2004), 《周恩來: 다시 보는 저우언라이》, 우석.

이원규(2006), 《김산 평전》, 실천문학사.

이종한(2006), 《항일전사 정율성 평전》, 지식산업사.

Lloyd E. Eastman, 민두기 역(1986), 《蔣介石은 왜 敗하였는가》, 지식산업사.

John King Fairbank, *The United States and China, Fourth and Enlarged Ed.*(1971), Harvard University Press, Cambridge, 양호민 · 우승용 역(1972), 《현대 중국의 전개》, 동서문화원.

John King Fairbank(1992), *China: A New History*, Harvard Uniwversity Press, Cambridge, 중국사연구회 역(1994), 《新中國史》, 까치.

Harrison E. Salisbury, *The Long March: The Untold Story*. 정성호 역(1985), 《대장정》, 범우사.

Harrison E. Salisbury(1992), *The New Emperors: China in the era of Mao and Deng*, Curtis Brown Ltd., New York, 박월라 · 박병덕 역(1993), 《새로운 황제들, 毛澤東과 鄧小平 시대의 중국》, 다섯수레.

Kim San & Nym Wales(1941), *Song of Arirang; The Life Story of A Korean Rebel*, John Day Co., New York, 조우화 역(1984), 《아리랑》, 동녘.

Stuart R. Schram(1966), *Mao Tse-tung*, Simon and Schuster, New York, 김동식 역(1979), 《毛澤東》, 두레.

Agnes Smedley(1956), *The Great Road, The Life and Times of Chu Teh*, The Monthly Review, 홍수원 역(1986), 《위대한 길》, 두레.

Edgar Snow(1937), *Red Star Over China*, Victor Gollancz Ltd. London.

Edgar Snow(1971), *Red Star Over China*, Random House, New York, 홍수완 · 안양로 · 신홍범 역(1985), 《중국의 붉은 별》(상), (하), 두레.

Edgar Snow(1972), *Jouney To The Beginning*, Vintage Books, New York, 최재봉 역(2005), 《에드가 스노 자서전》, 김영사.

| 편집 후기 |

진정한 애국자로서 통일독립운동 전선의 선봉에 서서 참된 뜻 세워 일관되게 나라와 겨레 위해 일생을 살았던 역사의 인물, 우사 김규식을 선양하기에 골몰하는 김재철 회장의 주선과 회원의 열성으로 역사길에 나섰다.

"우사 김규식의 독립운동길 따라가다" 에 뜻 있는 회원 24명이 참가하여 그 넓은 대지의 천하를 돌아본 역사 탐사는 참 뜻있는 삶을 체험한 보람으로 남았다.

편리한 교통수단을 이용하며 안락한 숙소에서 쉬어자고 별미의 영양식을 섭취하는 가운데 곳곳의 특색 있는 전통을 익히며 문명을 생각하는 지성인들이었는데, 독립운동시기로부터 그렇게 오랜 세월이 흐르지 않은 지금, 옛 세월 10년이 오늘 하루 맞잡이로 변화무상하게 발달한 편리에 습관이 배어 있는 육신의 피로를 고통스럽게 참아내는 기색을 감지하면서, 독립운동전선활동에 목숨 걸었던 선열들이 겪었을 삶을 짐작하기도 어려웠다.

지금 편집자가 바라보는 일본은, 선진문명국으로 서구문화권에 끼어들고자 해서 전쟁으로 가까운 이웃나라와 민족을 살육하고, 일찍이 약소국 침략의 근성 있는 강국과 어울려 역시 그들이 원인된 동족상쟁의 전쟁특수로 경제 강국이 되었다. 그런 나라인 반면 그들에게 짓밟혔던 우리 민족은 삶의 질곡에 얽매여 지금도 분단의 역사를 고민하며 살고 있다. 이러한 사실을 부정하면서 가당치 않게도 미개함을 사람되게

깨우쳐 주었고 문명을 알게 가르쳐 덕을 베풀었다고 소리치며, 우사의 지적처럼 자본주의 국가가 연대하여 착취하였던 옳지 못한 역사를 반성 없이 써내고 있다. 가소롭게도 침략자들의 문물 덕분에 입신했다고 하는 지식의 기능인 되어 그들의 우의를 내세우는 유식자가 세력을 키우려 기를 쓰는 우리의 현실에서, 참으로 내일을 가늠하기 어려운 나날의 반복으로 남의 세상살이를 하며 맹목으로 지새우는 사회현상을 보게 돼 너무 안타깝고 한심한 역사현상을 실감할 수 있는 역사배인 길이었다.

진정 기억하여 그 뜻을 온 세상에 펼쳐내야 할 과업으로서 답사길 내내 뇌리에 떠오르는 상념이 있었다. 고 송남헌 회장께서 창립하신 우사 김규식 연구회를 세상에 드러내어 절실한 통일을 달성할 수 있게 노력을 다하겠다는 다짐이 있어야 옳다는 환청이 끊이지 않아 괴로우면서도 힘없는 자신이 원망스럽기도 했다.

여기 자신의 세상을 힘 있게 살고자 노력하는 우사 연구회원 여러분께서 땀 흘려 그려낸 생기 있는 글을 묶어 펴내는 회원의 기쁨이 오래 남으리라고 편집자는 확신한다.

남 못지않은 문필을 익혔고 누구보다 참되게 세상을 통찰 · 분별하면서 다른 사람의 삶에 힘이 되어주는 분들인데……. 사정이 뜻 같지 못하여 다음 기회로 글쓰기를 미루게 된 이현행 선생(공기업 대표), 박원기 선생(전 화순군문화원장), 구환우 선생(전 화순농협조합장), 이경일 선생(언론인), 정정옥 선생(도예가), 김진우 학생(대학원생), 김우석 선생, 김준상 군과 그 외 분들의 마음을 이 문집에 담아 함께 기억할 수 있기 바라서 기록하는 심사를 모두가 이해하여 주리라고 믿는다.

오래 기다리면서도 기쁘게 이 번잡한 일거리의 문집을 맡아 출판하는 논형의 소재두 대표와 직원 여러분의 끈기 있는 인내와 살펴보고 또 검토하는 정성을 다해 본때 있는 문집으로 출간하니, 여러 사람들이 즐겨 읽고, 참으로 읽어 얻은 역사의 앎이었다고 널리 알려지기 고대하는 간절한 염원이다.

차례나 1 · 2권으로 글을 나눠 싣게 된 내용은 탐사길에서 보는 눈을 바로하여 역사를 알고 사물을 읽어보라고 앞에 나서서 가르쳐 주었던 학자의 배움 있는 글을 각 권 앞에 싣고 다음부터는 되도록이면 답사길의 차례대로 지역마다 각기 다른 필자가 독립된 글을 실어, 어느 글을 읽어도 좋게 하였다.

계획에 차질생겨 다음 기회로 미룬 3차의 유럽길이 미구에 열리리라 기대하며 이어서 4차의 미국 쪽을 돌아서 우사의 행적을 온전히 드러낼 수 있기를 고대하여 마지 않는다.

글을 쓰는 그 마음, 그 고뇌의 노력은 써 보아야 느낄 수 있는 사리를 알고, 글 속에 담겨진 필자의 뜻을 읽을 수 있는 독서는 진실된 인격을 배양케 함을 다시 생각하여, 읽고 쓰는 실력자가 많아지기를 바라면서 우사 김규식의 역사길이 열리기를 바라는 간절한 소망이다.

백두산 장군봉(상상봉)에서

외롭게 힘겨운 세상을 꿋꿋이 살면서 참된 일에 정력적으로 매진하는 우사 김규식 연구회장의 건강과 안녕을 회원 모두가 한 마음으로 기원하며 감사드림을 편집자로서 대필한다.

2007년 7월

우사 김규식연구회 사무국장

장은기

# 김규식과 한국 근현대사

1881년 1월 29일(음력 12월 28일, 고종 18년) 부 김지성(金智性, 일본에서 신식 교육을 받아 진보사상에 감화를 받음)과 모 경주 이씨의 3남으로 출생. 장남 규찬(奎贊)은 백부 우성(友性)의 양자로 입양되어 규식이 실제 맏이가 됨.

| | |
|---|---|
| 1882년 5월 22일 | 한 · 미수호통상조약 체결. |
| 1883년 6월 15일 | 동래부에서 민란 일어남. |
| 1883년 7월 25일 | 한 · 일통상장정 세관세칙 일본인어채범죄조규 일본인 간행리정 조약 조인. |
| 1883년 11월 26일 | 한 · 영수호통상조약 및 한 · 독수호통상조약 조인. |
| 1884년 6월 26일 | 한 · 이수호통상조약 조인. |
| 1884년 7월 7일 | 한 · 로수호통상조약 조인. |
| 1884년 12월 4일 | 갑신정변 일어남. |
| 1885 | 부 김지성, 유배당함. |
| 1885년 4월 5일 | 미 북장로교 선교사 언더우드, 아펜젤러 제물포 도착. |
| 1886년 | 모 경주 이씨 사망(부 김지성은 유배 중이었음). |
| 1886년 5월 11일 | 언더우드, 고아학교 설립. |
| 1887~1891년 | 병 앓는 우사(尤史)를 언더우드(Dr. Horace G. Underwood, 元杜尤) 목사 양육 맡음. |
| 1891년 | 부 유배지에서 돌아옴. |
| 1891년 여름 | 조모 사망. |
| 1891~1894년 | 부 · 조부와 함께 살며 한학(漢學) 수학(修學). |
| 1892년 | 부 김지성 홍천에서 사망. |
| 1894년 | 갑오농민혁명(청 · 일 전쟁의 발단이 됨), 갑오경장(갑오개혁). |
| 1894년 가을 | • 조부 · 큰형 사망.<br>• 관립영어학교(영국인 허치슨(Hutchson), 교장) 입학. |
| 1896년 초 | 위 학교 5개 반 중 최상급의 1반에서 수석으로 졸업. 조선인 식품점의 영업점원. |

| | |
|---|---|
| 1896년 4월 7일 | 최초의 한글신문을 창간. 한 · 영문 일간지를 발행한 제이선(Philip Jaisohn, 서재필) 박사의 독립신문사 영어 사무원 겸 회계를 맡음. |
| 1897년 | 도미 유학. 버지니아 주 르녹대학(Roanoke College) 예과에 입학. |
| 1898년 | 1년간의 예비과정을 준우 등으로 마침. |
| 1898년 10월 8일 | 학내 '데모스테니언문학회(Demosthenean Literary Society)' 토론 '영 · 미 동맹은 미국이 유리할 것이다' 에서 반대 토론자로 참여. |
| 1898년 12월 10일 | 위 토론 '흑인 교육은 남부에 유익하다' 에 찬성 토론자로 참여. |
| 1899년 3월 11일 | 위 회의 '미국은 군비를 강화해야 한다' 토론에 찬성토론자로 참여. |
| 1900년 5월 | 대학 잡지에 '한국과 한국어' 를 소개하는 글을 '한 · 중 · 일어' 와의 관계에서 영어 · 프랑스어 · 독일어 · 라틴어 · 산스크리트어(梵語) 등을 인용하여 발표함. |
| 1900년 6월 | 학내 강연대회에서 1등. 위 '데모스테니언문학회' 부회장. |
| 1901년 5월 | 〈인류문화의 비밀-낙관주의〉라는 연제의 강연으로 2등. 그 문학회 회장. |
| 1901년 6월~7월 | 매사추세츠주 노스필드의 학생대회에 의친왕과 함께 참석. |
| 1902년 2월 | • 대학 잡지에 〈동방의 서광(The Dawn in the East)〉이란 연설문 발표. |
| 1902년 | • 영 · 일 동맹 체결 |
| 1903년 5월 | 대학 잡지에 〈러시아와 한국 문제〉라는 글을 발표. 러 · 일전쟁에서 일본이 승리하여 그 영향이 한국에 미치게 됨을 예견함. |
| 1903년 6월 | • 르녹대학 졸업. 평균 91.67점으로 3등.<br>• 르녹대학을 서병규에 이어 두 번째로 졸업하는 미국대학의 학사로 졸업기념 연설자 5명 가운데 한 사람으로서 졸업연설을 함.<br>• 졸업연설 〈극동에서의 러시아〉는 대학 잡지에 발표되고, 《뉴욕선(New York Sun)》지에 전재됨. |
| 1904년 2월 8일 | 러 · 일전쟁 발발. |
| 1904년 2월 23일 | 한 · 일의정서 조인. |
| 1904년 | 우사 프린스턴(Princeton)대학원 장학금 받음. 귀국함. |
| 1904~1910년 | YMCA 초대이사 겸 서기. YMCA 학교 교사. 교육간사 겸 중학교장. |
| 1905년 1월 18일 | 르녹대학에 〈근대의 세바스토플리의 함락〉이라는, 여순항이 일본군에게 함락됨을 보고 크리미아전쟁을 끝나게 한 '세바스토플리 군항 함락' 에 비교한 글을 보내 대학 잡지 5월호에 실림. |
| 1905년 8월 5일<br>~ 9월 5일 | 포츠머스 회의에 참석하여 '조선문제' 를 변론하려고 상해에 가서 자금과 황제의 밀서를 가지고 뒤따라올 다른 밀사들을 기다렸으 |

| | |
|---|---|
| | 나 오지 않아 석 달 동안 허송세월하던 중 이미 9월 5일 포츠머스 조약 체결로 러 · 일전쟁이 종결되어 11월 7일 귀국함. |
| 1905년 11월 17일 | 을사보호조약 체결 |
| 1906년 5월 21일 | 정신여학교를 졸업한 조은애(趙恩愛) 여사와 새문안교회에서 혼인함. 신부는 새문안교회 교인이며, 과거 군수를 지낸 조순환의 무남독녀였음. |
| 1907년 | 장남 진필 출생하였으나 6개월 후 사망. |
| 1907년 | 우사, 도쿄 세계학생기독교연맹대회에 한국대표로 참가. |
| 1908년 11월 16일~26일 | 언더우드 목사가 거행한 세례 문답식에 참가. |
| 1910년 5월 29일 | • 새문안교회 헌당식.<br>• 우사는 새문안교회 교인의 대표로 봉헌사 함. 이때 축가를 작사했고 영국 성서공회의 버시(F. G. Versey)가 작곡함.<br>• 준공한 현재의 새문안교회의 건축위원회 위원으로서 우사의 공로가 가장 컸다고 당시의 〈조선선교 취지(Korea Mission Field)〉에 보도됨. |
| 1910년 8월 29일 | 일본에 한국이 병합됨. |
| 1910년 12월 18일 | 새문안교회 완성 후 두 번째 장로가 됨. |
| 1910~1913년 | • YMCA 학생부 담당 간사(교사 겸).<br>• 조선기독교대학(현 연희대학교) 교수로 봉직.<br>• 경신중학교 교감(John D.wells Training School).<br>• 호레이스 G. 언더우드 박사 개인비서로 근무. |
| 1911년 10월 10일 | 신해혁명. |
| 1911년 12월 4일 | 경기 · 충청 노회의 서기. |
| 1911년~1912년 | • 105인사건(데라우치 총독 암살음모 조작 사건) 발생.<br>• 일제, 교회탄압 시작. |
| 1912년 | 차남 진동(鎭東) 출생. |
| 1912년 2월 1일 | 전국주일학교연합회 집행위원과 부위원장에 선출됨. |
| 1912년 9월 1일 | 조선예수교장로회 총회(평양)에서 우사 영문으로 보고함. |
| 1913년 봄 | 도쿄 외국어학교 영어교수와 도쿄제국대학교 동양학과의 장학금을 주겠다는 총독의 제의 거절. |
| 1913년 11월 | • 중국 상해로 망명.<br>• 경남 진주의 갑부 정상환이 여비를 주었다고 함. 오스트레일리아의 중국 화교들에게 조선인삼을 팔러 간다는 구실로 여권 얻음. |

• 상해에서 단재에게 영어 가르치며 '민족운동을 통일 · 통합된 투쟁'으로 만들기 위해 노력함. 호를 서호(西湖)라 함.
• 손일선(孫逸仙, 孫文), 황광강(黃光强), 진영사(陳英士), 고유균(顧維鈞) 등 중국의 여러 혁명지사와 친교 맺음.
• 실패로 끝난 1913년 제2혁명 중에는 냉귤(冷橘) 장군의 군대에 우사도 합류하여 방부(邦阜)까지 갔으나 서주부(徐州部)에서 내려온 장훈(張勳)의 군대에게 패배하여 제2혁명에 종지부를 찍음.

1913년 12월 17일 상해의 박달학원 설립, 우사 영어교수.

1914년 8월
• 제1차 세계대전 일어남(7월 28일, 오스트리아가 세르비아에 선전포고). 가을 외몽고의 우르가(庫倫)에 가서 군사훈련학교를 세울 목적으로 이태준(李泰俊) 박사와 유동열(柳東說) 장군(당시 소령), 서왈보(徐曰輔)와 같이 갔고, 우사가 변장하고 압록강을 건너 의주까지 가 자금을 모집했으나 실패하여 뜻을 이루지 못하고, 우르가에 머무는 동안 러시아 상업학교에서 영어를 가르치며 개별적으로 러시아인들에게 영어 개인교수를 함.
• 미국인과 스칸디나비아인들의 무역상사인 몽고물산회사에서 회계 겸 비서로 일함.

1916년 상해 · 천진 및 홍콩의 미국-스칸디나비아계 큰 회사인 Myer & Co, Ltd.의 장가구 부지배인으로 입사.

1917년 11월 7일 러시아 10월혁명 발발. 레닌이 이끄는 볼셰비키가 러시아정부 장악.

1917년 12월 전 러한족중앙총회 조직.

1917년 부인 조은애(趙恩愛) 여사 사망.

1918년 1월 8일
• 미국 대통령 윌슨이 민족자결 · 무병합무배상, 비밀외교 배척, 국제조직의 확립 등을 내용으로 하는 14개항의 평화원칙 발표(패전국 독일의 식민지 재분할에 관해서).
• 레닌의 민족자결원칙은 식민지문제 해결을 통해 세계 사회주의 혁명을 달성하려는 목적에서 제정 러시아 치하에 있던 1백여 피압박민족에 대한 민족자결원칙이었다.

1918년 3월 우르가로 진동과 사촌누이 김은식과 같이 가 Myer & Co, Ltd.의 새 지점을 개설하여 지배인이 됨. 얼마 있다가 천진으로 와 Fearon Daniel Co, Inc.(미국계회사)의 수입부에 입사, 중국 각지에 델코전구 판매 · 설치함.

1918년 7월 12일
• 미국인 친구 알렌 그린랜드(J. Allen Green Land)에게 보낸 편지

에서 만주지방에 가서 땅을 개척하고 목장을 시작할 계획임을 밝힘.

• 신규식의 동제사(同濟社)에 가담함.

1918년 11월 11일 세계 30여 개국이 참전했던 제1차 세계대전이 영 · 불 등 연합국과 독일 사이에 체결된 휴전조약으로 끝남.

1918년 11월 미국 윌슨 대통령의 비공식대표인 찰스 크레인이 중국 방문에서 파리강화회의의 중요성을 역설함을 들은 몽양 여운형은 그를 면담함.

1918월 11월 28일 우사는 파리강화회의에 가 조선문제를 전 세계에 폭로, 항변할 결심을 하고 여운형, 유격환, 장덕수, 서병호 등 30여 명으로 조직한 신한청년당의 외교 책임자가 됨.

1919년 1월 18일 파리강화회의 개최(제1차 세계대전을 종결짓는 일련의 공식강화조약들이 체결됨).

1919년 1월 19일 김순애(金淳愛, Stella S. Kimm) 여사와 남경에서 결혼. 김 여사는 1912년 의사인 오빠 김필순(金弼淳)을 따라 중국 흑룡강성으로 망명해 있다가 1918년 오빠가 죽고서 형부 서병호가 있는 남경으로 감. 장가구에서 사망한 첫아내의 아들(진동=필립, 당시 9세)은 이태준 박사와 함께 우르가에 남겨둠.

1919년 2월 1일 우사 파리강화회의에 신한청년당의 대표로 참가차 상해 출발.

1919년 3월 13일

• 파리 도착

• 파리강화회의에 가서 펼치는 대표의 활동을 세계에 널리 알리는 국내의 시위운동을 선동하기 위해서 김순애 여사는 부산, 대구, 평양 등지를 돌아 만주로 망명하였으며, 또 다른 젊은이들을 조선(김철, 선우혁, 서병호) · 일본(장덕수) · 만주(여운형) · 시베리아(여운형)로 파견하여 시위 · 선동을 하게 함. 동시에 일본에서 2 · 8독립선언을 하는 하나의 동기가 되었음.

1919년 3월 1일 전 조선민족이 3 · 1독립만세시위운동을 일으킴.

1919년 4월 10일 파리 《공보국 회보(Circulaire)》 제1호 출간.

1919년 4월 13일 대한민국 상해임시정부 수립. 우사 임정 외무총장.

1919년 5월 4일 일본에게 산동반도를 할양하도록 한 베르사유조약의 결정을 거부하는 중국인의 분노가 폭동과 5 · 4운동을 촉발시킴.

1919년 5월 12일

• 우사는 파리강화회의에 〈한민족의 일본으로부터의 해방과 한국의 독립국가로의 복귀에 관한 청원서〉와 〈한민족의 주장〉을 정

식으로 제출하면서 '신한청년당 · 대한국민회 · 대한민국임시 정부' 대표 김규식으로 서명함.

- 우사가 작성, 제출한 탄원서는 20개 항목임. 일본의 한국침략과 그 학정의 부당성을 논박한 35쪽으로 된 인쇄물을 만들어 회의에 참석한 여러 나라 대표에게 배포함.

1919년 6월 28일
- 독일이 베르사유조약에 조인.
- 파리강화회의에서 전승연합국들 사이에 식민지 재분할함.

1919년 8월 6일 파리 한국공보국(우사 주관), 외국기자 클럽 연회. 80여 명 참석. 대표적 인물로 프랑스 하원 부의장 샤알즈 르북(Charels Lebucq)이 사회 봄. 한국포병학교 교수를 지낸 프랑스 재건국장 빠예(General Payeur) 장군, 한국공사대리를 지낸 러시아 참사관 군즈버그(Baron de Gunzburg) 경, 프렌당(M. Frandin) 전권대사, 국회의원 마린(Louis Marin), 전 모스크바 시민의회 의장 미노(Joseph Minor), 북경대학 교수 이유영(Li Yu Ying), 파리 주재 중국총영사 라오(Lao) 등. 이때 프랑스어로 된 〈한국독립선언서〉와 조오지 드 크록(George Ducrocq)이 쓴 《가난하나 아름다운 한국(Pauvre et Douce Coree)》이라는 책과 작은 한국의 깃발을 기념품으로 줌. 또 김규식은 한국의 지리와 역사를 말하고, 한국에는 평화가 없으며 한국인은 독립을 원한다는 강연을 함.

1919년 8월 9일 우사 파리를 떠남.

1919년 8월 22일 워싱턴 DC에 도착. 이승만 박사가 제이슨(Jaison)박사와 헐버트(Hulbert) 박사와 법률고문 돌프(Dolph)의 도움을 받아 조선의 입장을 주장하는 운동을 하며 구미위원부를 세워 우사는 그 초대위원장이 됨.

1919년 9월 6일 우사 임정 학무총장.

1919년 9월~1920년
- 9월말까지 미국 서부 각지를 순회하여 워싱턴 위원부와 국민회의가 협력할 수 있도록 교민들을 찾아다니며 설득하고 독립공채를 판매해 3주 만에 약 5만 2천 달러를 모금해 임정 재무부장 이시영(李始榮)에게 송금함.
- 우사 〈극동정세(Far Eastern Situation)〉, "일본은 중국, 시베리아, 한국의 인적 자원을 이용, 영 · 미 각국에 무력으로 대항할 수도 있을 것" 이라는 글을 집필 발표함.

1920년 신경통 투병 끝에 뇌종양 의문 있어 월터리드병원에서 뇌수술 받음.

| | |
|---|---|
| 1920년 10월 3일 | 미국을 떠나 하와이에서 필리핀 경유 선편을 기다리느라 한 달 가량 머물고, 오스트레일리아에 들러 그 나라 수상(William Hughes)과 만남. |
| 1921년 1월 18일 | 상해 도착. |
| 1921년 1월 27일 | 상해 인성학교의 환영식에서 연설, "복잡한 임시정부 내부사정에 관련하여 우리가 반성하고 합하여 책임을 다해야 한다" 고 함. |
| 1921년 4월 25일 | 구미위원부 위원장 사임. |
| 1921년 4월 29일 | • 임정 학무총장 사임.<br>• 상해에 남화학원(南華學院) 설립. 서병호와 중국사람 몇 명과 함께 중국에 들어오는 조선청년들에게 영어 가르침.<br>• 일본수상 하라 다카시가 암살당해 황태자 히로히토가 섭정이 됨. |
| 1921년 5월 19일 | 국민대표회의 기성 · 촉성회 조직, 우사 조직위원. |
| 1921년 5월 | 중 · 한호조사 창설. |
| 1921년 11월 | • 모스크바 극동민족대회에 참가하기 위해 여운형, 김시현(金始顯), 나용균(羅容均), 정광호(鄭光好)와 상해 출발. 장가구(이 여정에서 우사의 친우 미국인 교수의 아들 콜맨의 도움을 받음)-몽골-고비사막을 횡단하여 이르쿠츠크에 도착함.<br>• 자유시사건(흑하사변)의 재판에 배심원 자격으로 몽양과 같이 참관. |
| 1921년 11월~1922년 | • 2월까지 '워싱턴회의' 결과 태평양에 관한 4개국 조약이 체결되고(1921. 12. 13), 영 · 일동맹은 폐기됨.<br>• 중국에 관한 9개국 조약이 체결되고(1922. 2. 6), 주요 열강들의 해군력을 제한하는 5개국 조약이 체결됨(1922. 2. 6).<br>• 상해, 장사, 무한, 광주 같은 데서 중 · 한호조사가 건립되자 우사 참여 간부로 활약함.<br>• 워싱턴회의에 중 · 한호조사 명의로 '한국의 절대적인 독립보장' 등의 11개항의 요구사항 제출함. |
| 1922년 1월 21일<br>~ 2월 2일 | 모스크바 크레믈린궁에서 개막한 극동민족대회에 참가, 수석대표 · 집행위원회의장 · 각국대표 144명의 참가인원 중 한국 대표 56명의 대표 단장으로 개회연설에서 "한국은 농민을 주력(主力)으로 일본제국주의에 항쟁하는 민주주의 혁명을 해야 한다" 고 함. 〈아시아 혁명운동과 제국주의(The Asiatic Revolutionary Movement and Imperialism)〉라는 영문을 《공산평론*Commist Review*》 1922년 7월호에 발표. |

| | |
|---|---|
| 1922년 4월 19일 | 한족국민대회 예비회의 개최. |
| 1922년 5월 말 | 몽골 경유, 상해로 옴. |
| 1922~1927년 | 상해 윌리엄즈대학의 학장 겸 교수(나중에 총장). |
| 1923년 1월~ 3월 | 92차례의 국민대표회의 개최. 우사 창조파 국민위원과 외무위원장. |
| 1923년 5월 | 상해 프랑스조계에서 열린 한 · 중호조사 창건 2주년 기념회에서 우사 사회, '3 · 1정신과 5 · 4정신' 발양으로 민족자강을 위해 분투하자고 호소함. |
| 1923년 6월 7일 | 창조파 전문 18조의 '한국임시헌법' 제정 발표. |
| 1923년 8월 20일 | 김규식 등 창조파 일행 노르웨이 상선편으로 상해를 출발해 연해주 블라디보스토크에 8월 30일 도착. 모스크바에서 온 '제3인터내셔날'의 밀사를 만나 조선독립운동에 대한 지원을 교섭했으나 성공하지 못함. |
| 1923년 9월 24일 | 국민위원 김규식과 이청천의 공동명의로 〈코민테른 극동국꼬르뷰로 의장에게 제출하는 비망록〉에서 국민위원회 조직의 정당성을 강조하고 창조파의 생각을 정리함. |
| 1923년 11월 24일 | 김규식 · 윤해(尹海)의 〈개조와 창조 그룹, 분열의 원인과 그 결과〉 보고서 작성. |
| 1923년 | • 애국운동에 기여한 공로로 모교 르녹대학에서 명예 법학박사(LL.D.)학위 수여.<br>• 장녀 한애(韓愛) 출생. |
| 1924년 1월 | • 코민테른의 창조파 국민위원을 국경 밖으로 추방하여, 5월에 블라디보스토크를 떠나 만주를 경유하여 상해로 옴.<br>• 차녀 만애(晩愛) 출생. |
| 1925년 | 삼녀 김우애(尤愛, Pauline Wuai) 출생(웰즈리대학 졸업, 미시건대학 대학원에서 화학 전공). |
| 1925년 1월 23일~26일 | 자 〈동아일보〉에 〈반성과 단결의 필요〉논문 발표. 러시아외상 카라한과 일본외상 요시자와 간에 일 · 러어업협정 체결, 부대 · 비밀협정으로 시베리아 등지의 한국독립운동자들을 국외로 추방해 주기를 일본이 요구하여 한국독립운동자들을 추방. |
| 1926년 3월 | 민족유일당운동 단체인 민족당 주비회 결성에 적극 역할. |
| 1927년 2월 | • 유자명(柳子明), 이광제(李光濟), 안재환(安載煥), 중국인 목광록(睦光錄), 왕조후(王滌垕), 인도인 간타싱 비신싱 등과 남경에서 '동방 피압박민족연합회' 조직. 우사 회장으로 추대됨. 기관지 |

《동방민족》을 중국어 · 영어 · 한국어로 월간으로 간행함.
• 우사 무창, 한구에서 북벌군에 합류하여 나중에는 유진화(劉振華) 부대의 일원으로 북경 거쳐 통주(通州)까지 올라감.

1927년 4월 〈전민족적독립당 결성 선언문〉을 발표하고 한국유일독립당 상해 촉성회 집행위원이 됨.

1927년 7월 5일 《연합》지에 영국과 미국을 배척하는 기사 투고, 체포명령이 내려짐.

1927년 차녀 만애 사망.

1928년 삼남 진세(鎭世) 출생.

1929년~1933년 천진 북양대학 영어교수.

1930년 장녀 한애 사망.

1931년 9월 18일 만주사변, 일본군이 봉천(奉天)철도를 폭파시키고 이를 빌미로 중국군 공격, 동북지역 점령.

1932년 1월
• 일본은 만주국이란 괴뢰국 세우고 '상해사변' 을 일으킴.
• 우사 조선혁명당 최동오와 상해로 가 한국독립당 이유필을 만나 조선독립의 완성과 중국의 실지회복을 위하여 '중 · 한연합회 조직' 꾀함.

1932년 4월 29일 상해 홍구공원(현 루쉰공원) 윤봉길(尹奉吉) 의사 의거.

1932년 10월 12일 대일전선통일동맹 주비위원회 결성.

1932년 11월 10일 한국 대일전선통일동맹 결성대회. 한국광복동지회 대표 김규식, 상해 한국독립당 대표 이유필(李裕弼), 김두봉(金枓奉), 송병조(宋秉祚), 등북지역 조선혁명당 대표 최동오(崔東旿), 유동열(柳東說), 조선의열단 대표 한일래(韓一來), 박건웅(朴建雄), 상해 한국혁명당 대표 윤기섭(尹琦燮), 신익희(申翼熙) 등과 함께 조직.

1932년 겨울 동시에 통일동맹과 중국의 자위대동맹이 결합한 중 · 한민중대동맹(中 · 韓民衆大同盟)을 성립시킴.

1933년 1월 대일전선통일동맹과 중 · 한민중대동맹의 대표로 3차 도미, 5개월간 미국을 순회하며 중국 및 한국교민과 미국인, 각 대학, 단체 모임, 민간협회 등을 상대로 극동의 상황을 설명하여 통일된 투쟁노선을 다짐. 중 · 한민중대동맹 미주지부를 결성함.

1933년 여름~1935년 남경 중국 최고의 군사학부인 남경중앙정치학원의 영어강의 담당.

1933년 9월 16일 조선혁명간부학교(교장 김원봉) 제2기생 입학식에 참석해 '세계정세와 민족혁명의 전도' 에 대한 강연을 함.

| | |
|---|---|
| 1934년 3월 1일 | 한국대일전선통일동맹 제2차 대회에서 미국국민총회 대리 대표로 집행위원을 맡아 활동함. 이때 기존 5개 단체 외에 하와이대한인국민회, 재미대한독립당, 하와이대한인동지회, 재뉴욕대한인교민단, 재미재한인민국총회가 우사의 활동으로 동맹에 추가 가입함. |
| 1934년 4월 12일 | 대일전선통일동맹 중앙집행위원회 상무위원 김규식, 송병조, 김두봉, 최동오, 윤기섭, 윤세주의 이름으로 각 독립운동단체에 대동단결체 조직에 관한 방안과 그 강령 및 정책초안 제출요구 통고문을 발송. |
| 1935년 6월 20일 | 남경 금릉대학 대례당(大禮堂)에서 유일당 조직 예비회의, 남만의 조선혁명당 등 9개 단체대표 18명 참석. |
| 1935년 7월 4일 | • 한국 민족혁명당 창립대회 : 대한독립당 대표 김규식, 의열단 대표 김원봉, 윤세주(尹世胄), 이춘암(李春岩), 한국독립당 대표 조소앙, 김두봉, 이광제, 신한독립당 대표 이청천, 윤기섭, 신익희, 조선혁명당 대표 최동오, 김학규(金學奎)가 참석하여 기존의 각 정당 해산 선포. 김규식 국민부장, 김원봉 서기부장, 김두봉 조직부장, 이청천 군사부장.<br>※ 국내의 민중에 대해서는 조선 민족혁명당으로, 중국 쪽에 대해서는 한국 민족혁명당으로, 해외 여러 나라에 대해서는 Korean Revolution Association으로, 당내에서는 '민족혁명당'이라 부르기로 함.<br>• 우사 임정 탈퇴(임정 내분과 통일전선 형성 노력 미진에 불만?). |
| 1935년~1942년 | 성도와 아미산의 국립 사천대학 영문학과 교수, 나중에 외국어 문학과 과장. |
| 1937년 7월 7일 | 중 · 일 전면 전쟁. |
| 1937년 12월 12일 | 일본군 '남경학살' 자행. |
| 1938년 | 국립 사천대학 출판부에서 *An Introduction to Elizabethan Drama* 간행. |
| 1938년 10월 | 조선민족전선연맹, 한구에서 조선의용대 창설. |
| 1941년 | 민족혁명당 임시의정원 참가 준비. |
| 1941년 12월 7일 | 일본군이 진주만의 미국함대 공격. |
| 1941년 12월 8일 | 미국과 영국이 대일 선전포고, 일본군이 필리핀과 홍콩 침략. |
| 1941년 12월 11일 | 독일과 이탈리아 대미 선전포고. |
| 1942년 | 우사 임정 국무위원. |

| | |
|---|---|
| 1942년 10월 11일 | • 한 · 중문화협회 설립대회. 중경 방송빌딩에서 4백여 명의 한 · 중 저명인사 참석. 중국측은 위우임, 풍옥상, 진과부와 중공당의 주은래, 곽말약 참석.<br>• 한국측은 명예이사로 이승만, 서재필, 조소앙.<br>• 이사장 손과(손중산의 아들, 국민정부 행정원장).<br>• 상무이사 김규식, 박순, 오철성(국민당 비서장), 주가화(국민당 조직부장), 손과와 주은래, 대회에서 연설. |
| 1942년 10월 25일 | 제34회 임시의정원 회의. 김원봉, 왕통(王通), 유자명, 김상덕(金尙德), 손두환(孫斗煥), 김철남(金鐵男) 등 23명이 새로 의원으로 당선됨으로써 '전 민족적인' 의정원 구성. |
| 1943년 1월 20일 | • 우사 임정 선전부장.<br>• 〈새한민보〉에 우사 담화 발표. "일체의 과거사를 다 쓸어버리고 임시정부에 충성을 다하기로 결심하였다"는 내용. |
| 1943년 2월 22일 | 조선민족혁명당(김규식 주석)과 한국독립당 통일협회 및 조선민족당 해외위원회를 통합하여 "조선민족해방을 주장하는 정치연맹으로 강화"하고 우사 중앙집행위원회 의장(주석)이 됨. |
| 1943년 3월 12일 | 우사 미주에 있는 동포들에게 중국 국제방송을 통하여 영문으로 방송(1943년 10월 6일자로 신문 〈독립〉에 한글로 번역 게재). |
| 1943년 8월 5일과 8월 24일 | 조선민족혁명당 주석 · 임시정부 선전부장 직함으로 중경에서 미국 하와이, 쿠바, 멕시코, 기타 지역에 있는 동포들에게 중국의 국제방송을 통해 〈조선혁명당의 전후 계획〉을 방송함. 그 방송 내용을 미국에서 발행된 신문 〈독립〉이 1944년 3월 8일자로 게재함. |
| 1943년 4월 12일 | 우사 임정수립(21주년) 기념강연회에서 중국어로 "조선의 독립은 세계평화와 연계되어 있고, 앞으로의 희망은 크다"고 강연. |
| 1943년 7월 26일 | 장개석, 오철성을 김구, 김규식, 조소앙, 이청천, 김원봉이 접견하고 "국제 공동관리 반대, 중국의 한국자주독립 지원"을 요망. |
| 1943년 7월 | 민족혁명당 제9주년 기념문에 통일전선 임시정부 성립을 발표. |
| 1943년 8월 24일 | • 우사 민족혁명당 주석 명의로 국민당 비서장 오철성에게 "민족혁명당 강령은 국민당의 삼민주의와 부합되어 항일투쟁뿐만 아니라 전후 건국 · 극동평화에 기여할 한 · 중 합작을 지속할 것"임을 밝히는 공한 보냄.<br>• 중국 근대 비극시 《완용사*Wan Yung Tze*》(An English Versified Translation of a Chinese Tragic Poem) 출판. |

| | |
|---|---|
| 1943년 11월 22일 | 카이로회담. 루즈벨트, 처칠, 장개석, 일본의 무조건 항복과 전후 동아시아의 안정에 관한 연합국정책 논의. |
| 1943년 11월 28일 | 테헤란회담. 루즈벨트, 처칠, 스탈린, 전후 유럽의 안정 논의. |
| 1943년 12월 19일 | 한 · 중문화협회 주최 강연회에서 우사 모든 힘을 다하여 조선의 자유와 독립을 위하여 분투하자고 함. |
| 1943년 12월 21일 | 방송 좌담회에서 같은 내용 방송. |
| 1944년 3월 19일 | 우사 〈전후 극동에 있어서의 조선〉이라는 연제로 서반구를 향하여 영문 연설. |
| 1944년 4월 | 임시정부 약헌 개정. 우사 부주석 취임. |
| 1944년 4월 19일 | 〈독립〉신문에 3월 19일 방송된 〈전후 극동에 있어서의 조선〉 번역 게재. |
| 1944년 7월 3일 | • 김구, 김규식 임정내각 명의로 장개석에게 중국정부가 한국임정을 정식 승인해 주기를 요청.<br>• 《실용영문작법*Hints on English Composition Writings*》(The Chungwha Book Co., Ltd.)출판. |
| 1945년 2월 4일~11일 | 처칠, 루즈벨트, 스탈린, 얄타회담. |
| 1945년 4월~6월 | 샌프란시스코회의, 유엔헌장 초안 50개국에 의해 조인됨. |
| 1945년 7월 17일<br>~ 8월 2일 | 포츠담선언, 일본에게 무조건 항복 제안. |
| 1945년 8월 6일~9일 | 미군 비행기, 히로시마와 나가사키에 원자폭탄 투하. |
| 1945년 8월 8일 | 소련이 대일 선전포고. |
| 1945년 8월 10일 | 일본천황 히로히토 항복. |
| 1945년 8월 15일 | 해방. 임정특사로 미국파견계획 좌절. |
| 1945년 9월 2일 | 일본이 무조건 항복 문서에 조인, 제2차 세계대전 종결. |
| 1945년 10월 10일 | 영문시집 《양자유경*The Lure of the Yangtze*》 집필 완료. 《상용영어*Chengtu English Weekly*》 2권 출판. |
| 1945년 10월 29일 | 중경, 한 · 중문화협회 설립 3주년 기념 및 임정요인 귀국환송회에서 우사 중국에 감사하고 한국건국사업에 대한 계속적 원조 요청. |
| 1945년 11월 23일 | 우사 임정요원 제1진으로 32년 만에 귀국. |
| 1945년 11월 25일 | 우사 새문안교회에서 〈교회도 통일하자〉는 주제로 연설. |
| 1945년 11월 28일 | 우사 기독교남부대회(정동교회)에서 〈자기를 정복하고 의(義)의 나라건설〉이라는 제목으로 연설. |
| 1945년 12월 19일 | 서울운동장에서 임시정부 개선환영대회. |

| | |
|---|---|
| 1945년 12월 27일 | 모스크바 3상회의 결정 발표. 5년 간 신탁통치 결정에 충격 받음. |
| 1945년 12월 28일 | 임정의 긴급 국무회의, 〈4개국 원수에게 보내는 결의문〉 채택 발표(김구, 김규식 명의). 임정 반탁운동 전개. 탁치반대국민총동원위원회 설치(각계 대표 70여 명). |
| 1946년 12월 30일 | • 새벽, 한민당 수석 총무 송진우(宋鎭禹) 피살.<br>• 탁치반대국민총동원위원회 76명의 중앙위원 선임 |
| 1946년 1월 2일 | 임정 내무부 '군정 각 기관을 자주적으로 운영한다' 는 국자 1호와 2호 발표. |
| 1946년 1월 3일 | 좌익측 3상회의 결정지지 표명. |
| 1946년 2월 1일 | 비상국민회의 개최. 우사 외무위원. |
| 1946년 2월 13일 | 비상국민회의 최고 정무위원 28명 중 1인. |
| 1946년 2월 14일 | 남조선 대한민국 대표 민주의원 발족, 우사 부의장. |
| 1946년 2월 18일 | 민족혁명당 탈퇴, 주석 사임 성명서 발표. |
| 1946년 3월 1일 | 공정보도를 요망하는 성명서 발표와 기자회견, 3 · 1정신을 기리는「기미독립선언 기념사업회」고문 취임. |
| 1946년 3월 19일 | 민주의원 의장직을 겸임. |
| 1946년 3월 20일 | 미 · 소공동위원회 개최. 우사 "미 · 소공위는 반드시 성공해야 한다" 고 기자회견. |
| 1946년 3월 24일 | 미 · 소공위에 대처하기 위한 접흡단(接洽團, 교섭단) 구성, 단장. |
| 1946년 5월 3일 | 기독교청년연합회 임시총회에서 〈미소공위에 대하여〉로 강연. |
| 1946년 5월 8일 | 1차 미 · 소공위 결렬. |
| 1946년 5월 12일 | 서울운동장에서 열린 독립전취국민대회에서 "단정은 분열된 전제정치와 민족상잔의 비극을 맞을 것" 이라 연설. |
| 1946년 5월 25일 | 좌 · 우 합작을 위한 1차 모임. 한국사지협회(韓國史地協會) 발기인. |
| 1946년 6월 18일 | 원세훈(元世勳), 좌 · 우합작운동 경과에 대한 담화 발표. 좌 · 우합작위원회 보강. |
| 1946년 6월 20일 | 민전 사무국장 이강국(李康國), 좌 · 우합작과 남 · 북통일의 원칙 발표. |
| 1946년 6월 22일 | 덕수궁에서 좌 · 우합작 모임. |
| 1946년 6월 30일 | 미 군사령관 하지 좌 · 우합작 적극지지 찬동한다는 특별성명 발표. |
| 1946년 7월 22일 | 좌 · 우합작 예비회담. |
| 1946년 7월 25일 | 덕수궁에서 좌우합작 제1차 정례회담. 민전합작 5원칙 제시. |
| 1946년 7월 29일 | 민전 좌 · 우합작 5원칙 정식 발표. 민주의원 우측 8원칙 발표, |

| | |
|---|---|
| | 좌 · 우합작 제2차 정례회의 유회. 좌 · 우합작운동 정돈. 북한측 공산당, 신민당 합당으로 북조선노동당 발족. |
| 1946년 8월 19일 | 우사와 몽양 합작논의. |
| 1946년 8월 24일 | 군정 법령 제118호로 미군정 '과도입법의원' 창설 제정 확정. 하지 사령관 좌 · 우 양 대표에게 '애국적인 통일에 매진하라'는 격려 편지 보냄. |
| 1946년 8월 28일 | 우사 댁으로 백남운, 장건상 방문. |
| 1946년 8월 29일 | 우사의 좌 · 우합작 실현을 바라는 성명 발표. |
| 1946년 10월 1일 | 대구 10월항쟁 발발. |
| 1946년 10월 4일 | 우사 좌 · 우 대표 7원칙 합의. |
| 1946년 10월 7일 | 우익대표 5명과 좌익대표 장건상, 박건웅과의 최종합의를 우사 · 몽양 명의로 발표. 오후에 우사 중앙방송국에서 7원칙에 대한 방송. |
| 1946년 10월 9일 | 원세훈 등 대거 한민당 탈당. |
| 1946년 10월 16일 | 우사 〈입법기관의 성격에 대한 성명서〉 발표 및 기자회견. 몽양, 백남운, 강진의 사회노동당 발족 선언. |
| 1946년 10월 18일 | 우사 임시정부 수립을 위한 미 · 소공위의 속개를 요청하는 내용의 성명서 발표. |
| 1946년 10월 23일 | 10월항쟁 대책에 대한 우사의 한 · 미공동위원회 구성 제의에 따라 조 · 미 공동소요대책위원회 구성 제1차 회합. |
| 1946년 10월 | 김병로, 원세훈, 김약수 등 김규식 중심의 새 조직작업. |
| 1946년 11월 7일 | 조 · 미 공동위원회는 공보부 특별발표로 악질적인 통역과 일부 관리들의 불법행위, 경찰행정을 검토하였음을 밝힘. |
| 1946년 11월 18일 | 조 · 미공동위원회 토의내용을 발표함(경찰에 대한 반목, 통역의 폐단, 군정관리의 부정 등과 복리를 방해하는 선동자들에 대한 조사결과). 우사는 입법의원에서 그 해결책을 마련하고자 함. |
| 1946년 12월 11일 | 남조선 과도입법의원 예비회의. |
| 1946년 12월 12일 | 남조선 과도입법의원 개원. 우사 의장으로 피선. |
| 1946년 12월 21일 | 우사 군정청 회의실에서 "과도 입법의원은 …… 좌 · 우는 물론 남 · 북과 연합 연결된 총선거에 의한 입법기관으로서 임시정부를 수립하려 한다"고 기자회견. |
| 1946년 12월 22일 | 우사 민중동맹 결성. |
| 1947년 새해 아침 | 우사 신년사에서 "자주정신으로 단결해야 한다", 좌 · 우 합작만이 임시정부 수립해서 민족을 도탄에서 구할 수 있는 노선임을 강조. |

| | |
|---|---|
| 1947년 1월 6일 | 박건웅 의원 외 12명의 연명으로 입법의원에 정치범을 석방하여 건국과업에 공동참여토록 하자는 건의안이 제출되어, 우사는 적극 · 시급히 처리해야 한다는 개인의견을 소상히 역설함. |
| 1947년 2월 24일 | 조선적십자사 창립대회에서 임시의장 선출됨. |
| 1947년 3월 1일 | 입법의원 의장으로서 우사 기념사, "좌 · 우와 남 · 북의 단결 즉 합작으로 정부수립" 을 강조한 바 "3 · 1정신으로 통일독립국가 세우자" 고 역설함. |
| 1947년 5월 13일 | 신병치료차 미 육군병원에 입원 중 5월 17일의 공위 재개를 앞두고 "통일국가 건설의 기회를 잃지 말자" 는 내용의 담화 발표. |
| 1947년 5월 21일 | 2차 미소공위 속개. |
| 1947년 5월 24일 | 3당 합당을 반대한 인민당, 신민당 잔류파가 중간좌파 성격의 근민당 결성. |
| 1947년 6월 24일 | 미군정의 초청으로 귀국하여, 서재필 박사 귀국환영 준비회의 위원장으로 선출됨. |
| 1947년 7월 2일 | 우사의 노력으로 친일파 · 민족반역자처벌특별법이 입법의원 통과했으나 군정장관이 서명하지 않음. |
| 1947년 7월 3일 | 미소공위가 재개되자 우사는 정당, 사회단체를 규합하여 시국대책협의회 결성. |
| 1947년 7월 19일 | 근민당 당수 몽양 여운형(呂運亨) 피살. |
| 1947년 9월 17일 | 마샬 미 국무장관 한국문제 '유엔' 이관 언명. |
| 1947년 9월 26일 | 좌 · 우합작위 회의실에서 4단체 연락위원 합의로 조선민족자주연맹 준비위원회 구성 합의. |
| 1947년 10월 1일 | 14개 정당, 5개 단체 및 개인이 참가해 민련 결성준비위 발족. 위원장 김규식. |
| 1947년 10월 4일 | 민련 제1차 회의. |
| 1947년 10월 8일 | 민련 제2차 회의. 각 부서 결정. 발전책 토의. |
| 1947년 10월 15일~16일 | 민련 중앙집행위, 엄항섭, 조경한, 조소앙이 남 · 북 요인회담 제의. |
| 1947년 10월 18일 | 미 · 소공위 제 62차 본회의에서 미측 수석대표 브라운 소장 고위업무 중단 제의. |
| 1947년 10월 21일 | 스티코프 소련대표 서울철수 발표하고 평양으로 철수. |
| 1947년 11월 4일 | 각 정당협의회 구성(한독당, 국민당, 민독당, 사민당, 인민공화당, 민주한독당, 민중동맹, 신진당, 조선공화당, 보국당, 청우당, 조선민주당). |

| | |
|---|---|
| 1947년 11월 12일 | 김규식, 홍명희 등 각 처장 참집해 정치위원회 개최, 민련의 선언, 규약 초안 가결. |
| 1947년 11월 14일 | 유엔총회 남 · 북을 통한 총선거안 결의. |
| 1947년 11월 23일 | 민련 준비위원회 전체회의 선언, 강령, 정책 통과. |
| 1947년 12월 15일 | 좌 · 우합작위원회 해체 선언. |
| 1947년 12월 20일~21일 | 경운동 천도교강당에서 민족자주연맹 결성대회. 의장 김규식, 부의장 김붕준, 홍명희, 원세훈, 이극로, 김성규(정당 15, 사회단체 25, 개인 참여). |
| 1948년 1월 8일 | 유엔 한국위원단 내한. |
| 1948년 1월 9일 | 민족자주연맹 상무위원회에서 각 부서를 결정. |
| 1948년 1월 23일 | 유엔 한국위원단 북한 입경 거부 통고. |
| 1948년 1월 27일 | 유엔 한국위원단에 남 · 북협상안 제시. |
| 1948년 2월 4일 | 제1차 민족자주연맹 중앙집행위원회에서 중앙상무집행위원 김붕준 외 14명 선출. |
| 1948년 2월 16일 | 백범 김구와 우사 김규식 연서, 김일성, 김두봉에게 남 · 북지도자회담 제의서한 발송. |
| 1948년 2월 19일 | 백범 김구와 우사 김규식 연서, 김일성, 김두봉에게 남 · 북지도자회담 제의서한 발송. |
| 1948년 2월 19일 | 유엔 소총회에서 조선임시위원단 의장 메논은 민족자주연맹과 김규식 중간노선의 남 · 북통일에 대해 설명. |
| 1948년 2월 26일 | 유엔 임시총회, 선거감시가 가능한 지역에서의 총선거안 가결. |
| 1948년 3월 2일 | 김구, 김규식, 홍명희, 행동통일 숙의. |
| 1948년 3월 3일 | 우사 유엔 소총회 결의는 민족분열과 국토양단을 영구화하는 결정이라 반대하며, 오직 통일독립 일로로 매진한다는 성명 발표. |
| 1948년 3월 12일 | 남한 단독선거를 반대하는 7거두 성명. |
| 1948년 3월 25일 밤 | 평양방송은 4월 14일부터 '전 조선 제정당 · 사회단체대표자연석회의' 를 평양에서 개최하니 남조선 정당과 사회단체의 참석을 제의한다고 방송. |
| 1948년 3월 27일 | 우사의 사택 삼청장으로 김일성, 김두봉 연서의 서한 도착. |
| 1948년 3월 31일 | 우사는 북의 제안에 대한 입장을 백범과 같이 정리하여 그 감상을 발표. '감상' 은 우사의 성격을 표현함. |
| 1948년 4월 1일 | 우사, 김구, 홍명희, 김붕준, 이극로 등과의 회의석상에서 우리의 손으로 독립을 전취해야 하고, 남 · 북협상만이 유일한 독립노선 |

| | |
|---|---|
| | 이니 10차, 1백여 차가 계속되더라도 성공할 때까지 분투 노력하겠다고 함. |
| 1948년 4월 3일 | 통일독립운동자협의회 결성식장에서 남·북 협상 진의를 연설. |
| 1948년 4월 8일 | 출발, 10일 귀환. 안경근(安敬根), 권태양(權泰陽)을 평양에 특파하여 진의 타진. |
| 1948년 4월 14일 | • 문화인 108명 〈남·북협상을 성원함〉이라는 지지성명 발표(성명서 끝에는 '서울서 108유지는 자서함' 이라는 서명이 있음).<br>• 민족자주연맹의 정치·상무 연석회의. 우사 제시된 6개항을 4개항으로 수정(우사는 북에 이용당하지 않으려고 한 원칙이어서 북에서 수락할 수 없으리라는 내심에서 제시한 조건이라고 함). |
| 1948년 4월 19일 | • 김구, 북으로 출발.<br>• 권태양, 배성룡(裵成龍) 협상 5개 원칙을 가지고 재차 평양에 감. 밤에 김일성의 5개항 수락 통지(북에서 암호로 방송).<br>• 모란봉극장에서 56개 정당·사회단체 대표 625명이 참가해 연석회의 개최. |
| 1948년 4월 22일 | 우사 민족자주연맹의 16명 대표단과 같이 북행. |
| 1948년 4월 25일 | 우사 남·북 정당·사회단체지도자를 위한 초대연에서 인사말(연설). |
| 1948년 4월 26일 | 우사 남·북요인회담에만 참석. |
| 1948년 4월 30일 | 남·북 정당, 사회단체지도자협의회 통일 달성 가능성 협의결정서 공동서명하여 발표. 4인회담에서 연백 수리조합의 송수 재개, 북의 송전 재개를 약속 받았으나 5월 12일 재차 단전·단수. |
| 1948년 5월 4일 | 일행 평양 출발, 5일 서울 귀환. |
| 1948년 5월 10일 | 선거. 우사는 불반대, 불참가 원칙 표명. |
| 1948년 5월 14일 | 재차 양 김씨에게 해주회의 참가 제의에 반대 표명. |
| 1948년 6월 29일 | 제2차 남·북지도자협의회 개최. |
| 1948년 7월 19일 | 양 김씨는 북한의 선거는 4월의 약속 위반이라고 비난 성명. |
| 1948년 7월 21일 | 양 김씨 중심의 통일독립촉진회 발기회 및 결성대회. |
| 1948년 8월 5일 | 통일독립촉진회 제1차 상무위원회. |
| 1948년 8월 25일 | 북한 최고인민회의 대의원 선거. |
| 1948년 9월 23일 | 통일독립촉진회측은 유엔 한국임시위원단에게 유엔 총회에 내는 서한 전달의뢰. |
| 1948년 9월 27일 | 삼청장으로 우사를 찾아온 임시위원단에 의해 서한 유엔 총회에 전달. |

| | |
|---|---|
| 1948년 9월 29일 | 또 한 통의 서한은 임시위원단에게 전달. |
| 1948년 11월 20일 | 국가보안법 국회 통과. |
| 1948년 12월 1일 | 국가보안법 공포. |
| 1948년 12월 14일 | 우사 "완전 자유를 얻을 때까지 더욱 성의적인 분공합작(分工合作)이 청요(請要)된다" 고 기자회견. |
| 1949년 7월 30일 | 민족진영 강화대책위원회 준비위원회 제1차 회합. |
| 1949년 8월 2일 | 민족진영 강화대책위원회 준비위원회 결성. |
| 1949년 8월 20일 | 민족진영 강화대책위원회 창립총회에서 우사 의장으로 피선. |
| 1949년 8월 30일 | 민족진영 강화대책위원회 제2차 총회(14개 정당대표 27명 참석). |
| 1949년 10월 1일 | 모택동 중화인민공화국 선포(국민당 대만으로 감). |
| 1950년 1월 25일 | 민족진영 강화대책위원회 상무위원회. |
| 1950년 5월 30일 | 총선거에서 남 · 북협상에 참가한 인사 압도적으로 당선. |
| 1950년 6월 25일 | 한국전쟁 발발 (1950~1953) |
| 1950년 9월 18일 | 북행길에 비서 신상봉(辛相鳳)과 권태양 동행. |
| 1950년 12월 10일 | • 만포진 부근 별오동에서 서거.<br>• 미국의 일본점령 끝남. 영국이 중화인민공화국 승인. |
| 1951년 4월 | 맥아더 원자폭탄 사용을 옹호한 후 한국에서 사령관직 사임. |
| 1951년 9월 8일 | 샌프란시스코에서 대일강화조약 조인(48개국 참가). |
| 1953년 7월 27일 | 한국 휴전협정 조인. |
| 1954년 3~5월 | • 디엔 비엔 푸를 포위한 베트남 공산당군에게 프랑스가 항복. 두 개의 정권 등장.<br>• 미국과 일본이 미사일 상호방위협정 체결. 미국 중화민국(대만)과 상호방위조약 체결. |
| 1954년 9월 | 동남아시아국가연합(ASEAN) 창설 위한 마닐라협정 체결. |
| 1960년 4월 19일 | 4월혁명(이승만 정권 타도). |
| 1961년 5월 16일 | 군사 쿠데타(박정희). |
| 1965년 | 싱가포르 공화국으로 독립. |
| 1967년 | 동남아시아국가연합(ASEAN) 결성. |
| 1971년 | 중화인민공화국 유엔에 복귀. |
| 1972년 | 7 · 4 남북공동성명. |
| 1972년 10월 | 유신헌법 제정 공포. |
| 1975년 | 하노이 정권 베트남 통일. |
| 1980년 5월 | 5 · 18광주민주항쟁. |

| | |
|---|---|
| 1983년 9월 1일 | 소련군, 한국 민간항공기 KA003기를 격추. |
| 1987년 6월 29일 | 6 · 29선언. |
| 1989년 8월 15일 | 우사 건국공로훈장 중장 추서(정부). |
| 1989년 12월 21일 | 우사연구회 발기인 총회. 우사연구회 창립. |
| 1990년 3월 26일 | 언론회관(프레스센터)에서 우사연구회 창립기념 학술발표회. 영문시집 《양자유경》 1천 부 출판. |
| 1991년 11월 21일 | 우사 외 14인의 '납북독립유공민족지도자 추모제전' 행사를 광복회 주최로 국립묘지 현충관에서 거행하고 곧 국립묘지 애국지사 묘역 선열 제단에 위패 봉안. |
| 1998년 8월 21일 | 우사연구회, 청풍인 《세헌》 게재용 원고 제출. |
| 1998년 11월 17일 | 송남헌 우사연구회장, 우사 전기 발간 발의, 김재철 부회장 동의. 발간준비 사무국장 장은기. |
| 1999년 3월 17일 | 향정에서 전기간행 원고 강만길, 심지연, 서중석 교수께 집필의뢰. 전기 3권, 송남헌 회장 회고록 1권, 《양자유경》 개역 수정판 출간 결정. |
| 2000년 1월 12일 | 도서출판 한울과 출판 계약. |
| 2000년 6월 13일~15일 | 김대중 대통령 평양 방문, 김정일 국방위원장과 회담. 남북공동선언 발표. |
| 2000년 7월 20일 | 《우사 김규식-생애와 사상》 전기 3권, 《송남헌 회고록》 1권, 《양자유경》 영문시집 1권으로 모두 5권을 출판함. |
| 2000년 8월 3일 12시 | 각 일간지 문화부기자 간담회. 인사동 '하연' 서중석 교수 '우사 전기'와 '우사의 일생'에 대하여 해설함. |
| 2000년 8월 5일 | • 각 일간신문에 '우사 전기' 출간소개 특집기사가 남.<br>• 동아일보(5일), 문화일보(8일), 중앙일보(9일), 경향신문(10일), 한겨레신문(10일), 조선일보(16일), 대한매일, 세계일보, 국민일보 등. |
| 2001년 1월 | 미국 거주 우사 삼녀 우애 사망 |
| 2001년 2월 14일 | 한국일보사의 '41회 백상출판문화상' 저작상으로 《우사 김규식 생애와 사상》이 선정되어 도서출판 한울(대표 김종수)에 시상함. |
| 2001년 2월 20일 | • 송남헌 우사연구회장 별세<br>• 중앙일보에 '삶과 추억'(강민석 기자)이란 송회장 영면에 대한 글 남. |
| 2001년 4월 12일 | 신라 김씨 연합 대종원에 '우사 전기' 요약원고 회보게재용으로 제출. |

| | |
|---|---|
| 2001년 9월 14일 | '우사 김규식 박사의 생애와 사상' 학술회. 강원도 향토문화연구회 홍천 행사에 김재철 회장, 장은기 사무국장 참가. |
| 2001년 12월 4일 | '우사 김규식 추모제전, 애국활동 재조명' 강원도 주관, 보훈처, 광복회 후원 행사에 김재철 회장, 장은기 사무국장 참가(정신여고에서 열림). |
| 2002년 7월 하순 | 대한민국 학술원에서 '우사학술연구도서'로 우사 전기 2권 《남북협상》(서중석 지음, 우사연구회 엮음)을 한울에서 구입 보급함. |
| 2003년 3월 7일 | 학술발표회와 출판기념회. '언론재단 기자회견장'에서 개최함.<br>- 주제 : 우사 김규식의 통일독립운동<br>- 주제발표 : 사회 김재경 교수, 발표 강만길, 서중석, 심지연 교수 |
| 2003년 9월 20~27일 | 백두산 국제학술회의(백두산 베개봉 호텔) 김재철 회장, 장은기 사무국장 참가.<br>- 주제: 일제의 아시아 침략과 조선 민족의 반일투쟁사<br>- 주최: 정신문화연구원(현 한국학중앙연구원, 장을병 원장), 중국 연변대학교 민족연구원(최문식 원장), 조선사회과학자협회(최상순 당사연구소 부소장) |
| 2003년 9월 25일 | 평양 애국열사능원 우사 김규식 묘소 참배(김재철 회장, 장은기 사무국장). |
| 2004년 6월 2~5일 | 남·북 공동학술회의 참가(김재철 회장, 장은기 사무국장)<br>- 주제: 근현대사, 항일민족운동의 역사적 경험과 일본의 우경화<br>- 주최: 정신문화연구원(현 한국학중앙연구원), 조선사회과학자협회, 연변대학교 민족연구원 |
| 2004년 8월 20일 | 중국·한국·북한 공동학술회(김재철 회장 참가)<br>- 주최: 한국국사편찬위원회, 중국사회과학원(김우종 선생 주선), 조선사회과학원 |
| 2005년 1월 21일 22시 | KBS 1TV 인물현대사 "김규식" 편(3부작 3편) 방영(담당PD 김정중) |
| 2005년 4월 13일 | 광복 60주년 대한민국임시정부 대강연회에 우사김규식연구회 명의 후원회원 참가. |
| 2005년 4월 25일 | 프랑크푸르트 도서전시회(독일)에 한울출판사 《우사 김규식 생애와 사상》의 영문요약목록 제출 전시. |
| 2005년 7월 20일 | 김재철 회장의 주선 노력으로 김우종(전 흑룡강성 당사 연구소장) 선생 편으로 2004년 말경 전한 우사의 사진을 북한의 최상순(당사연구소 부소장) 선생께 전해드려 우사 묘비의 사진이 바뀐 실상을 |

| | |
|---|---|
| | 한국학중앙연구원 이서행 교수가 촬영해 옴. |
| 2006년 3월 10일 | KBS 1TV '인물현대사' '우사 김규식' 방영원판을 입수하여 통일뉴스(인터넷 신문사)의 협조로 CD제작, 회원에게 배부함. |
| 2006년 3월 15일 | 우사 차남 진세 선생의 요청으로 KBS 1TV 인물현대사 '우사 김규식' 원작을 황건 선생께 의뢰하여 영문으로 번역해 CD제작한 제품을 4월 13일 진세 선생께 보내드림. |
| 2006년 6월 16~24일 | 1차 "우사 김규식의 독립운동길 따라가다"의 답사.<br>- 단원: 장은기 사무국장(단장) 외 22명의 회원 참가<br>- 답사지: 서안, 연안, 성도, 중경, 남경, 항주, 소흥, 소주, 상해 |
| 2006년 8월 13~28일 | 2차 "우사 김규식의 독립운동길 따라가다"의 답사.<br>- 단원: 장은기 사무국장(단장) 외 22명의 회원 참가<br>- 답사지: 연길(용정), 백두산, 발해유적지(상경용천부 · 경박호 · 해림), 하얼빈, 대경, 치치하얼, 만주리, 장춘, 심양, 대련, 여순, 몽골, 북경, 장가구, 천진. |
| 2006년 9월 30일<br>~10월 4일 | 대한민국임시정부기념사업회의 "재국애국지사 후손 성묘단" 평양 방문에 우사 차남 진세 선생, 우사 손녀 수진, 손녀사위 심재원 선생, 우사연구회 김재철 회장, 장은기 사무국장 참가. |
| 2006년 11월 29일 | "우사 김규식의 독립운동길 따라가다"의 길에 참여한 회원 향정에서 모임. "인물현대사" CD, 답사기행 중의 녹음 CD를 배부하고 답사기행 원고 제출 촉구. |
| 2007년 6월 8일 | 사무실 이전. 구, 신문로 2가 89-22 신문빌딩 802호실에서 신, 종로구 신문로 2가 1-220번지 "우사 김규식 연구회". |
| 2007년 7월 30일 | 《우사 김규식 통일 · 독립의 길 가다》의 답사문집 1 · 2권을 논형출판사에서 펴냄. |

(작성자 : 장은기)

**심지연**

- 1948년 충남 대전 출생. 서울대학교 정치학과 졸업, 서울대 대학원에서 석사, 서강대 대학원 박사학위.
- 1978~1982년 동아일보사 기자 재직, 한국정당학회 회장, 한국정치외교사학회 회장, 한국정치학회 회장 등을 역임.
- 현재 경남대학교 정치언론학부 교수.
- 대표저서로 《김두봉 연구》(1993), 《허헌 연구》(1994), 《한국현대정당사》(2004), 《이강국 연구》(2006), 《이주하 연구》(2007) 등 다수.

**김재경**

- 1942년 서울 출생. 경기고, 서울 법대 졸업, 독일 마르부르크대 정치학 석사, 박사.
- 한남대 사회과학 대학장, 동대학 행정정책대학원장 역임.
- 현재 한남대 정치언론국제학과 교수.

**양재혁**

- 1939년 충남 서산 출생. 성균관대학교 동양철학과 졸업. 독일 하이델베르크 대학 철학과 석사학위(Magister), 칼-스루헤대학 철학과, 철학, 역사학, 사회학으로 박사학위.
- 성균관대학교 중국철학과 교수와 유학대학장 및 대학원장 역임. 1992년 민주화교수협의회 조국통일 위원장, 평화통일 민족회의 공동대표 역임.
- 대표저서로 《東洋思想과 마르크시즘》(1987), 《장자와 모택동의 변증법》(1988), 《동양철학, 서양철학과 어떻게 다른가》(1998) 등 다수.

**최연신**

- 1955년 서울 출생. 서울대학교 가정관리학과 졸업. 장로회신학대학 대학원 졸업.
- 전 정신여고 교사, 서울장로회신학교 강사, 할렐루야교회 협동전도사 역임.

**송재웅**

- 1940년 서울 출생. 용산고등학교 졸업, 서울대 법과대학 법학과 졸업.
- 교보생명 임원 역임.
- 현재 (주)보험월드 대표.

**양원석**

- 1942년 경남 통영 출생. 서울대학교 법과대학 졸업.
- 21세기 정책연구원 연구위원, 서울시립대학교 교수 역임.

**박태균**

- 1966년 서울 출생. 서울대학교 국사학과 졸업, 동 대학원 석사, 박사학위.
- 1997~1999년 하버드대학교 옌칭연구소에 방문연구원. 2000년 이후 《이제는 말할 수 있다》《인물현대사》 등 주요 다큐멘터리 자문위원.
- 현재 서울대학교 국제대학원 교수.
- 대표저서로는 《한국전쟁: 끝나지 않은 전쟁, 끝나야 할 전쟁》(2005) 등 다수.

**우승용**

- 1942년 서울 출생. 용산고등학교 졸업, 서울대학교 법과대학, 동 대학원 정치학과 졸업.
- 동아일보 기자로 재직하다 자유언론투쟁으로 해직 후 13년만에 언론계 복귀, 문화일보 편집국장, 고려대 강사, 성균관대 겸임교수 역임.